180张图表
读懂
精益生产管理

杨华　主编

化学工业出版社

·北京·

内容简介

《180 张图表读懂精益生产管理》一书是专为企业管理实践者设计的精益生产实操指南，通过 180 张精心设计的图表，将精益管理的核心逻辑、工具方法与落地路径可视化呈现。全书系统覆盖精益生产五大模块：从理念框架到价值流分析、看板管理等实操工具，再到现场 5S 管理、标准化作业等执行标准，最终形成持续改善的闭环体系。

本书特色在于"图解化"表达——将复杂理论转化为流程图、对比表、案例图解，使抽象概念直观可感；工具模板直接套用，实现"即学即用"。内容编排注重实战场景，既解析丰田生产模式等经典理论，又融入数字化转型新趋势，兼顾传统精髓与前沿创新。

本书尤其适合制造业中层管理者、新晋生产主管及转型期企业决策层，可作为精益推行工具书或内部培训手册。通过"理论 - 工具 - 案例"三位一体架构，助力读者快速构建管理认知，破解生产浪费、效率瓶颈等痛点，真正实现降本增效的管理升级。

图书在版编目（CIP）数据

180 张图表读懂精益生产管理 ／ 杨华主编 ． -- 北京 ：化学工业出版社 ， 2025． 6． -- ISBN 978-7-122-47904-4

Ⅰ．F273-64

中国国家版本馆 CIP 数据核字第 20253Z49U5 号

责任编辑：陈 蕾　　　　　　　装帧设计：溢思视觉设计 ／ 程超
责任校对：李 爽　　　　　　　　　　　　E-mail: isstudio@126.com

出版发行：化学工业出版社
　　　　　（北京市东城区青年湖南街 13 号　邮政编码 100011）
印　　装：三河市双峰印刷装订有限公司
787mm×1092mm　1/16　印张 11¾　字数 255 千字
2025 年 7 月北京第 1 版第 1 次印刷

购书咨询：010-64518888　　　　售后服务：010-64518899
网　　址：http://www.cip.com.cn
凡购买本书，如有缺损质量问题，本社销售中心负责调换。

定　　价：68.00 元　　　　　　　　　版权所有　违者必究

前言

近年来，中国制造不仅在数量上实现了飞跃，更在质量上取得了显著进步。然而，面对日益激烈的市场竞争和不断变化的格局，中国制造正面临严峻挑战，亟须向中高端产品与市场转型。

为了在中高端产品和中高端市场中脱颖而出，我们需要从硬件和软件两个方面进行提升。硬件方面，需要加大对生产工艺和生产设备的投资，以提升产品质量和生产效率。软件方面，需要普及卓越绩效、六西格玛、精益管理、质量诊断、质量持续改进等先进生产管理模式和方法，通过完善内部管理手段和提高管理能力，进一步推动产品质量和生产效率的提升。

其中，精益管理强调企业必须运用"精益思维"（Lean Thinking）。这种思维的核心在于，以最少的资源（包括人力、设备、资金、材料、时间和空间）投入创造尽可能多的价值，为顾客提供新产品和及时的服务。虽然精益管理的最终目标是实现企业利润的最大化，但在管理实践中，我们更注重通过消除生产中的一切浪费，从而有效节约成本，提升企业竞争力。

《180张图表读懂精益生产管理》一书致力于以深入浅出的内容、浅显易懂的语言，为读者提供一份注重实操性的精益生产管理指南。通过精心挑选的图表，我们以直观、生动的形式，全面而深入地揭示了精益生产管理的精髓与细节，使复杂的管理理论变得易于理解和实践，旨在为读者提供更全面、深入的学习资源和实践指导。

本书内容涵盖了精益生产概述、精益生产方法、助力精益生产的管理系统、生产现场精益管理基础和精益管理的持续改善多个方面。

本书让初次接触精益生产管理的企业管理人员也能轻松理解。同时，图解的方式使得阅读更加轻松、理解更加透彻、应用更加方便。

由于作者水平有限，书中难免存在疏漏与不足，敬请读者指正。

编者

目录

第1章　精益生产概述

第一节　精益生产的认知 ·· 002
　一、精益生产的产生 ·· 002
　二、精益生产的含义 ·· 003
　三、精益生产的核心思想 ······································ 004
　四、精益生产的特点 ·· 004
　五、精益生产的终极目标 ······································ 005

第二节　精益生产注意要点 ·· 005
　一、精益生产与大批量生产的差别 ······························ 005
　二、企业常见的浪费现象 ······································ 007
　三、精益生产与供应链的管理 ·································· 012
　四、成功实施精益生产的关键要素 ······························ 014
　五、精益生产的四个误区 ······································ 015
　六、中国企业实施精益生产的八大问题 ·························· 017

第2章　精益生产方法

第一节　准时制生产 ·· 019
　一、准时制生产的定义 ·· 019
　二、准时制生产的目标 ·· 020
　三、准时制生产实施 ·· 021

第二节　均衡化生产 ·· 023
　一、何谓均衡化生产 ·· 023

二、均衡化生产的优点 ···032

三、实施均衡化生产的注意事项 ·································032

四、实施均衡化生产的步骤 ·······································033

五、均衡化生产排产计划 ···033

第三节 "一个流"生产 ···037

一、何谓"一个流"生产 ···038

二、"一个流"生产的八大重点 ·································039

三、"一个流"生产应遵循的原则 ·······························042

四、"一个流"生产线的布置要点 ·······························043

五、"一个流"生产对设备的要求 ·······························044

六、"一个流"生产的推行步骤 ·································045

第四节 标准化作业 ···047

一、标准化作业的特征 ···047

二、标准化作业三大要素 ···048

三、标准化作业的内容 ···049

四、作业标准的制定 ···056

五、标准化作业的落实 ···057

六、标准化作业的改进 ···058

第五节 看板系统 ···059

一、看板的功能 ···060

二、看板管理的条件 ···061

三、看板的种类 ···062

四、常见看板的使用 ···063

第3章 助力精益生产的管理系统

第一节 MES 制造执行系统 ···073

一、MES 制造执行系统概述 ·······································073

二、制造执行系统在精益生产中的作用 ·······················078

三、制造执行系统的核心功能与模块 …………………………………079

第二节　APS 高级计划排程系统 ……………………………………082

一、何谓 APS 高级计划排程系统 …………………………………082

二、高级计划与排产系统的运行原理 ……………………………085

三、高级计划与排产系统的功能 …………………………………089

四、高级计划与排产系统的应用场景 ……………………………090

第三节　防错料管理系统 ……………………………………………092

一、何谓防错料管理系统 …………………………………………093

二、防错料管理系统的优势 ………………………………………094

三、防错料管理系统的功能模块 …………………………………095

第四节　电子看板系统 ………………………………………………098

一、电子看板管理系统的应用范围 ………………………………098

二、电子看板管理系统的组成 ……………………………………100

三、电子看板管理系统的功能 ……………………………………101

四、电子看板管理系统的价值 ……………………………………101

第 4 章　生产现场精益管理基础

第一节　5S 活动 ……………………………………………………104

一、5S 活动概述 …………………………………………………104

二、整理的执行 ……………………………………………………108

【范本】非必需品处理审批单 ……………………………………111

三、整顿的执行 ……………………………………………………116

四、清扫的执行 ……………………………………………………125

五、清洁的执行 ……………………………………………………133

六、素养的执行 ……………………………………………………138

第二节　目视管理 ……………………………………………………142

一、目视管理的含义 ………………………………………………142

二、目视管理的作用 ………………………………………………142

三、目视管理的对象 ·· 145

四、目视管理的手段 ·· 148

【范本】某工厂看板设计示例 ·································· 153

第5章　精益管理的持续改善

第一节　建造持续改善的基石 ··· 163

一、建立持续改善的组织结构 ·· 164

二、全员参与，自主改善 ·· 165

三、建立改善提案制度 ·· 166

四、营造持续改善的氛围 ·· 167

五、走出办公室，到生产现场去 ······································ 169

六、对改善活动进行评价与展示 ······································ 171

第二节　持续改善的步骤 ··· 173

第三节　持续改善的工具 ··· 173

一、QC 七大手法 ··· 173

二、IE 工业工程 ··· 176

第1章

精益生产概述

　　精益生产是一种以最大限度地减少企业生产所占用的资源、降低企业管理和运营成本为主要目标的生产方式，它同时致力于提高产品质量、提升生产效率与客户满意度，核心思想在于消除各种形式的浪费。如今，精益生产不仅应用于制造业，还在服务业、物流、医疗、软件开发等众多领域大放异彩，助力各类组织提升运营管理水平。

第一节　精益生产的认知

　　实施精益生产，能够极大程度地提升企业的运营效率、生产效益，为企业节省成本、创造更多收入。

一、精益生产的产生

（一）精益理念的起源

　　精益理念源于精益生产（Lean Production），是衍生自丰田生产方式的一种管理哲学。丰田公司在不断探索新的生产模式的过程中发现，小批量生产比大批量生产成本更低，而造成这种现象的原因有两个，如图1-1所示。

| 小批量生产不需要像大批量生产那样，需大量的库存、设备和人员 | 1 2 | 在装配前，只有少量的零件被生产，发现错误可以立即更正 |

图1-1　小批量生产成本更低的原因

　　根据这两个原因，丰田公司得出结论，应该将产品的在库时间控制在两小时以内，这就是JIT（Just in Time，准时制生产方式）和零库存的雏形，也就是精益理念的起源。

（二）精益生产方式的形成

精益生产方式的形成过程可以大致划分为四个阶段，具体如图1-2所示。

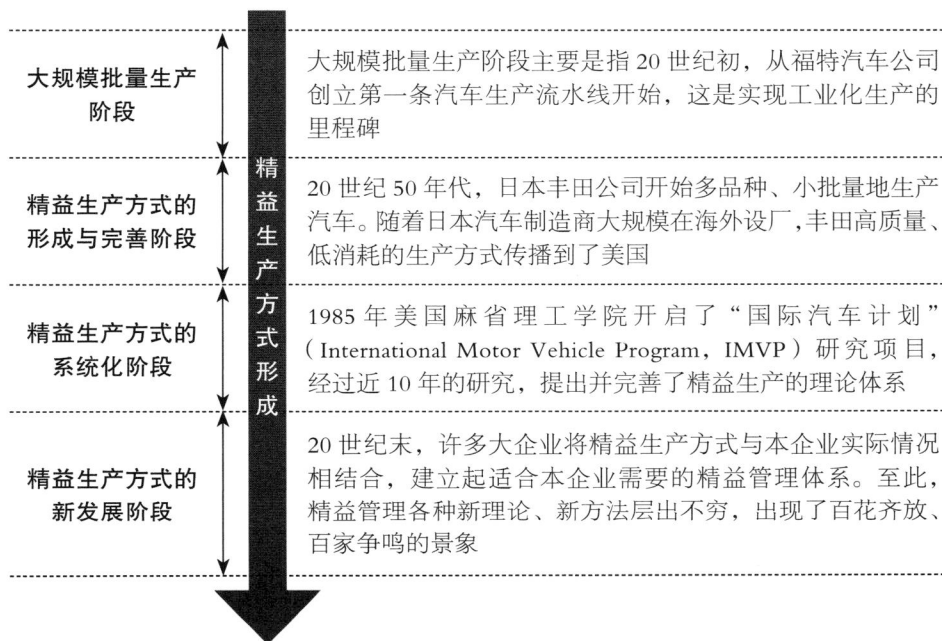

	精益生产方式形成	
大规模批量生产阶段		大规模批量生产阶段主要是指20世纪初，从福特汽车公司创立第一条汽车生产流水线开始，这是实现工业化生产的里程碑
精益生产方式的形成与完善阶段		20世纪50年代，日本丰田公司开始多品种、小批量地生产汽车。随着日本汽车制造商大规模在海外设厂，丰田高质量、低消耗的生产方式传播到了美国
精益生产方式的系统化阶段		1985年美国麻省理工学院开启了"国际汽车计划"（International Motor Vehicle Program，IMVP）研究项目，经过近10年的研究，提出并完善了精益生产的理论体系
精益生产方式的新发展阶段		20世纪末，许多大企业将精益生产方式与本企业实际情况相结合，建立起适合本企业需要的精益管理体系。至此，精益管理各种新理论、新方法层出不穷，出现了百花齐放、百家争鸣的景象

图1-2　精益生产方式的形成

二、精益生产的含义

精益生产（Lean Production，LP）是美国麻省理工学院数位"国际汽车计划"（IMVP）的专家对日本"丰田JIT（Just in Time）生产方式"的赞誉之称，具体如图1-3所示。

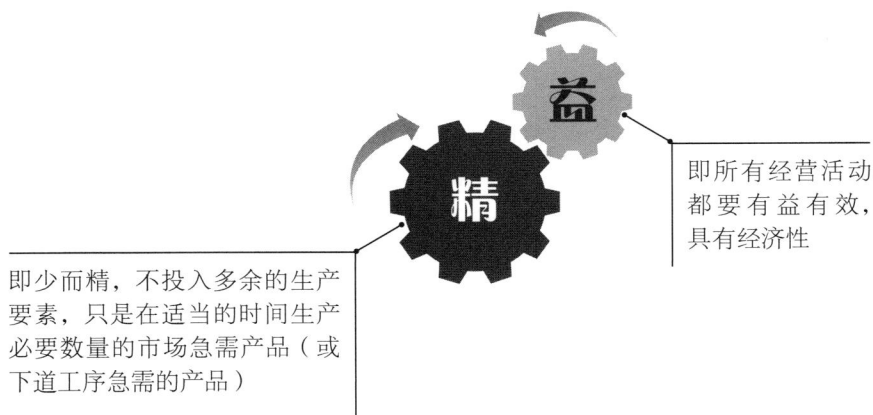

即所有经营活动都要有益有效，具有经济性

即少而精，不投入多余的生产要素，只是在适当的时间生产必要数量的市场急需产品（或下道工序急需的产品）

图1-3　精益生产的含义

精益生产是当前工业界公认的一种最佳生产组织体系和方式。

精益生产是一种以最大限度地减少企业生产所占用的资源，并降低企业管理和运营成本为主要目标的生产方式，同时它又是一种理念、一种文化。

小贴士

实施精益生产就是企业追求卓越的过程，它是一种精神力量，也是在永无止境的学习过程中获得自我满足的一种境界。

三、精益生产的核心思想

浪费问题已经严重制约国内生产企业的发展，资源投入与产出不成比例，成本居高不下，且产品质量不能保证。

精益生产是精益管理思想产生的源泉，精益管理思想和浪费直接对立，其核心思想就是最大限度地细化工作流程、消除浪费和一切非增值活动，以最少的投入获得最大的产出，向市场提供成本最低、质量最好的产品，以满足市场的需求，简言之，就是最大限度地消除浪费，即通过消除那些被认为有可能带来浪费的活动来为顾客创造更多价值的一种工具、活动或是过程。

四、精益生产的特点

大部分的企业都已经认识到了精益生产对企业的重要性，精益生产可以在一定的程度上提高企业的生产效率，同时还可以在一定程度上增强企业的竞争力。精益生产管理的特点如图1-4所示。

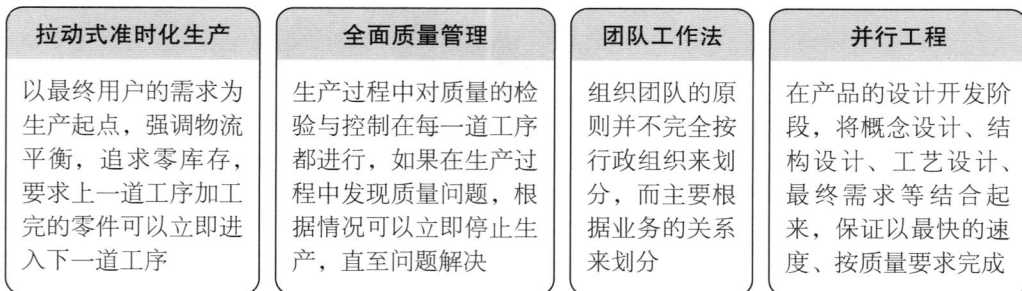

拉动式准时化生产	全面质量管理	团队工作法	并行工程
以最终用户的需求为生产起点，强调物流平衡，追求零库存，要求上一道工序加工完的零件可以立即进入下一道工序	生产过程中对质量的检验与控制在每一道工序都进行，如果在生产过程中发现质量问题，根据情况可以立即停止生产，直至问题解决	组织团队的原则并不完全按行政组织来划分，而主要根据业务的关系来划分	在产品的设计开发阶段，将概念设计、结构设计、工艺设计、最终需求等结合起来，保证以最快的速度、按质量要求完成

图1-4　精益生产管理的特点

五、精益生产的终极目标

精益生产的终极目标可以概括为"七个零"，具体如图1-5所示。

零转产工时浪费 ☞	将加工工序的品种切换与装配线的转产时间浪费降为零或使其接近于零
零库存 ☞	将加工与装配相连接，实现流水化生产，消除中间库存，变市场预估生产为接单同步生产，将产品库存降为零
零浪费 ☞	消除多余制造、搬运、等待造成的浪费，实现零浪费
零不良 ☞	在产生的源头消除不良，追求零不良
零故障 ☞	消除机械设备因故障导致的停机，实现零故障
零停滞 ☞	最大限度地压缩前置时间 LT（Lead Time），为此要消除中间停滞，实现零停滞
零灾害 ☞	最大限度地保证安全，避免生产灾害发生

图1-5　精益生产的终极目标

第二节　精益生产注意要点

大部分的企业都已经认识到了精益生产对企业的重要性，精益生产在一定程度上可让企业的生产效率提高，但是企业实行精益管理时也要注意以下问题。

一、精益生产与大批量生产的差别

精益生产作为一种从环境到管理目标都是全新的管理思想，在实践中取得成功，并非简单地应用了一两种新的管理手段，而是一套与企业环境、文化以及管理方法高度融合的管理体系，因此精益生产本身就是一个自治的系统。

（一）优化范围不同

精益生产与大批量生产优化范围的不同之处如图1-6所示。

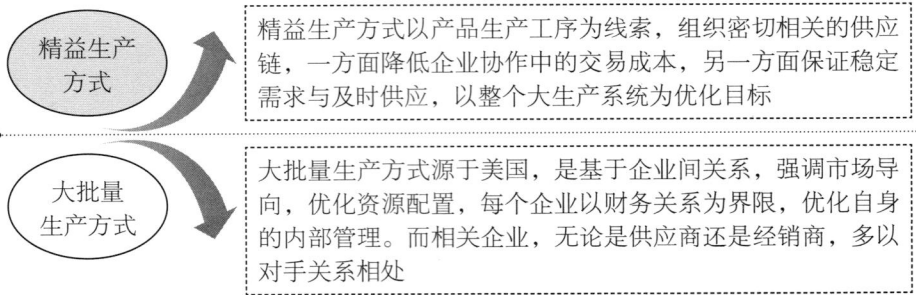

图1-6 精益生产与大批量生产优化范围的不同之处

（二）对待库存的态度不同

精益生产与大批量生产对待库存态度的不同之处如图1-7所示。

图1-7 精益生产与大批量生产对待库存态度的不同之处

（三）业务控制观不同

精益生产与大批量生产在业务控制观方面的不同之处如图1-8所示。

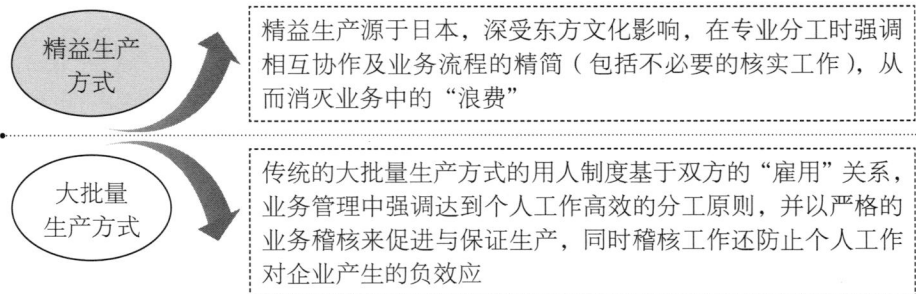

图1-8 精益生产与大批量生产在业务控制观方面的不同之处

（四）质量观不同

精益生产与大批量生产在质量观方面的不同之处如图1-9所示。

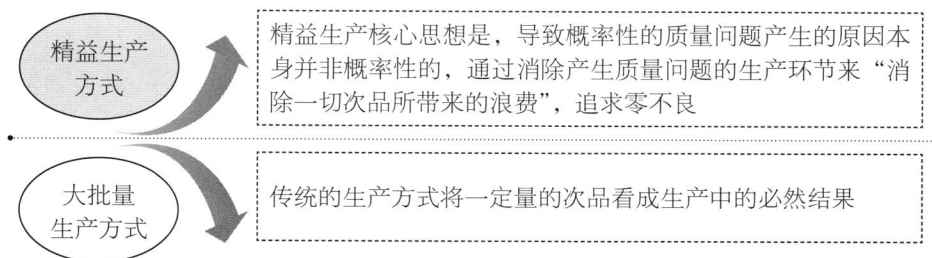

精益生产方式 → 精益生产核心思想是，导致概率性的质量问题产生的原因本身并非概率性的，通过消除产生质量问题的生产环节来"消除一切次品所带来的浪费"，追求零不良

大批量生产方式 → 传统的生产方式将一定量的次品看成生产中的必然结果

图1-9　精益生产与大批量生产在质量观方面的不同之处

（五）对人的态度不同

精益生产与大批量生产对人态度的不同之处如图1-10所示。

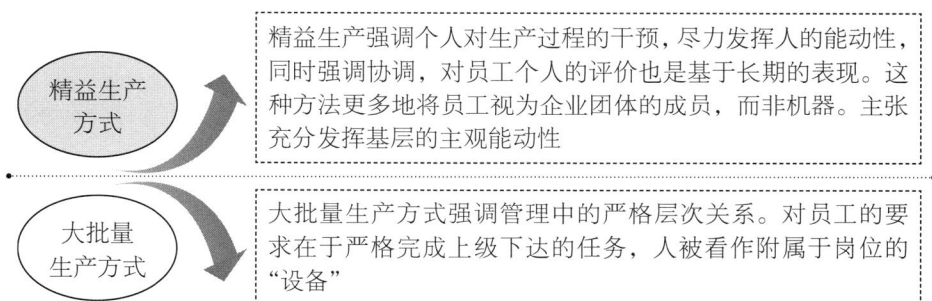

精益生产方式 → 精益生产强调个人对生产过程的干预，尽力发挥人的能动性，同时强调协调，对员工个人的评价也是基于长期的表现。这种方法更多地将员工视为企业团体的成员，而非机器。主张充分发挥基层的主观能动性

大批量生产方式 → 大批量生产方式强调管理中的严格层次关系。对员工的要求在于严格完成上级下达的任务，人被看作附属于岗位的"设备"

图1-10　精益生产与大批量生产对人态度的不同之处

二、企业常见的浪费现象

实施精益生产的主要目的在于消除生产中的浪费现象，从而最大限度地提升企业管理水平，使生产有序进行。

（一）生产现场中的浪费

生产现场常见以下七种浪费。

1. 不良、修理的浪费

这是指工厂内发生不良品，需要进行处置的时间、人力、物力上的浪费，以及由此造成的相关浪费，如图1-11所示。

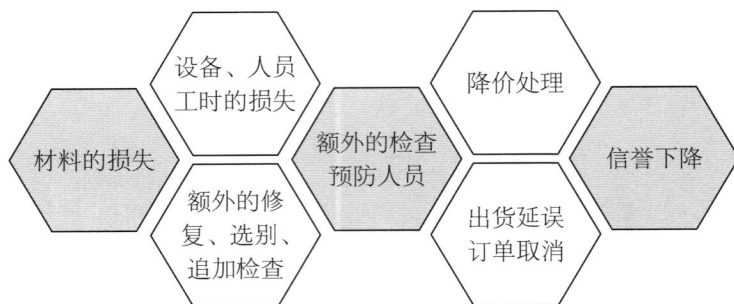

图 1-11　不良、修理的浪费

2. 加工的浪费

加工的浪费也称为"过分加工浪费"，一方面是指多余的加工，另一方面是指过分精确的加工。如实际加工精度比加工要求高，造成资源的浪费，需要多余的作业时间和辅助设备，生产用电、气压、油等能源浪费，管理工时增加等。

3. 动作的浪费

生产现场作业动作的不合理导致时间浪费，如物品取放、反转、对准，作业步行、弯腰、转身等。

4. 搬运的浪费

搬运是一种不产生附加价值的动作。搬运的损失分为放置、堆积、移动等动作浪费；物品移动所需要的空间浪费、时间浪费、人力工具的占用等。

5. 库存的浪费

库存量越大资金积压越大。库存包括：零部件、材料的库存，半成品的库存，成品的库存，已向供应商订购的在途零部件，已发货的在途成品。库存浪费的主要表现如图1-12所示。

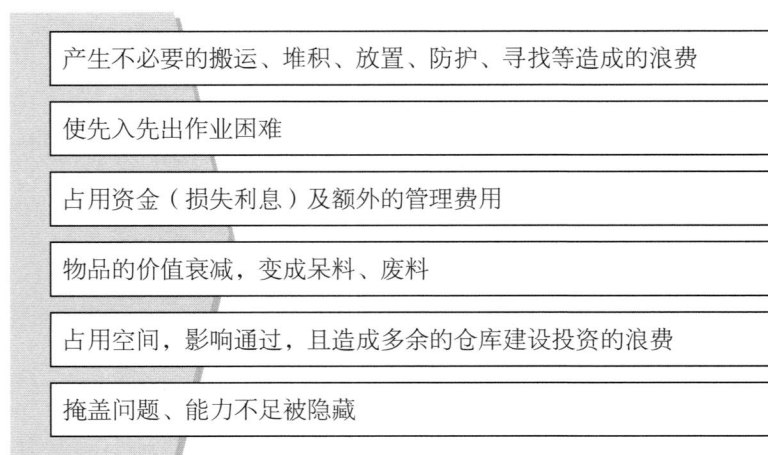

图 1-12　库存的浪费

6. 制造过多（早）的浪费

精益生产强调"适时生产"，即必要的东西在必要的时间，做出必要的数量，此外都属浪费。而所谓必要的数量和必要的时间，就是指顾客（或下道工序）已决定要的数量与时间。

制造过多与过早的浪费在七大浪费中被视为最大的浪费，其原因如图1-13所示。

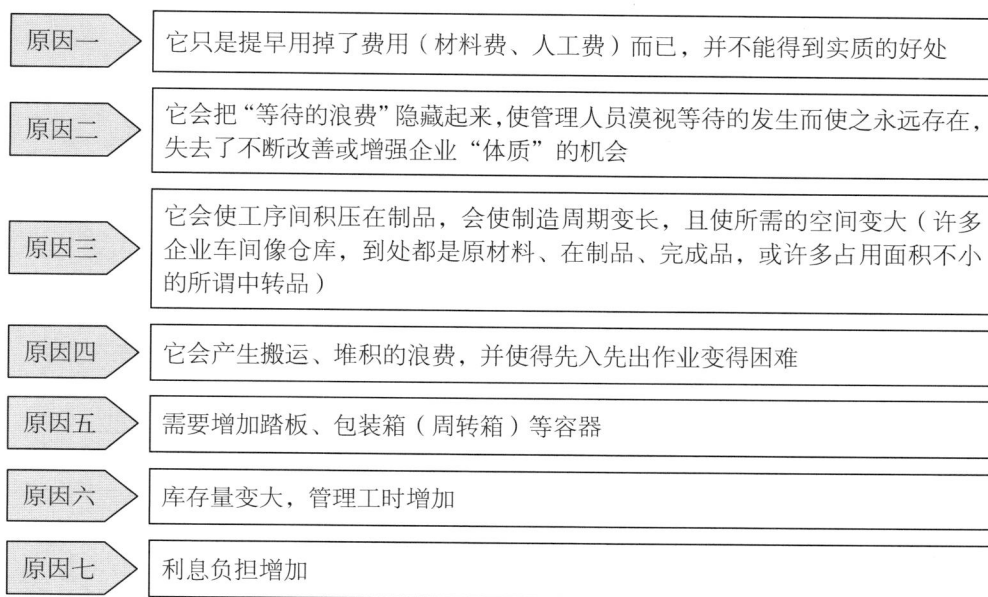

原因一	它只是提早用掉了费用（材料费、人工费）而已，并不能得到实质的好处
原因二	它会把"等待的浪费"隐藏起来，使管理人员漠视等待的发生而使之永远存在，失去了不断改善或增强企业"体质"的机会
原因三	它会使工序间积压在制品，会使制造周期变长，且使所需的空间变大（许多企业车间像仓库，到处都是原材料、在制品、完成品，或许多占用面积不小的所谓中转品）
原因四	它会产生搬运、堆积的浪费，并使得先入先出作业变得困难
原因五	需要增加踏板、包装箱（周转箱）等容器
原因六	库存量变大，管理工时增加
原因七	利息负担增加

图1-13　制造过多（早）的浪费

7. 等待的浪费

因断料、作业不平衡、计划不当等造成无事可做的等待，也称之为停滞的浪费。等待的浪费主要有图1-14所示的几种。

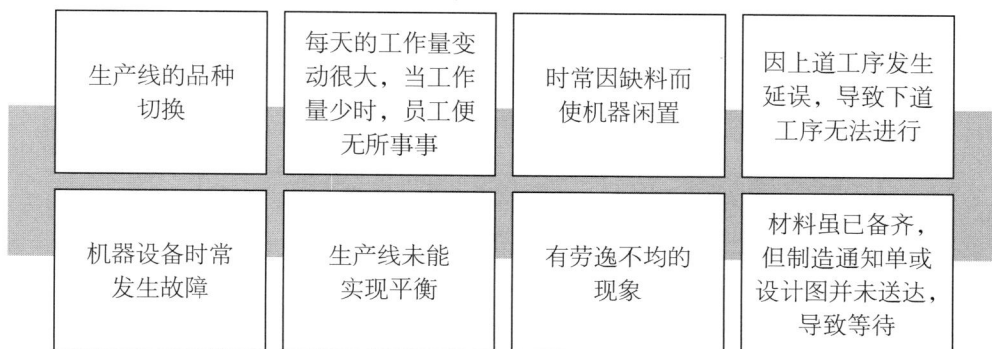

生产线的品种切换	每天的工作量变动很大，当工作量少时，员工便无所事事	时常因缺料而使机器闲置	因上道工序发生延误，导致下道工序无法进行
机器设备时常发生故障	生产线未能实现平衡	有劳逸不均的现象	材料虽已备齐，但制造通知单或设计图并未送达，导致等待

图1-14　等待的浪费

小贴士

事实上，现在还存在第八种浪费，那就是员工智慧和创造力浪费，这是指员工由于从事的工作单调乏味而导致创造力丧失，这也是一种巨大的浪费。

（二）管理工作中的浪费

现场出现浪费，一定是管理出现了问题，现场的浪费源于管理的浪费。管理上的浪费，分类如下。

1. 配置的浪费

配置的浪费如图1-15所示。

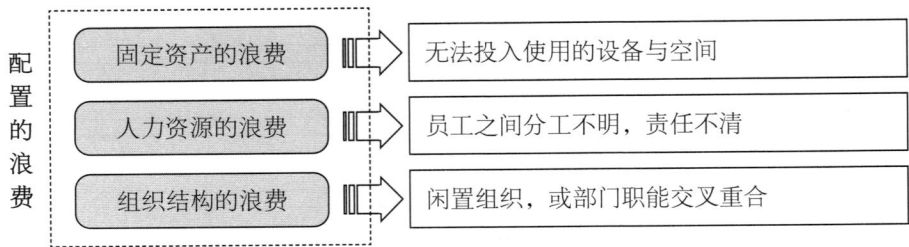

图1-15　配置的浪费

闲置的资产需要花时间、人力与财力维护，闲置的组织与人员还会引起各种纠纷，这些都会进一步浪费企业的资源。

2. 计划的浪费

计划的浪费如图1-16所示。

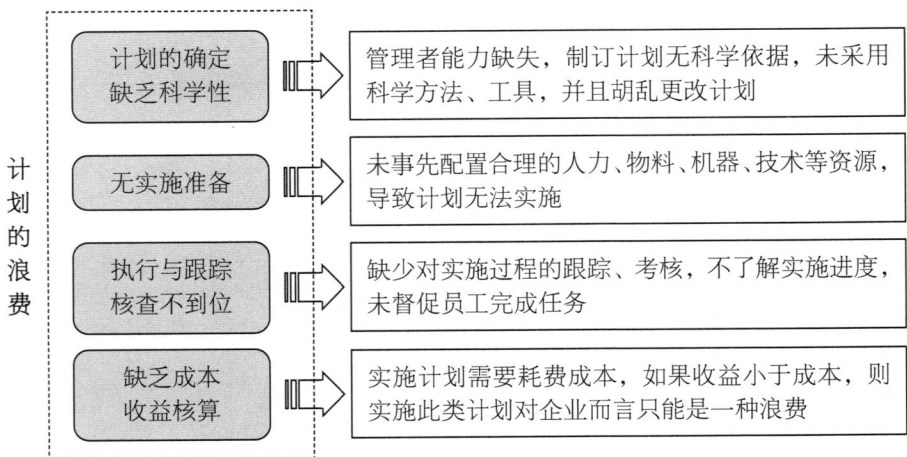

图1-16　计划的浪费

上述计划的制订、准备、追踪、审核都不到位，造成人力资源、物料资源、时间资源的极大浪费，大大增加企业的经营成本。

3. 流程的浪费

流程的浪费如图1-17所示。

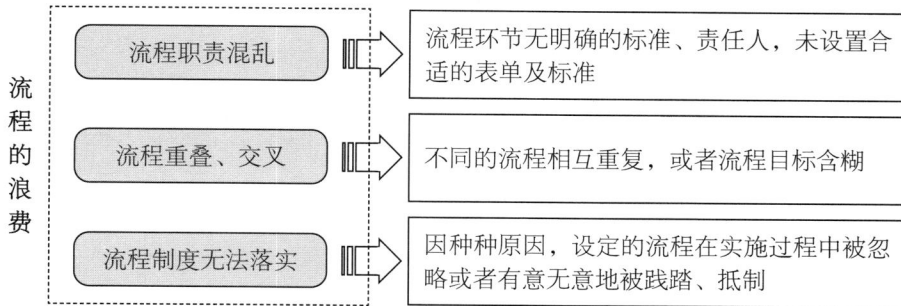

图 1-17　流程的浪费

4. 信息的浪费

信息的浪费如图1-18所示。

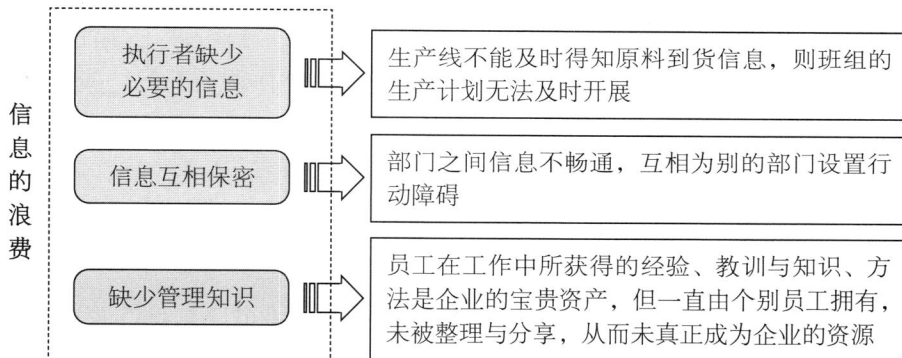

图 1-18　信息的浪费

5. 沟通的浪费

沟通的浪费如图1-19所示。

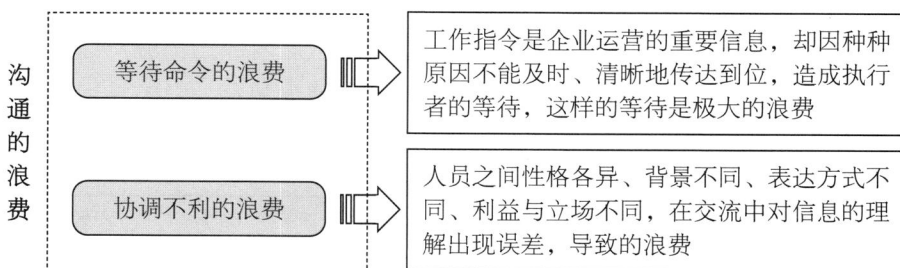

图 1-19　沟通的浪费

三、精益生产与供应链的管理

精益生产的基本思想是保持物质流和信息流在生产中同步，实现将正确数量的物料，在正确的时间投放到正确的需求点，并持续地降低成本、提高效率。

为实现这一目标，精益生产主要强调两点：其一，尽量消除所有浪费；其二，强调在现有基础上持续地强化与深化。

精益生产虽然是针对企业内部的一种管理模式，但是作为一种管理思想，在提高整个供应链对需求的响应时间、降低供应链的物流成本、实行按需及时供应等方面，具有重要的借鉴意义。

（一）供应链管理在精益生产中的应用

1. 物流总成本控制

供应链各个环节都会发生物流费用，其影响因素很多。因此，物流成本控制是一项综合性的系统控制，只有采购、仓储、投入、消耗以及产品产出的整个供应链环节实行全过程的管理，才能有效地控制物流总成本，达到精益生产备件供应链运作要求。

建立健全完善的物流网络控制体系是基于精益生产供应链管理进行有效成本控制的重要途径。对物流总成本实行系统化控制，必须建立一个协调便利、功能齐全的网络控制体系。根据物流成本系统控制的特点和要求，物流网络控制体系由组织保证、过程控制、考核核算、信息反馈等子系统组成。

2. 内部配送体系构建

传统的仓储以及物流供应体制存在诸多弊端，已不适应基于精益生产供应链管理高效运作的要求，不利于进一步挖潜增效，也严重影响了企业战略目标的实现。

为了降低物流费用以及经营风险，要求改变企业内部的物流营运模式，提高物流运作效率，迫切需要企业内部能够实现多品种、小批量、多批次送货，并且能够缩短送货周期，提供完善优质的一体化送货服务。

因此，改革供应管理体系，实行内部物流配送制，已成为企业实施精益生产必然的战略选择。

在内部实行物流配送的基本思路如下：整合优化企业内部的物流资源，最终形成以信息网络平台为依托，以物料配送为主体，以现代仓储为配套，以多种运输方式为手段的"四位一体"无缝运作模式，具体如图1-20所示。

1 以租赁、合资、自建和内部仓库改建等形式建立辐射能力强，拥有较先进齐全的物流设备、设施以及先进管理手段的配送中心，使其成为内部物流配送的信息中枢和物流中枢，有助于需求信息快速准确地传递

2 以租赁、托管、改建、自建等形式建立覆盖面广，配送方式灵活，物流设施、设备适宜，管理水平较高的中转仓库

3 以自建、长期租赁、临时雇用等形式筹建能够满足配送体系运作要求的运输力量，建立配送中心同各中转仓库，以及配送体系同各领用单位之间的低成本运输通道

4 在企业范围内最终形成覆盖全区域以配送中心为主导，以中转仓库为基础结构，梯级结构、呈放射状态的二级配送体系

5 在信息技术的支撑下，企业通过网络整合物流资源、物流路线，改造物流流程，实现以标准化、高效化的流程进行规范运作

图 1-20　"四位一体"无缝运作模式的实现方式

（二）实施基于精益生产的供应链管理的条件

成功实施基于精益生产的供应链管理需要具备几个前提条件，如图 1-21 所示。

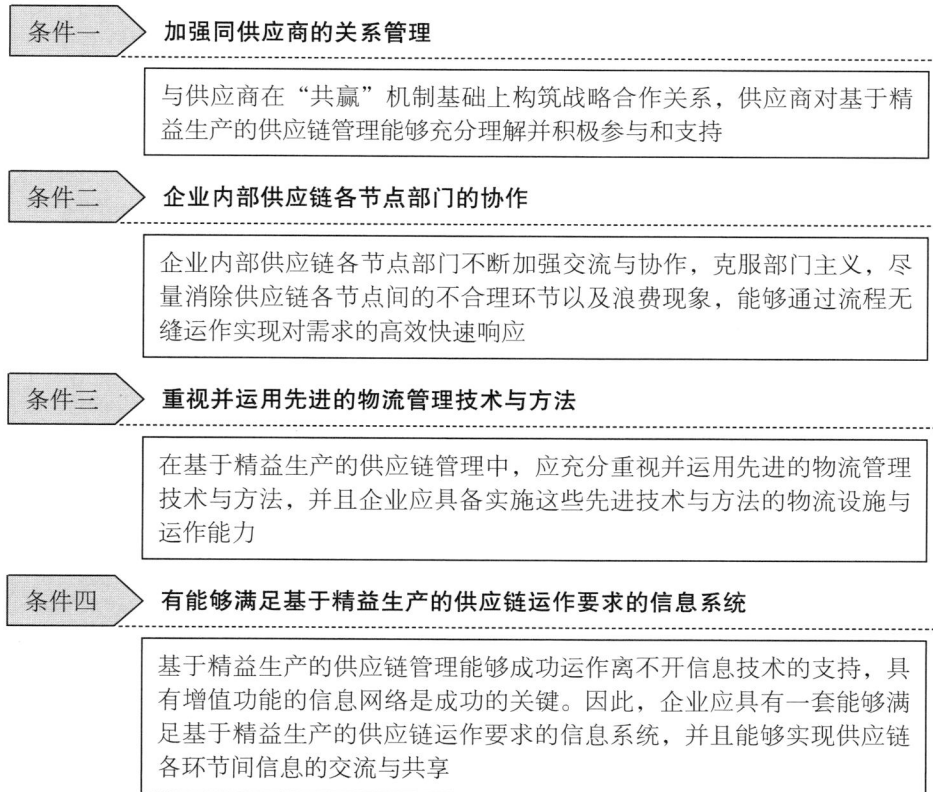

条件一　加强同供应商的关系管理

与供应商在"共赢"机制基础上构筑战略合作关系，供应商对基于精益生产的供应链管理能够充分理解并积极参与和支持

条件二　企业内部供应链各节点部门的协作

企业内部供应链各节点部门不断加强交流与协作，克服部门主义，尽量消除供应链各节点间的不合理环节以及浪费现象，能够通过流程无缝运作实现对需求的高效快速响应

条件三　重视并运用先进的物流管理技术与方法

在基于精益生产的供应链管理中，应充分重视并运用先进的物流管理技术与方法，并且企业应具备实施这些先进技术与方法的物流设施与运作能力

条件四　有能够满足基于精益生产的供应链运作要求的信息系统

基于精益生产的供应链管理能够成功运作离不开信息技术的支持，具有增值功能的信息网络是成功的关键。因此，企业应具有一套能够满足基于精益生产的供应链运作要求的信息系统，并且能够实现供应链各环节间信息的交流与共享

图 1-21　实施基于精益生产的供应链管理的条件

小贴士

基于精益生产的供应链管理是一种先进的管理模式，其成功实施需要企业具备较高的能力和相应的条件。企业应积极稳妥地开展基于精益生产的供应链管理的探索与实践。

四、成功实施精益生产的关键要素

成功实施精益生产必须包含一些关键要素，否则很难取得成功。其关键要素如图1-22所示。

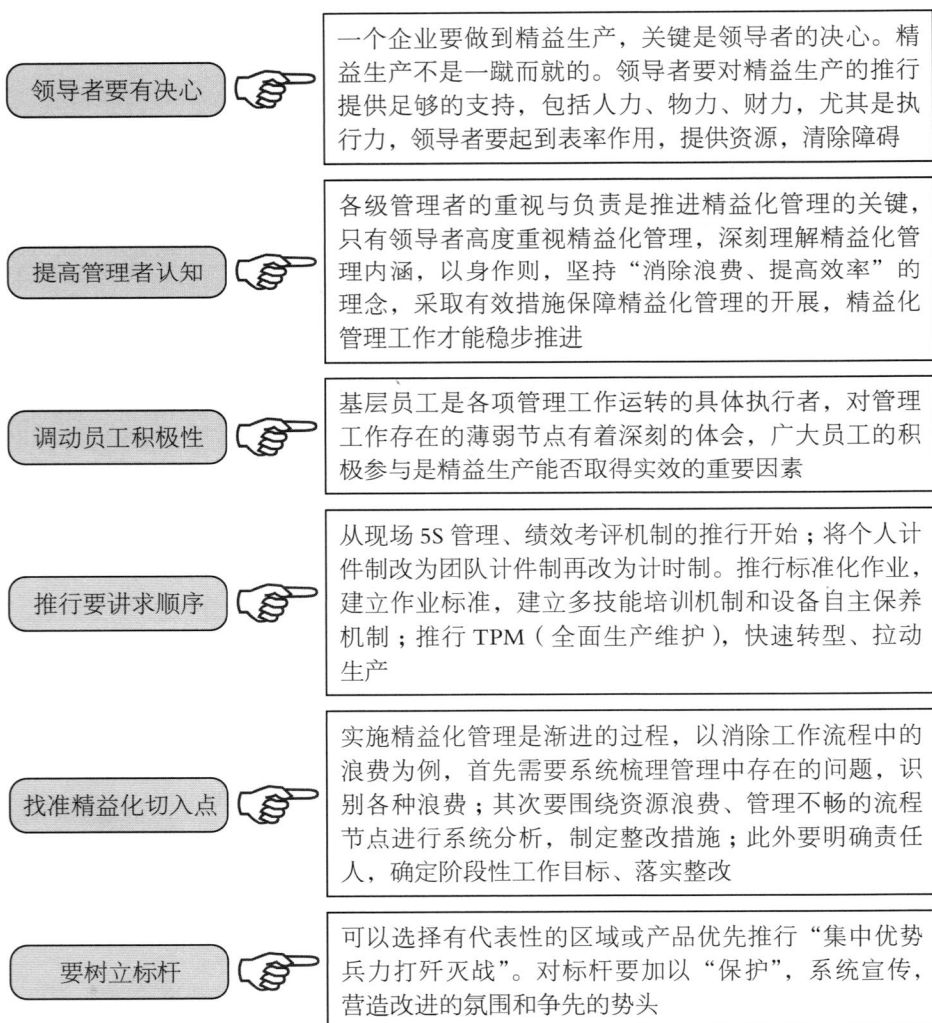

领导者要有决心	一个企业要做到精益生产，关键是领导者的决心。精益生产不是一蹴而就的。领导者要对精益生产的推行提供足够的支持，包括人力、物力、财力，尤其是执行力，领导者要起到表率作用，提供资源，清除障碍
提高管理者认知	各级管理者的重视与负责是推进精益化管理的关键，只有领导者高度重视精益化管理，深刻理解精益化管理内涵，以身作则，坚持"消除浪费、提高效率"的理念，采取有效措施保障精益化管理的开展，精益化管理工作才能稳步推进
调动员工积极性	基层员工是各项管理工作运转的具体执行者，对管理工作存在的薄弱节点有着深刻的体会，广大员工的积极参与是精益生产能否取得实效的重要因素
推行要讲求顺序	从现场 5S 管理、绩效考评机制的推行开始；将个人计件制改为团队计件制再改为计时制。推行标准化作业，建立作业标准，建立多技能培训机制和设备自主保养机制；推行 TPM（全面生产维护），快速转型、拉动生产
找准精益化切入点	实施精益化管理是渐进的过程，以消除工作流程中的浪费为例，首先需要系统梳理管理中存在的问题，识别各种浪费；其次要围绕资源浪费、管理不畅的流程节点进行系统分析，制定整改措施；此外要明确责任人，确定阶段性工作目标、落实整改
要树立标杆	可以选择有代表性的区域或产品优先推行"集中优势兵力打歼灭战"。对标杆要加以"保护"，系统宣传，营造改进的氛围和争先的势头

| 形成全员参与和持续改进的文化 | ☞ | 在推行中不断细化和优化相关的精益生产原则、方法、工具，以及专业团队的建设发展；将优化的工作流程进行标准化，变成日常的工作方式，从而逐步改进，形成企业的精益文化 |

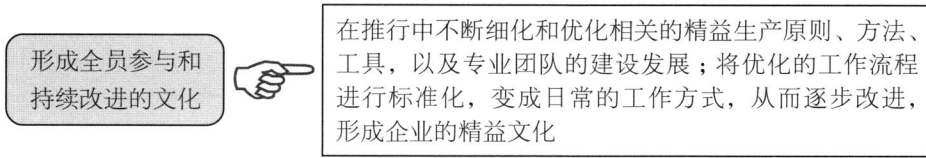

图1-22　成功实施精益生产的关键要素

五、精益生产的四个误区

精益生产致力于改进生产流程中的每一道工序，尽最大可能消除浪费。精益生产要确保每一个产品只能严格地按照唯一正确的方式生产和安装，而在库存管理上，要做到库存最低。然而，很多企业在精益生产过程中，存在着一些误区，如图1-23所示。

图1-23　精益生产的四个误区

（一）盲目追求"一个流"生产

"一个流"生产就是各工序只有一个工件在流动，使工序从毛坯到成品的加工过程始终处于不停滞、不堆积、不超越的流动状态，是一种工序间在制品向零浪费挑战的生产管理方式。通过追求"一个流"，使各种问题、浪费和矛盾明显化，迫使人们主动解决现场存在的各种问题，实现人尽其才、物尽其用、时尽其效。同时达到在制品存量少，有利于保证产品品质的目的。

但是"一个流"生产有明显的限制因素，如图1-24所示。

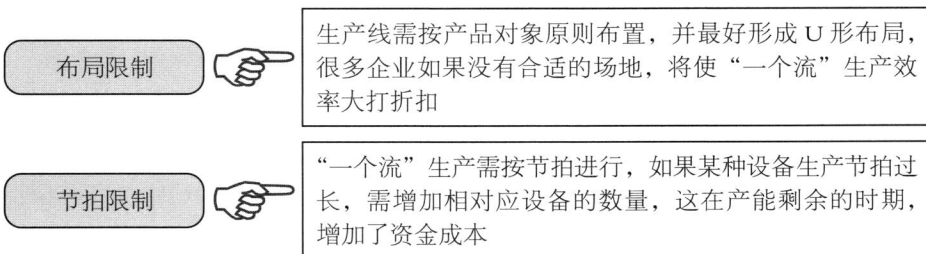

| 布局限制 | ☞ | 生产线需按产品对象原则布置，并最好形成 U 形布局，很多企业如果没有合适的场地，将使"一个流"生产效率大打折扣 |
| 节拍限制 | ☞ | "一个流"生产需按节拍进行，如果某种设备生产节拍过长，需增加相对应设备的数量，这在产能剩余的时期，增加了资金成本 |

图1-24

产量限制 ☞ 如果某类产品，尤其是小型配件类的产品，批次产量大，不论是人工操作，还是设备操作都会因为更换时间的占用，造成效率降低

员工限制 ☞ 即使真正实现了"一个流"的运行，很多员工会因为"一个流"的持续作业，而产生疲劳和厌倦情绪，人性化的管理更倾向于给员工一定的等待和思考调节的时间

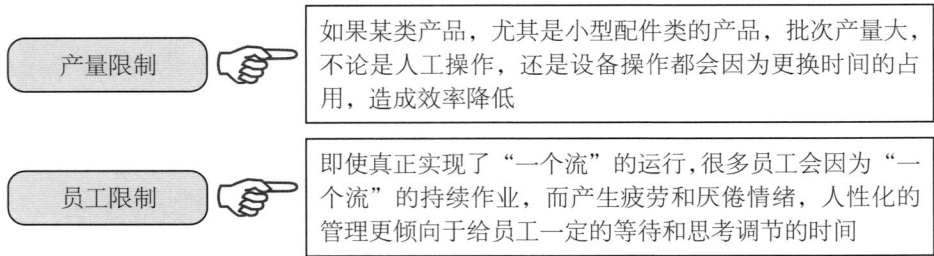

图 1-24　"一个流"生产存在的限制因素

（二）盲目追求零库存

零库存管理概念不是指以仓库储存的某种或某些物品的储存数量真正为零，而是通过实施特定的库存控制策略，实现库存量的最小化。实现零库存管理的目的是减少资金占用并提高物流运作的经济效益。

为避免盲目追求零库存，企业要考虑两个方面因素，如图 1-25 所示。

保证生产物料及时供应到生产线，而且供应商也能及时了解生产商的物料消耗状态以便及时供货 ◀ **1 2** ▶ 企业必须与前端的客户对接，实现准确的订单计划管理

图 1-25　企业零库存要考虑的因素

（三）全面铺开却流于形式的精益管理

精益生产体系实际是由车间管理、质量管理、工艺管理、现场管理、物流与供应链管理等多种管理组合而成的综合系统。很多企业在推行精益化管理时，往往会选择全面铺开的策略。但实施精益生产是一场生产方式的变革，是需要时间的积累才能实现的。企业应做好三个方面的工作来避免精益管理流于形式，如图 1-26 所示。

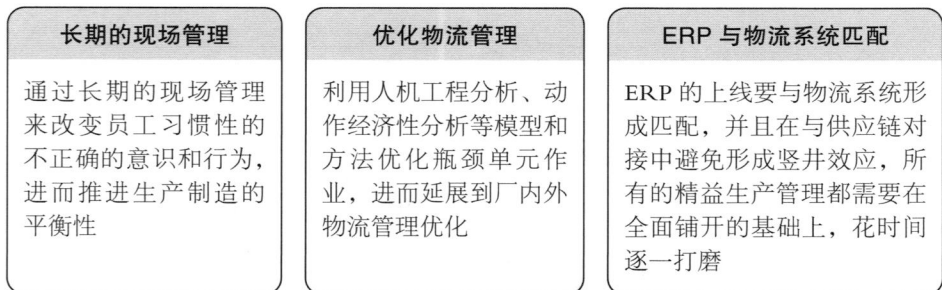

长期的现场管理	**优化物流管理**	**ERP 与物流系统匹配**
通过长期的现场管理来改变员工习惯性的不正确的意识和行为，进而推进生产制造的平衡性	利用人机工程分析、动作经济性分析等模型和方法优化瓶颈单元作业，进而延展到厂内外物流管理优化	ERP 的上线要与物流系统形成匹配，并且在与供应链对接中避免形成竖井效应，所有的精益生产管理都需要在全面铺开的基础上，花时间逐一打磨

图 1-26　避免精益管理流于形式的三方面工作

（四）忘记了人是精益生产的根本

精益生产体系建设的核心是班组团队建设，其实质是打造能实现自主管理、不断追求精益的班组管理团队。精益生产也强调将员工的智慧和创造力视为企业的宝贵财富和未来发展的原动力。所以精益生产企业里员工被赋予了极大的权利，体现了员工是企业的主人的精神，并且企业人员组织结构趋于扁平化。实际上，精益生产更应该被定义成一种全新的企业文化，它作为一种管理理念渗透于生产的每个环节中。

六、中国企业实施精益生产的八大问题

许多中国企业认识到了精益生产的重要作用，也推行了精益生产，但是往往存在各种各样的问题。具体总结如图1-27所示。

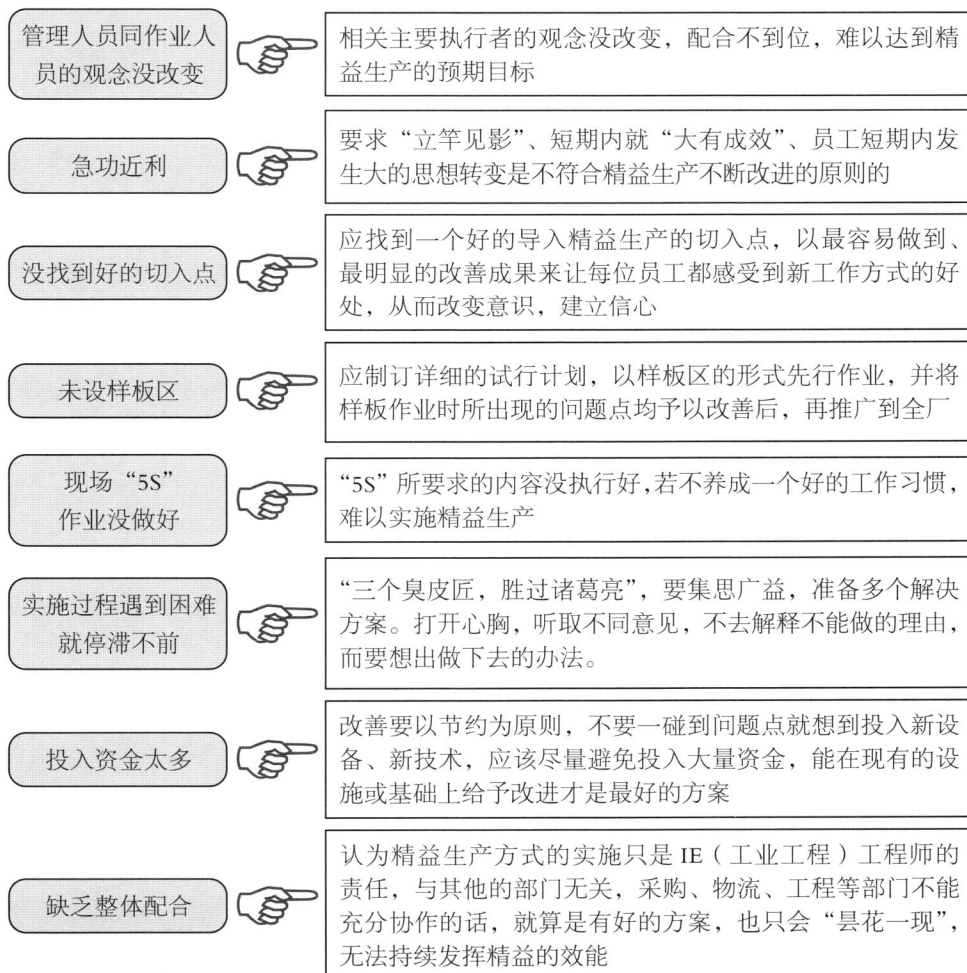

管理人员同作业人员的观念没改变	相关主要执行者的观念没改变，配合不到位，难以达到精益生产的预期目标
急功近利	要求"立竿见影"、短期内就"大有成效"、员工短期内发生大的思想转变是不符合精益生产不断改进的原则的
没找到好的切入点	应找到一个好的导入精益生产的切入点，以最容易做到、最明显的改善成果来让每位员工都感受到新工作方式的好处，从而改变意识，建立信心
未设样板区	应制订详细的试行计划，以样板区的形式先行作业，并将样板作业时所出现的问题点均予以改善后，再推广到全厂
现场"5S"作业没做好	"5S"所要求的内容没执行好，若不养成一个好的工作习惯，难以实施精益生产
实施过程遇到困难就停滞不前	"三个臭皮匠，胜过诸葛亮"，要集思广益，准备多个解决方案。打开心胸，听取不同意见，不去解释不能做的理由，而要想出做下去的办法。
投入资金太多	改善要以节约为原则，不要一碰到问题点就想到投入新设备、新技术，应该尽量避免投入大量资金，能在现有的设施或基础上给予改进才是最好的方案
缺乏整体配合	认为精益生产方式的实施只是 IE（工业工程）工程师的责任，与其他的部门无关，采购、物流、工程等部门不能充分协作的话，就算是好的方案，也只会"昙花一现"，无法持续发挥精益的效能

图1-27 中国企业实施精益生产的八大问题

第 2 章

精益生产方法

　　为了实现精益生产，企业需掌握并实践包括准时制生产、均衡化生产、"一个流"生产、标准化作业以及看板系统在内的多种核心策略。在精益生产的框架下，这些策略彼此关联、互为支撑，共同塑造出一个高效的生产运营体系。

第一节　准时制生产

　　在生产计划与库存管理体系中，精益生产的一大特色是采用了准时制生产（Just in Time，JIT）方法。准时制生产是一种拉动式生产管理模式，其实质是保证物流和信息流在生产中同步，实现恰当数量的物料在恰当的时间进入恰当的地方，从而生产出恰当质量的产品。这种方法可以减少库存、缩短工时、降低成本、提高生产效率。

一、准时制生产的定义

　　准时制生产是起源于20世纪70年代末的日本丰田汽车制造公司。丰田公司通过实施准时制生产，成功降低了库存成本，提高了生产效率，从而在全球汽车制造业中脱颖而出。随后，准时制生产方式逐渐被其他企业所采用，并发展成为一种广泛应用的现代生产管理制度。

　　准时制生产的基本思想主要体现在图2-1所示几个方面，用现在广为流传的一句话来概括，即"只在需要的时候，按需要的量生产需要的产品"，这也就是"Just in Time"所表达的本来含义。

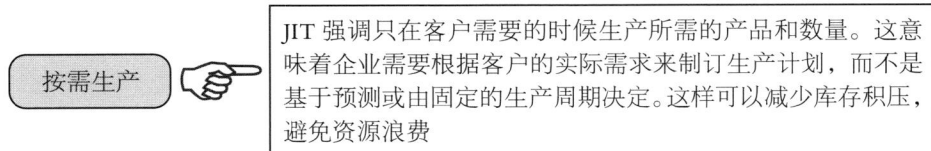

按需生产　☞　JIT 强调只在客户需要的时候生产所需的产品和数量。这意味着企业需要根据客户的实际需求来制订生产计划，而不是基于预测或由固定的生产周期决定。这样可以减少库存积压，避免资源浪费

图2-1

消除浪费	☞	JIT 认为任何不增加产品价值的活动都是浪费，包括过量生产、等待时间、不必要的搬运、库存积压等。企业需要通过持续改进来识别并消除这些浪费，以提高生产效率和质量
追求零库存	☞	JIT 的核心目标是实现零库存，即用户需要多少，就供应多少，不会占用流动资金
持续改进	☞	JIT 是一个持续改进的过程，企业需要不断地寻找机会来优化生产流程、降低成本、提高质量。这通常需要员工的参与和培训，以及使用各种精益工具和方法来改进生产流程
员工参与	☞	JIT 强调员工的参与和协作，认为员工是持续改进的关键。企业需要培养员工的责任感和参与感，让他们积极参与到生产改进中来，共同提高生产效率和质量
供应商合作	☞	JIT 要求企业与供应商建立紧密的合作关系，以确保供应商能够按时、按量地提供高质量的原材料和零部件。这需要企业与供应商进行良好的沟通和协调，共同制定生产计划和质量标准

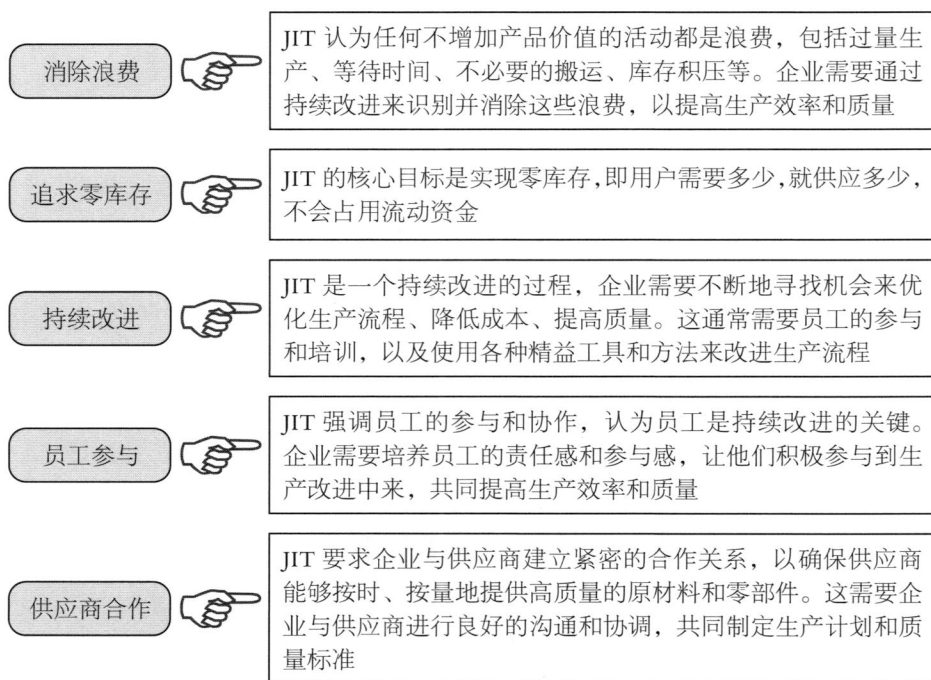

图2-1　准时制生产的基本思想主要体现

该生产模式的核心目标在于构建一个零库存或库存最小化的生产体系。为此，丰田公司创新性地研发了一系列具体手段，其中就包括看板管理，并逐步构建了一套独具特色的生产经营系统。起初，这种生产方式因其独特性而被人们称为"丰田生产方式"。然而，随着其逐渐被更多人认识、深入研究和广泛应用，特别是被西方国家关注后，它开始被更广泛地称为准时制生产。

二、准时制生产的目标

准时制生产的目标是彻底消除无效劳动造成的浪费，其寻求达到图2-2所示目标。

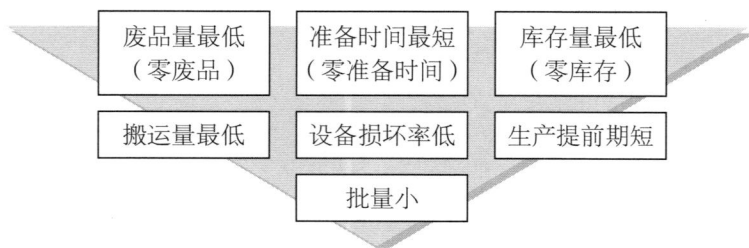

废品量最低（零废品）	准备时间最短（零准备时间）	库存量最低（零库存）
搬运量最低	设备损坏率低	生产提前期短
	批量小	

图2-2　准时制生产的目标

三、准时制生产实施

为了达到准时制生产、消除浪费以及高效利用资源的目标，在准时制生产体系中，企业需实施全面的生产系统设计。JIT生产系统的设计与规划技术不仅展现了JIT生产的新颖理念，还为JIT生产现场的管理与控制奠定了坚实的基础。JIT生产体系是构建在一系列先进的生产管理技术之上的，这些技术主要涵盖以下五个核心方面。

（一）快速应变的产品设计

产品设计满足市场的需求是准时制生产的基本原则之一，为适应市场多变的需求，产品范围应不断扩大。在传统生产系统中，产品范围扩大，一般要扩大工艺的变化范围，使加工过程更复杂。系统试图通过产品的合理设计，使产品易生产、易装配。当产品范围扩大时，准时制生产系统力求使加工过程不变复杂，具体采用的方法如下。

（1）模块化设计。

（2）设计时应考虑更利于实现生产自动化。

（3）新设计的产品尽量采用通用件、标准件。

（二）均衡化生产

实现准时制生产的基础是实现均衡化生产，即使制品在各作业、生产线、工序、工厂之间均衡地流动。为实现均衡化生产，企业可在准时制生产系统中制订月计划、日计划（如图2-3所示），并根据需求变化及时调整计划。

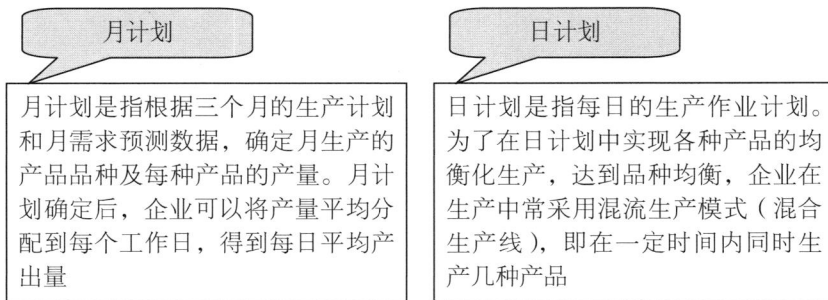

月计划

> 月计划是指根据三个月的生产计划和月需求预测数据，确定月生产的产品品种及每种产品的产量。月计划确定后，企业可以将产量平均分配到每个工作日，得到每日平均产出量

日计划

> 日计划是指每日的生产作业计划。为了在日计划中实现各种产品的均衡化生产，达到品种均衡，企业在生产中常采用混流生产模式（混合生产线），即在一定时间内同时生产几种产品

图2-3　准时制生产系统中的月计划、日计划

（三）持续降低在制品库存

在制品一般可分为三类，即运输在制品、周转在制品和安全在制品。企业要降低在制品库存，就应分别对这三种类型的在制品库存采取措施。

1. 运输在制品

运输在制品是指处在移动和等待状态的在制品。

2. 周转在制品

周转在制品的形成是由于加工批量太大，而加工批量大的原因是准备时间长或准备成本高。缩短准备时间（或降低准备成本）可减小加工批量。在准时制生产中缩短准备时间的常用原则如图2-4所示。

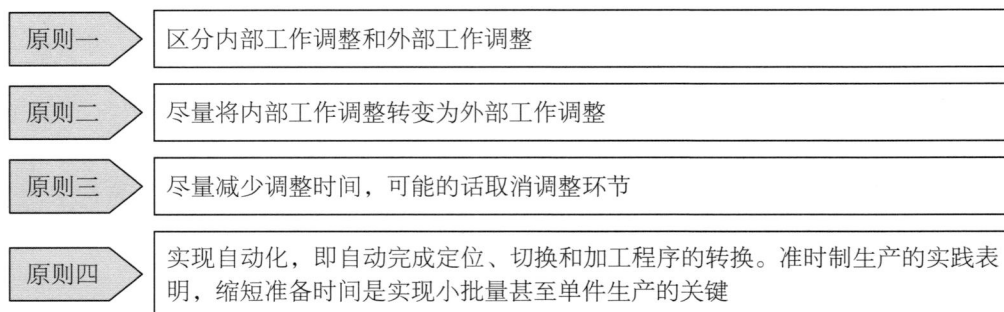

原则一	区分内部工作调整和外部工作调整
原则二	尽量将内部工作调整转变为外部工作调整
原则三	尽量减少调整时间，可能的话取消调整环节
原则四	实现自动化，即自动完成定位、切换和加工程序的转换。准时制生产的实践表明，缩短准备时间是实现小批量甚至单件生产的关键

图2-4　缩短准备时间的常用原则

3. 安全在制品

安全在制品是为防止前后工序在加工时间的变异性和不匹配性可能造成的生产中断而设立的，其作用是使生产过程保持均衡稳定。

（四）生产资源的优化

准时制生产对生产资源的优化体现在充分改善设备布局以实现"少人化"和提高设备柔性两个方面，具体内容如图2-5所示。

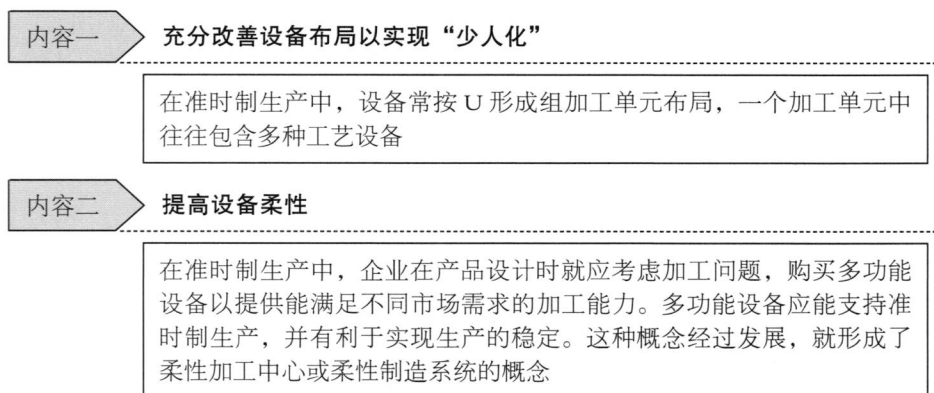

内容一	充分改善设备布局以实现"少人化"
	在准时制生产中，设备常按 U 形成组加工单元布局，一个加工单元中往往包含多种工艺设备
内容二	提高设备柔性
	在准时制生产中，企业在产品设计时就应考虑加工问题，购买多功能设备以提供能满足不同市场需求的加工能力。多功能设备应能支持准时制生产，并有利于实现生产的稳定。这种概念经过发展，就形成了柔性加工中心或柔性制造系统的概念

图2-5　准时制生产对生产资源的优化

（五）全面质量控制

准时制生产强调全面质量控制（Total Quality Control，TQC），目的是消除不良品及可能引起不良的原因。

检验人员的任务是消除不良品，而不是简单地检出不良品，全面质量控制要求企业设计出能自动检出不良品的机器，这种机器应有以下两个功能：

（1）能自动检出不良品或不正常情况。

（2）当检出不良品或不正常情况时，能自动停机或停线。

该机器检出不良品并停机或停线，就能迫使人们调查问题产生的原因并解决问题，防止再发生类似的问题。

第二节　均衡化生产

库存越多，表明企业生产的柔性不足，不能及时应对客户需求的变化，也表明现场管理中的问题容易被隐藏，企业不能及时地改善生产活动，所以降低库存是推进精益生产的关键一步。实现这个目标最好的方法是均匀地生产所需要的产品，也就是说尽量减小每一次生产的批量并且采用混合式生产模式。因为批量的减小会导致企业进行频繁的产品切换，所以如何避免频繁的产品切换也是企业在精益生产过程中必须解决的问题。

一、何谓均衡化生产

（一）浪费、负荷过重与不均衡的概念

杜绝浪费是精益生产的核心。在精益生产中，浪费、负荷过重与不均衡的概念如图2-6所示。

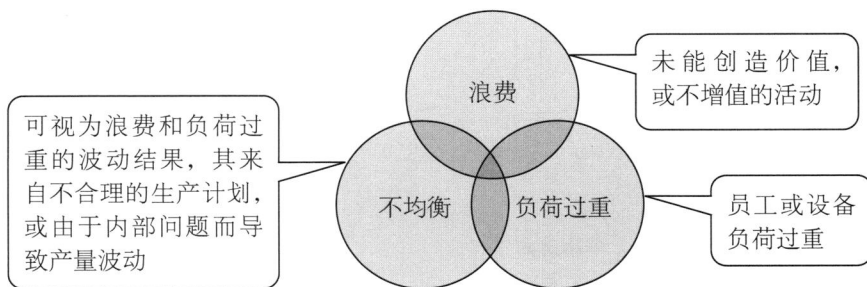

可视为浪费和负荷过重的波动结果，其来自不合理的生产计划，或由于内部问题而导致产量波动

浪费

未能创造价值，或不增值的活动

不均衡　负荷过重

员工或设备负荷过重

图2-6　浪费、负荷过重与不均衡的概念

案例

工厂中生产线工位生产能力不均衡案例如下。

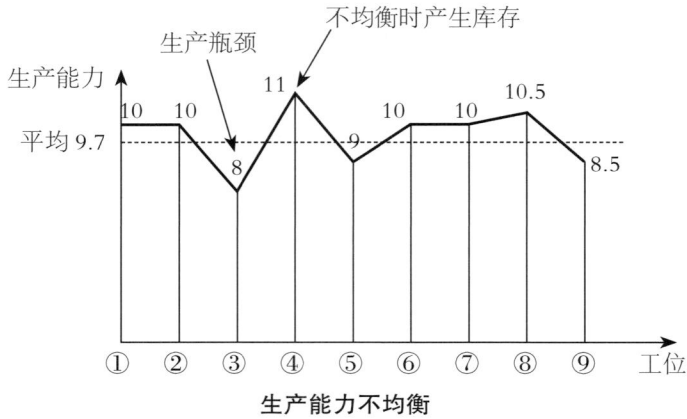

生产能力不均衡

工位③生产能力最弱,易形成生产瓶颈;工位④生产能力最强,易产生库存——生产能力不均衡会造成浪费。因此,企业要尽可能地减少这种不均衡的产生,即消除不平均现象,实现均衡化生产。

案例

批量生产均衡化案例如下。

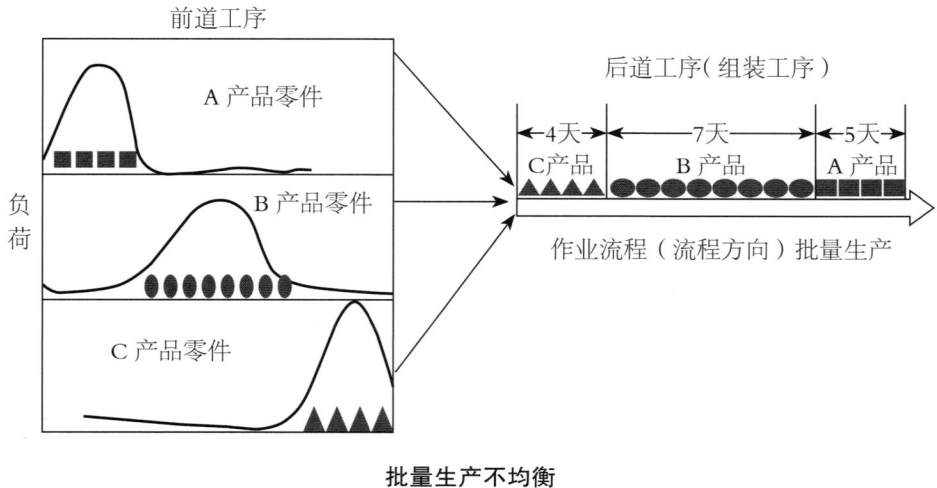

批量生产不均衡

为避免浪费，后道工序不应采用集中连续的顺序装备同一产品，而应采用在某一时间单位内各种产品出现的比率均等的顺序进行装配（采用混流生产），即均衡化生产。这样前道工序的负荷就会减少，每日平均生产成为可能，如下图所示。

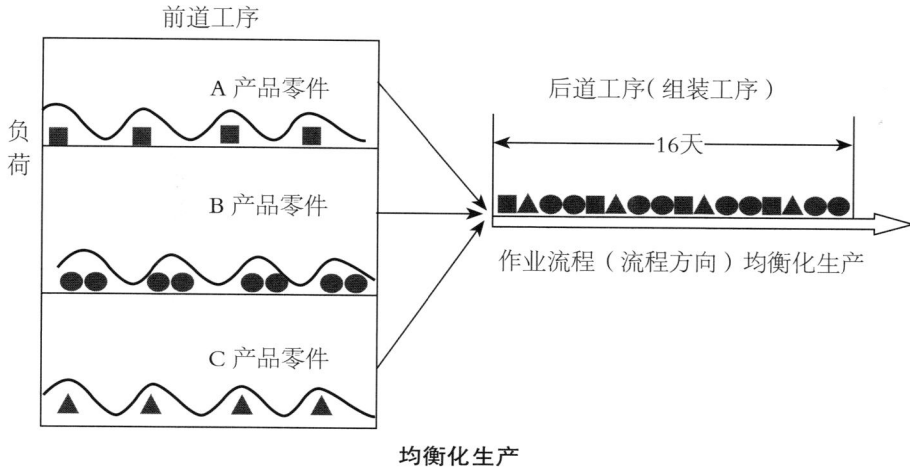

均衡化生产

（二）均衡化生产的概念

均衡化生产也称平准化生产，各种产品的生产节拍与对应产品的平均销售节拍一致。均衡化生产的概念如图2-7所示。

图2-7　均衡化生产的概念

1. 总量均衡

总量均衡就是将一个单位期间内的总订单量平均化，即将连续两个单位期间的总生产量的波动控制到最低限度。总量均衡的重要性如图2-8所示。

```
┌─────────────────────────┐
│      生产总量不均衡        │
└─────────────────────────┘
            │
            ▼
┌─────────────────────────┐
│     产品产量出现波动       │
└─────────────────────────┘
            │
            ▼
┌─────────────────────────┐
│   人员和设备要依照生产量的   │
│       高峰期做准备         │
└─────────────────────────┘
            │
            ▼
┌─────────────────────────┐
│   产量减小时，容易产生人员、  │
│       库存等浪费          │
└─────────────────────────┘
```

图2-8　总量均衡的重要性

案例

总量均衡案例分析

某月某产品的实际需求量为400台，一月生产20天，每日生产量的需求不同，最高为30台/日，最低为10台/日，如下图所示。

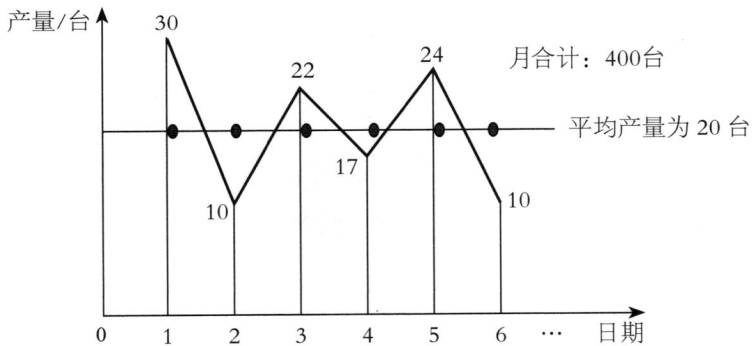

产量/台

30　　　　　　　22　　　24　　　月合计：400台

平均产量为20台

10　　　17　　　　10

0　1　2　3　4　5　6　…　日期

实施总量均衡前

如果采用总量均衡的办法，日产量应保持一致，即每天生产20台，则企业可以按这个产量准备人员及生产要素。这样，总产量没有减少，人员及生产要素却可以减少1/3，成本也就随之降低。

产量/台

月合计：400台

平均产量为20台，
据此配置生产要素

0　1　2　3　4　5　6　…　日期

实施总量均衡后

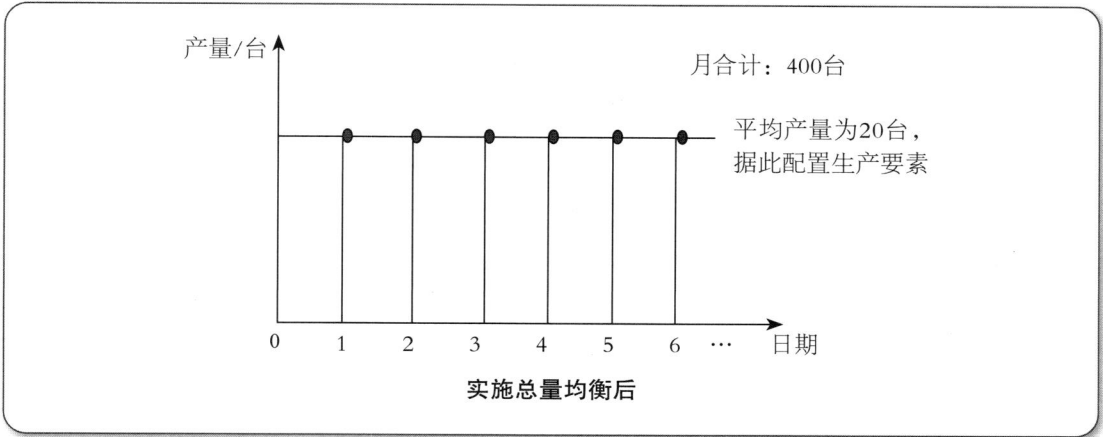

实施总量均衡后，虽然每天按照相同的数量准备人员及生产要素，但需求仍有可能产生波动。相关的需求波动可分为短期波动和长期波动两种情况。

（1）短期波动

短期波动指短期内需求有小幅波动，当需求量增大时要加班，当需求量减小时则提早结束生产。

案例

仍以某月生产 400 台某产品为例，如在当天需求量稍大于 20 台时，靠加班即可解决；当天需求量小于 20 台时，则提前结束生产。

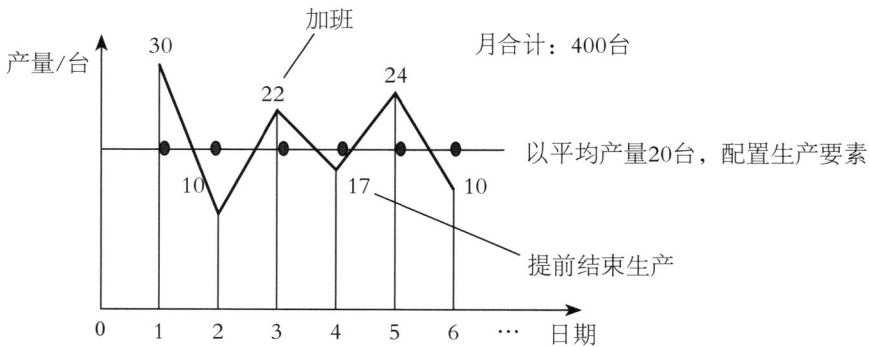

产量/台

30

加班

22

24

月合计：400台

以平均产量20台，配置生产要素

10

17

10

提前结束生产

0　1　2　3　4　5　6　…　日期

短期波动

（2）长期波动

对于周期性的大幅波动，则需要企业重新实施总量均衡并配置生产要素，如图2-9所示，而产品总量均衡的周期应根据产品特点及企业管理能力而定。产品需求量波动频繁，则调整也应频繁进行。企业管理能力强，则可以在需要的时候及时调整；如果管理能力不强，则会存在浪费或供不应求的现象。

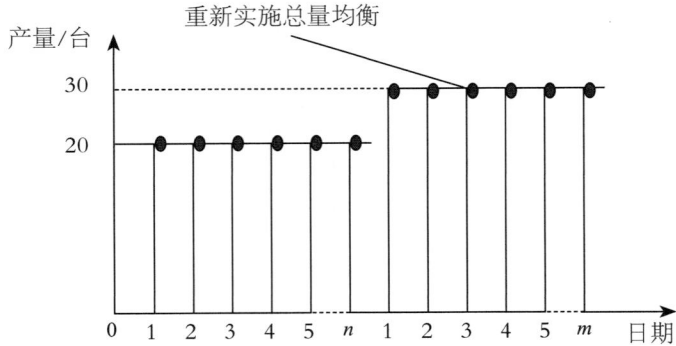

图 2-9　长期波动

如果完全实施准时制生产，则会产生生产要素配置的浪费；如果不实施准时制生产，则会产生库存浪费。因此，企业要权衡产能损失与库存浪费的最佳平衡点。根据经验，日产量允许存在一定幅度的波动，但为保持人员和设备的稳定性，应将波动幅度控制在 20% 以内，如图 2-10 所示。

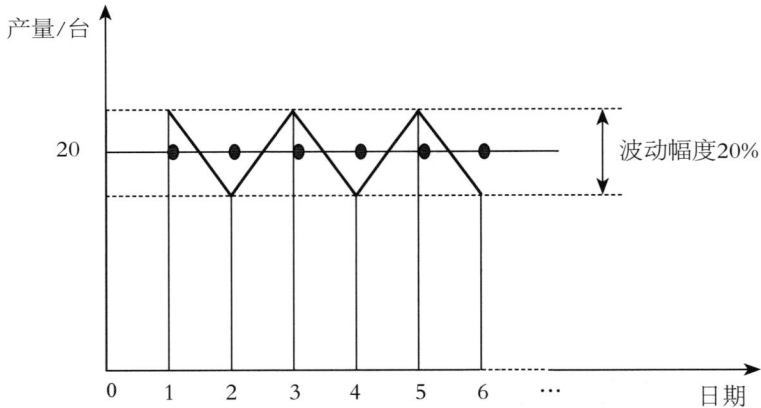

图 2-10　总量均衡允许的产量波动幅度

总之，总量均衡可以防止以下两种浪费：

① 企业不同时期不均衡产生的浪费。

② 不同工序之间不均衡产生的浪费。

2. 品种均衡

（1）品种均衡的概念

品种均衡是指使在一个单位期间内生产的产品组合平均化，即各种产品的生产在不同单位期间不产生波动，在生产各种产品时所需前道工序的零件数量不产生波动。

案例

　　某车间某月有 X、Y、Z 三种产品需要生产。X 产品的需求量为 1000 件，Y 产品的需求量为 600 件，Z 产品的需求量为 400 件。若每月工作日为 20 天，则传统的生产安排为前 10 个工作日先将 X 产品生产完毕，接下来 6 天生产 Y 产品，最后 4 天生产 Z 产品。这是一种常见的生产安排，称为分段生产。

传统的生产安排

某月生产计划																					
品种	总量 / 件	1	2	3	4	5	6	7	8	9	10	11	12	13	14	15	16	17	18	19	20
X	1000	←				1000			→												
Y	600										←			600			→				
Z	400																←			400	→

　　由上表可以看出，X 产品通常会存在较长时间的库存，而 Z 产品大半个月无货可供。

　　传统的大批量生产可以节省作业转换时间，但与市场需求存在很大差异。为满足需求多样性，该车间可进行如下改进：每天生产 X 产品 50 件，Y 产品 30 件，Z 产品 20 件。

改进后的月生产安排

某月生产计划																					
品种	总量 / 件	1	2	3	4	5	6	7	8	9	10	11	12	13	14	15	16	17	18	19	20
X	1000	←									50 件 / 日									→	
Y	600	←									30 件 / 日									→	
Z	400	←									20 件 / 日									→	

　　由上表可以看出，一个月 20 个工作日，每天重复 1 次，共 20 次，每天都可以生产出 X、Y、Z 三种产品，产品积压与短缺的情况将大大改善，生产资源利用率也将提高。但是该车间应当设法减少每天的作业转换时间。

　　事实上，该车间每天将依旧按照批量生产的方式进行生产，即先生产 50 件 X 产品，再生产 30 件 Y 产品，最后生产 20 件 Z 产品。

改进后的日生产安排

品种	总量 / 件	8:00	9:00	10:00	11:00	12:00	13:00	14:00	15:00	16:00
		某日生产计划								
X	1000	←		50		→				
Y	600						←	30	→	
Z	400								← 20 →	

如果进一步细化生产单位，1 天内 X、Y、Z 三种产品按照 5：3：2 的比例轮番生产。1/10 个工作日重复 1 次，1 天重复 10 次，1 个月重复 200 次。

这样，企业对顾客的服务与对资源的利用情况就会更好，不仅能在更短的周期内使产品种类出现的比率是均衡的，而且能在这些产品的生产中使消耗的前道工序的零件数量尽可能小地波动。

案例

X、Y、Z 三种产品各由 A、B、C 三种零件组成，如下表所示。

各产品零件构成

单位：个

品种	A 零件	B 零件	C 零件
X	10	2	3
Y	2	5	2
Z	3	8	5

下表为 X、Y、Z 产品批量分别为 50 件、30 件、20 件时需要的各种零件数量。

改进前每天各产品零件消耗数量

品种	批量 / 件	A 零件 / 件	B 零件 / 件	C 零件 / 件
X	50	500	100	150
Y	30	60	150	60
Z	20	60	160	100

　　从上表可知，每天按 X、Y、Z 产品各自批量进行生产，则各种零件需求量波动较大。例如，当生产一件 X 产品时需要 A 零件 10 个，当生产一件 Y 产品时需要 A 零件 2 个，这样容易产生库存和人员的浪费。

　　如果 1 天内 X、Y、Z 产品按照 5 : 3 : 2 的比例进行轮番生产，1/10 个工作日重复 1 次，则 1/10 个工作日内各个零部件的消耗速率就相同。

改进后每天各产品零件消耗数量

品种	批量／件	A 零件／件	B 零件／件	C 零件／件
X	5			
Y	3	62	41	31
Z	2			
X	5			
Y	3	62	41	31
Z	2			
X	5			
Y	3	62	41	31
Z	2			

　　以这样的思路改进下去，不断细化生产单位，直到可以按照"X—Y—X—Z—X—Y—X—Z—X—Y"的顺序重复生产，达到最小的生产时间单位，满足精益生产倡导的以小时、分钟为单位进行安排的要求，实现均衡化生产。

　　品种均衡就是在一定的周期内各品种出现的比率是均等的，并且时间、周期尽可能缩短，尽量细化生产标准，如图 2-11 和图 2-12 所示，这样可以将产品瞬时生产数量波动尽可能控制到最低限度。

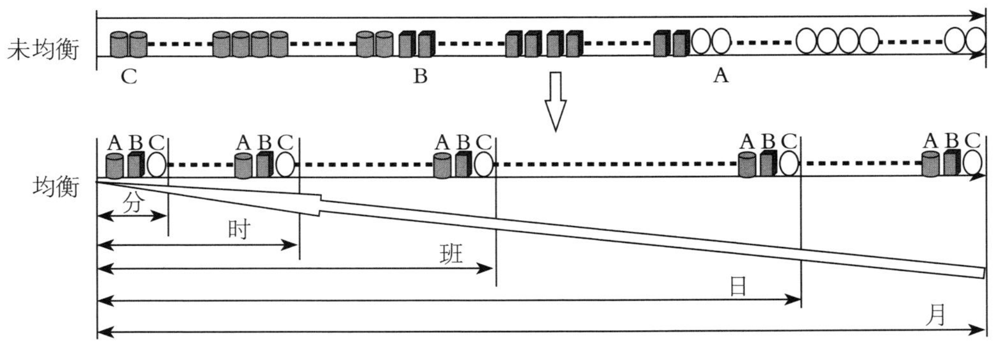

图2-11　细化生产时间单位

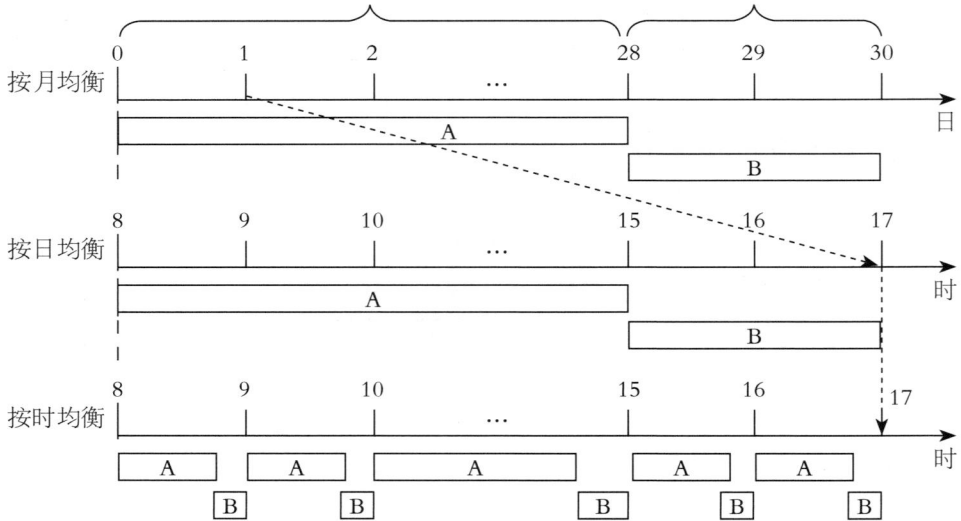

图 2-12　按不同时间单位均衡化生产的示例

（2）品种均衡的作用

实现品种均衡后，企业可将所需工时多的产品、所需工时一般的产品、所需工时少的产品合理搭配，均衡地进行混流生产，有效解决装配线平衡问题。

二、均衡化生产的优点

（1）零件使用量稳定。

（2）设备和人力负荷稳定。

（3）在制品和库存大大减少。

（4）对市场的反应速度提高。

（5）工人操作更加熟练。

三、实施均衡化生产的注意事项

（1）重视事前训练，避免在实际操作中出现错误。

（2）企业必须采用快速装换技术补偿因切换次数增加而产生的时间损失。

（3）考虑设计通用的工装、夹具来整合不同的产品，以配合适当的机器设备，一般以引入应用柔性生产系统（Flexible Manufacturing System，FMS）和成组技术（Group Technology，GT）的生产机器配置技术为宜。

针对市场需求量与生产量差异较大的问题，企业可采用以下两种方法。

① 设法将波动幅度控制在10%以内。

② 如果要结束某种特定类型产品的生产，必须事先通知供应商，并对相关损失进行补偿。

四、实施均衡化生产的步骤

实施均衡化生产的步骤如图2-13所示。

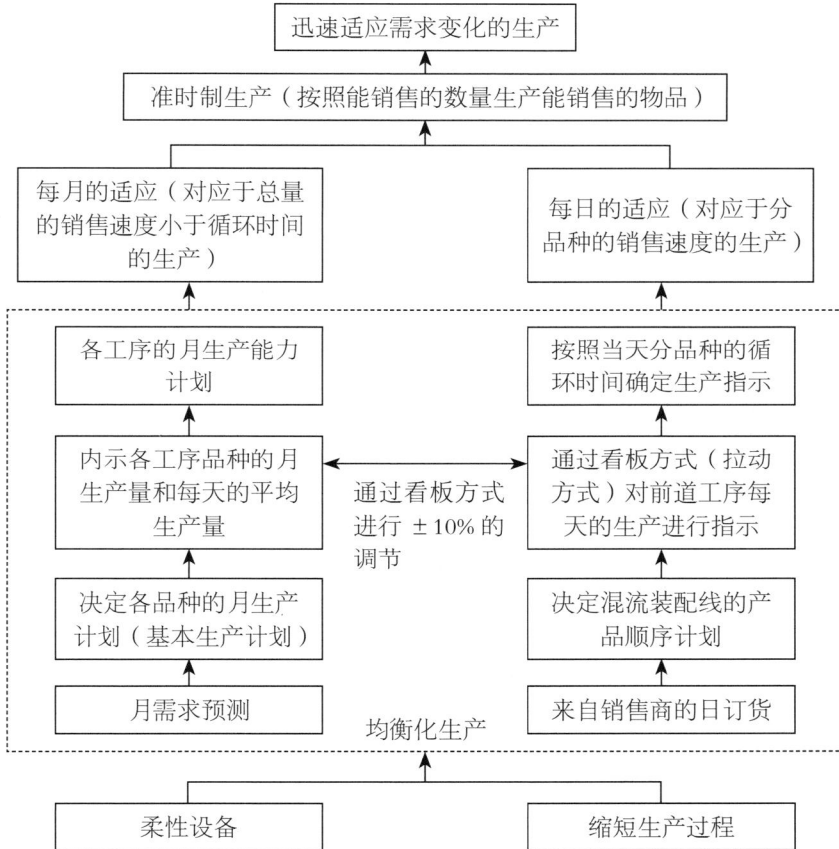

图2-13　实施均衡化生产的步骤

五、均衡化生产排产计划

（一）制定生产节拍

生产节拍是指连续生产出两个产品所需要的时间间隔。均衡化生产是指每天要以一定的生产节拍循环地生产多个品种。生产节拍的计算公式如图2-14所示。

$$生产节拍 = \frac{日生产时间}{日生产数量}$$

> 日生产数量并不一定是固定的，因此，每天的生产节拍也不是固定不变的，它们会随生产任务的变化而变化

图2-14　生产节拍的计算公式

案例

仍以 X、Y、Z 三种产品为例。假设一天的工作时间为 8 小时，则 X、Y、Z 产品的生产节拍分别为 9.6 分 / 件、16 分 / 件、24 分 / 件，各产品的平均生产节拍为 4.8 分 / 件。可以看出，均衡化生产可以理解为在当月用各种产品的平均生产节拍进行生产。

均衡化生产的生产节拍

品种	月产量 / 件	日产量 / 件	工作时间 / 分	生产节拍 /（分 / 件）
X	1000	50	480	9.6
Y	600	30	480	16
Z	400	20	480	24
合计或平均	2000	100	480	4.8

（二）轮排图

轮排图就是生产中各产品品种及生产数的排列图，它形象地描述了各产品品种的生产排列。

案例

仍以生产 X、Y、Z 产品为例。假设每天生产 100 件产品，其中 X 产品 50 件，Y 产品 30 件，Z 产品 20 件，依照均衡化生产的方式，X、Y、Z 产品的生产比率为 5：3：2，最小生产批量按照每个循环生产 10 件产品，一天共 10 次循环，生产节拍为 4.8 分 / 件（480 分 /100 件）。其无自由位的轮排图如下图所示。

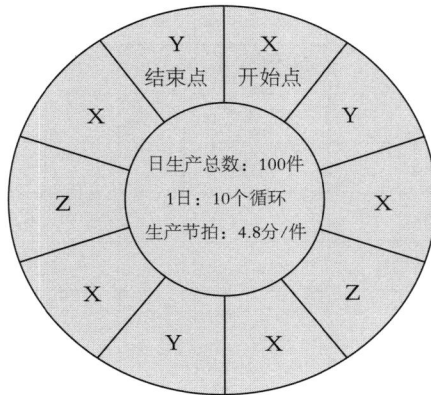

Y 结束点　X 开始点

X　Y

Z　X

X　Z

Y　X

日生产总数：100件
1日：10个循环
生产节拍：4.8分/件

无自由位的轮排图

在实际生产中，可能会发生延迟情况，为了增加生产安排的灵活性，可以增设一个自由位。自由位就是不指定具体产品的调整位，用于应对生产过程的调整，增加生产安排的灵活性。

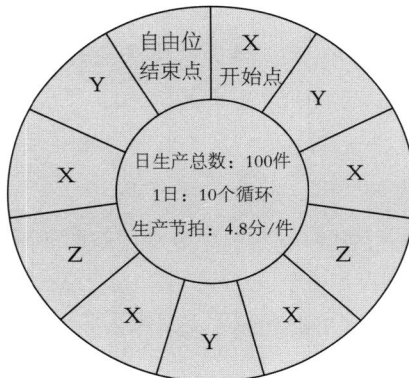

自由位　X
Y 结束点　开始点 Y

X　X

Z　Z

X　X

Y

日生产总数：100件
1日：10个循环
生产节拍：4.8分/件

有自由位的轮排图

（三）ABC 分类法

在产品品种较多的情况下，可采用 ABC 分类法进行排产。具体步骤如以下案例所示。

案例

某条生产线生产 10 种规格产品，各产品产量信息如下表所示。

10种规格产品产量信息

产品	日产量/件	生产量累计/件	累计比率	合计或平均/件
a	500	500	33%	合计 800 平均 400
b	300	800	53%	
c	200	1000	67%	合计 450 平均 150
d	150	1150	77%	
e	100	1250	83%	
f	70	1320	88%	合计 250 平均 50
g	60	1380	92%	
h	50	1430	95%	
i	40	1470	98%	
j	30	1500	100%	

（1）对各规格产品进行 ABC 分类，设定 A 类产品为生产量占 50% 以上的产品，B 类产品为生产量占 20%～50% 的产品，C 类产品为生产量占比不足 20% 的产品。

产品 a 和 b 的产量占总产量的 53%，属于 A 类产品。

产品 c、d、e 的产量占总产量的 30%，属于 B 类产品。

其余产品的产量占总产量的 17%，属于 C 类产品。

（2）确定生产批量。以 10、100 的倍数等容易辨识的数字确定生产批量，使管理简单化。

（3）制作均衡化生产计划周期表。先确定 A、B、C 这三类产品的日均生产量，然后具体安排各产品。均衡化生产计划周期表如下表所示。

均衡化生产计划周期表

单位：件

产品	1	2	3	4	5	6	7	8	9	10	11	12	13	14	15	16	17	18	19	20
a	800	400	400	400	800	400	400	400	800	400	400	400	800	400	400	400	800	400	400	400
b		400	400	400		400	400	400		400	400	400		400	400	400		400	400	400
A	800	800	800	800	800	800	800	800	800	800	800	800	800	800	800	800	800	800	800	800
c	300	150	150	300	150	150	300	150	150	300	150	150	300	150	150	300	150	150	300	150
d	150	150	150	150	150	150	150	150	150	150	150	150	150	150	150	150	150	150	150	150

续表

产品	1	2	3	4	5	6	7	8	9	10	11	12	13	14	15	16	17	18	19	20
e		150	150		150	150		150	150		150	150		150	150		150	150		150
B	450	450	450	450	450	450	450	450	450	450	450	450	450	450	450	450	450	450	450	450
f	100	100	50	50	50	100	100	50	50	50	100	100	50	50	50	100	100	50	50	50
g	100	50	50	50	50	100	50	50	50	50	100	50	50	50	50	100	50	50	50	50
h	50	50	50	50	50	50	50	50	50	50	50	50	50	50	50	50	50	50	50	50
i		50	50	50	50		50	50	50	50		50	50	50	50		50	50	50	50
j			50	50	50			50	50	50			50	50	50			50	50	50

A 类产品尽可能安排每天生产。

B 类产品尽量以周为单位安排生产（每个循环为 3 日至 1 周）。

C 类产品可以按实际情况统筹安排生产。

（4）制订每日产品投入顺序计划。在均衡化生产计划周期表的基础上，安排每日产品投入生产线的顺序计划，做出轮排图。

例如，第一个工作日生产 a、c、d、f、g、h 6 种产品，可以按照 16∶6∶3∶2∶2∶1（800∶300∶150∶100∶100∶50）的比例做出轮排图。

第三节　"一个流"生产

精益生产的理念之一是没有价值的工作都是浪费，只做有价值的工作。为了消除传统生产方式中存在的大量浪费，精益生产方式中，企业应采用"一个流"生产，以最大限度地消除搬运浪费、在制品多、可能出现大量不良品等无价值的现象。可以说，"一个流"生产是精益生产的根本，它可以最大限度地减少各种浪费现象。

"一个流"生产和批量生产的简单比较如图 2-15 所示。

批量 =5 件

注：每台设备的加工时间均为 1 分钟。

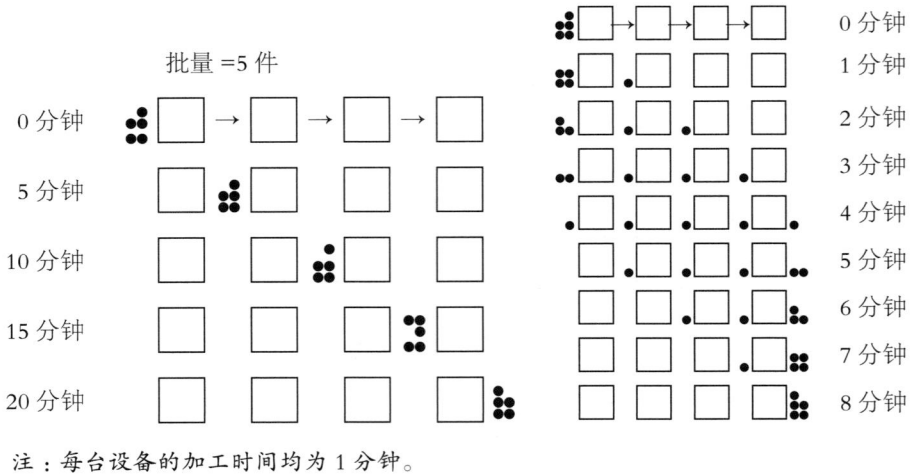

图 2-15 "一个流"生产和批量生产的简单比较

一、何谓"一个流"生产

"一个流"生产是指将作业场地、人员、设备（作业台）合理配置，使产品在生产时，各工序中只有一个工件在流动，使工序从毛坯到成品的加工过程始终处于不停滞、不堆积、不超越的流动状态，是一种工序间在制品向零挑战的生产管理方式，其思想是改善型的。

"一个流"生产的优点是生产时间短、在制品存量少、占用生产面积小、易暴露问题点（见图 2-16），容易适应市场与计划的变更，有利于保证产品品质，有利于安全生产，不需要高性能、大型化的设备，从而减少管理成本，确保财产安全。

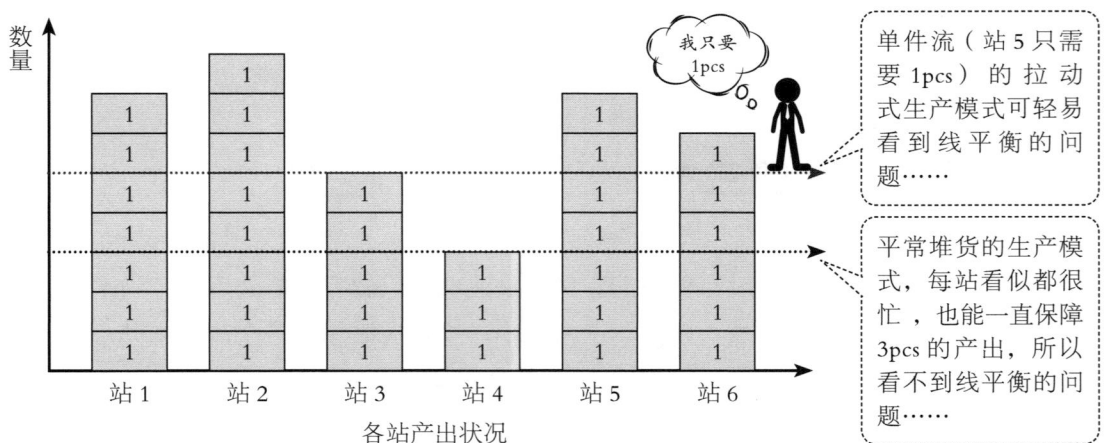

图 2-16 "一个流"生产易暴露问题点

二、"一个流"生产的八大重点

（一）单件流动

"一个流"生产要求产品生产的各道工序做到几乎同步进行，使产品实现单件生产、单件流动。

单件流动就是仅加工一件、检查一件、传送一件，使原材料经过一个个加工工序而成为成品，即避免批量进行加工，而应逐个完成零件在相关工序上的加工。单件流动是一种将浪费"显露化"的思想与技术。

（二）按加工顺序排列设备

许多车间不同工序的生产设备之间距离很远，加工过程中产生的中间产品需要再花时间和人力才能被搬运到下一道工序，这被称为孤岛设备现象。"一个流"生产要求放弃按设备类型排列的布局，而要按照加工顺序排列生产设备（见图2-17），避免孤岛设备现象的出现，尽可能使设备的布置流水线化，真正形成"一个流"。

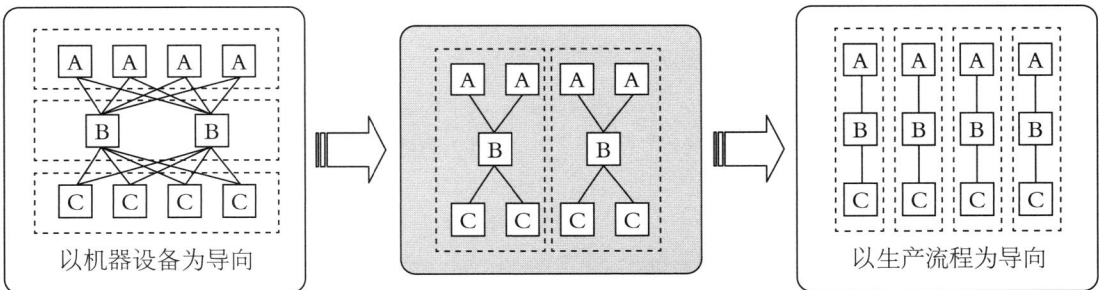

图2-17　从以机器设备为导向转以生产流程为导向

（三）按生产节拍进行生产

"一个流"生产要求各道工序严格按照一定的生产节拍进行生产。如果各道工序的生产节拍不一致，将会出现产品积压（库存的浪费）和停滞（等待的浪费），无法形成"一个流"。企业具体需要做到图2-18的三点。

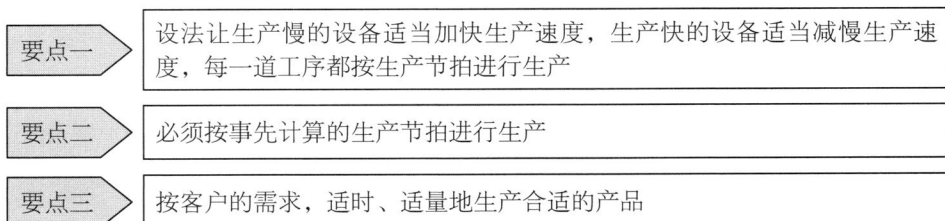

要点一	设法让生产慢的设备适当加快生产速度，生产快的设备适当减慢生产速度，每一道工序都按生产节拍进行生产
要点二	必须按事先计算的生产节拍进行生产
要点三	按客户的需求，适时、适量地生产合适的产品

图2-18　按生产节拍进行生产的要点

（四）站立式走动作业

实施站立式走动作业是实现"一个流"生产的基础。工人坐着工作时，很多动作都属于浪费。从准时制生产的角度来讲，为了调整生产节拍，有可能需要一个人同时操作两台或多台设备，这就要求作业人员不能坐着工作，而应该采用站立式走动作业的方式，从而提高工作效率，如图2-19所示。

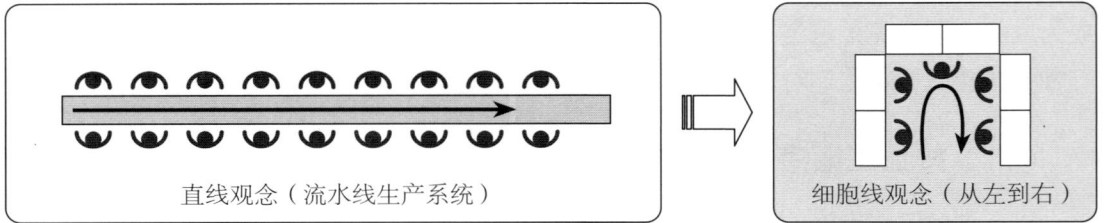

图2-19　从坐着作业到站立式走动作业

（五）培养多能工

在传统生产方式中，工人通常只会操作一种设备。当A设备的生产能力很强而B设备的生产能力较弱时，很容易造成A设备的操作工人空闲而B设备的操作工人过于繁忙，从而导致生产不均衡。因此，培养多能工（即一人能操作多台设备或多个工序）有助于实现按生产量的变化随时进行人员增减，如图2-20所示。

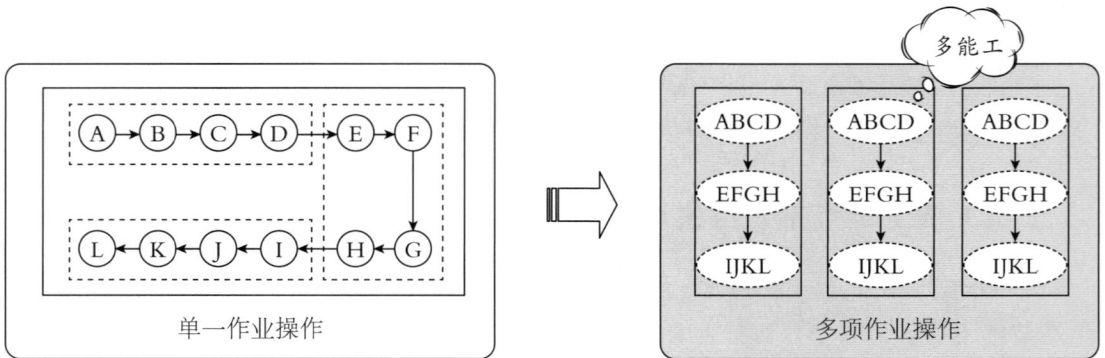

图2-20　培养多能工

（六）使用小型、便宜的设备

大型设备的生产能力很强，很容易让后工序无法及时跟上，从而导致大量的中间产品积压。此外，大型设备还会造成投资和占地面积的增加。因此，"一个流"生产不主张采用自动化程度高、生产批量大的设备，而主张采用小型、低成本的设备，如图2-21所示。

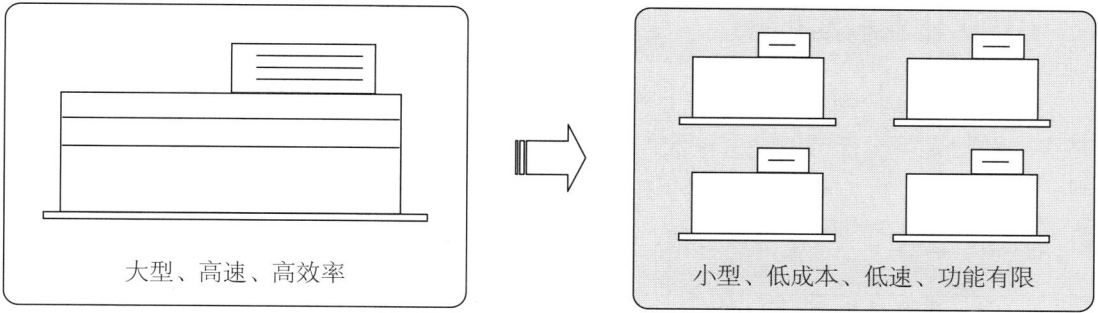

大型、高速、高效率　　　小型、低成本、低速、功能有限

图 2-21　设备小型化

（七）"U"形布置

如果将生产设备一字摆开，工人从第一台设备到最后一台设备就需要走动很远的距离，从而造成严重的人力浪费。因此，"一个流"生产要求设备（工序）按"U"形排列（如图2-22、图2-23所示），保证投入点与取出点在同一工作点。一个加工位置中可能同时包含几个工艺，所以"U"形布置需要培养多能工。"U"形布置减少了步行浪费和工位数，从而缩短周期、提高效率，同时也减少了操作工，降低了成本等。

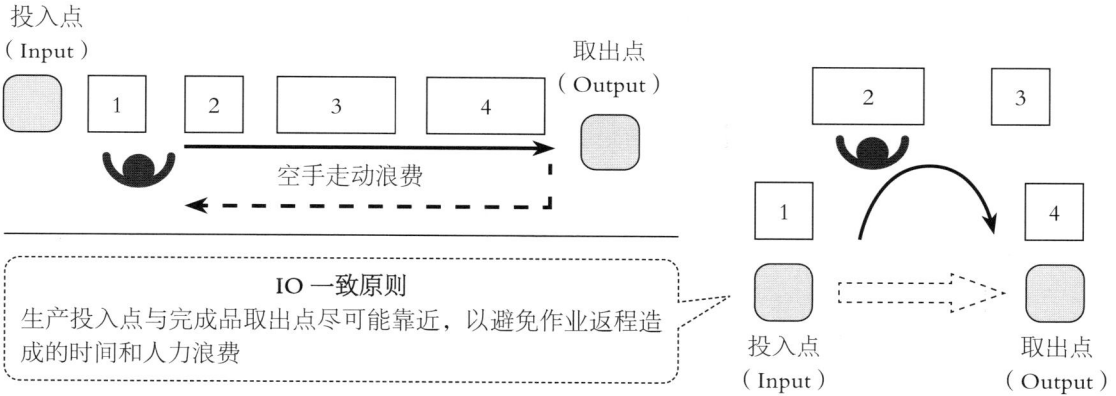

图 2-22　IO 一致原则与"U"形布置

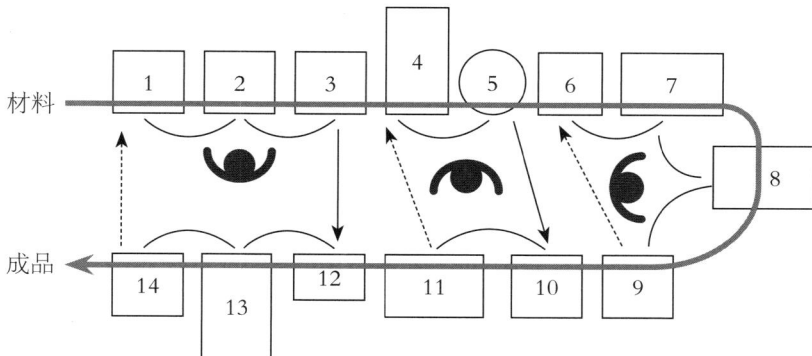

图 2-23　"U"形布置

（八）作业标准化

作业标准化是指每一个岗位、每一道工序都有一份作业指导书（如图2-24所示），并安排管理人员检查员工是否按照作业指导书的要求工作，这样就能强制员工严格按照既定的生产节拍进行生产。如果没有实现作业标准化，那么企业就无法控制生产一个产品的时间，也就无法控制生产节拍，更无法保证形成"一个流"生产。

图2-24　作业指导书示例

三、"一个流"生产应遵循的原则

（一）物流同步原则

"一个流"生产要求在没有库存的前提下，确保能在必要的时刻得到必要的零件，为此，企业应使各种零件的生产和供应完全同步，使整个生产按比例、协调地连续进行，并按照后工序的需要安排投入和产出。物流同步要求避免图2-25所示的情况。

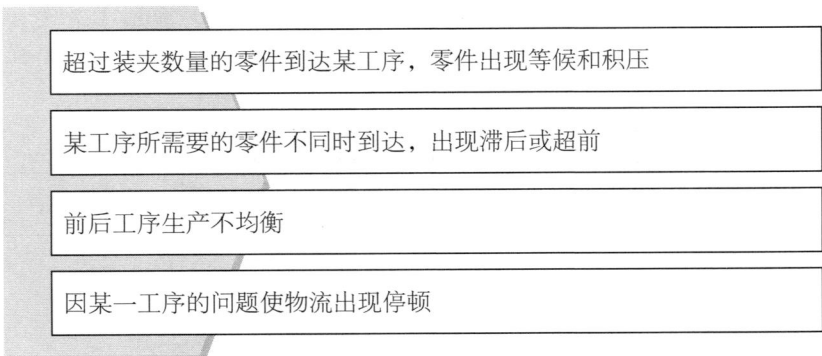

超过装夹数量的零件到达某工序，零件出现等候和积压

某工序所需要的零件不同时到达，出现滞后或超前

前后工序生产不均衡

因某一工序的问题使物流出现停顿

图2-25　物流同步要求避免的情况

（二）内部用户原则

"一个流"生产要求每一道加工工序无缺陷、无故障，若制件出现缺陷，企业要么停掉生产线，要么强行使有缺陷的制件流动下去，但无论何种选择都将引起成本的上升。因此，"一个流"生产要求每一道工序严格控制工作质量，做到质量在过程中被控制，遵循内部用户原则。内部用户原则的含义如图2-26所示。

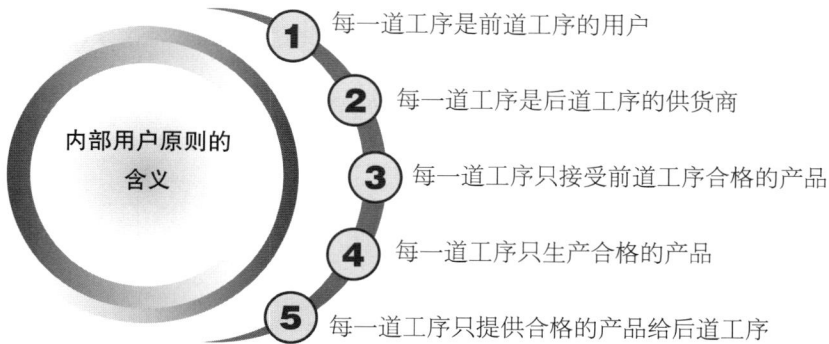

图2-26　内部用户原则的含义

遵循内部用户原则的具体方法是开展自检、互检，并严格按工艺操作规范进行生产。

（三）消除浪费原则

"一个流"生产的目的是减少在制品，使生产中存在的浪费现象暴露出来，并不断消除浪费，降低成本。这些浪费现象包括在制品过剩、供货拖拉、排除设备故障的时间长、信息流通不畅、工艺纪律差等。

上述任何一个问题都会阻碍"一个流"生产的顺利进行，因此企业必须积极采取措施解决这些问题，为实现"一个流"生产创造条件。

四、"一个流"生产线的布置要点

"一个流"生产线的布置要点如表2-1所示。

表2-1　"一个流"生产线的布置要点

序号	布置要点	说明
1	根据产品结构（工艺流程）布置或调整	对产品工艺流程进行分析是"一个流"生产的基础，也是价值流分析的关键。德鲁克先生说过："生产管理不是将工具用在材料上，而是将逻辑用在工作上。"用简洁的图示方式将产品工艺流程描述出来，可作为生产线布置和调整的依据

续表

序号	布置要点	说明
2	进行标准作业	（1）生产线应简洁明了，无死角，无隐藏的角落 （2）标识明确，要能看出制造中的浪费、步行距离的浪费、手动作业的浪费 （3）要明确生产节拍（生产步调）、在制品数量，作业者的动作流程必须保持顺畅
3	没有浪费	生产的基本形态是不要让生产物流停滞下来，企业需要加以考虑的方面如下： （1）中间库存品的位置 （2）堆置方法 （3）搬运路径 主要原则如下： （1）先进先出 （2）快速流动 （3）前后关联生产线尽量靠拢
4	确保信息的流动	反映信息的来源要一元化 （1）生产的实际差异管理要以生产线为对象 （2）信息应尽量用目视管理来呈现 （3）信息要能被及时反映出来 （4）信息要能被生产线上的全体人员了解 （5）指示的传递流向应与物流方向一致
5	少人化	设备要小型化，能够移动 （1）"U"形布置或"C"形布置 （2）作业应向同一个方向转换 （3）设备之间不能有阻隔 （4）加工动作尽量由设备完成 （5）设备的按钮应考虑人机配合 （6）操作人员应一人多岗 （7）多制程化，减少瓶颈工序，工序间应易于合并
6	有做全数检查的品质保证	全数检查的做法必须建立在生产线上 （1）要采用有效机制来改善设备 （2）生产线上的照明及作业条件应良好 （3）必要的检查标准应在生产线上呈现出来

五、"一个流"生产对设备的要求

"一个流"生产对设备的要求如表2-2所示。

表2-2　"一个流"生产对设备的要求

序号	设备要求	说明
1	流动的设备	（1）设备要小型化 （2）设备要有轮子或易于搬运 （3）设备的水、电、气应设快速接头、插座 （4）物品在加工时的出入口要一致，有自动弹出装置更好 （5）设备的管线要整齐并有柔性
2	柔性的设备	（1）设备的适用性要强：只要改变某些部分，就能产生其他用途 （2）设备切换速度要快：产品一旦有变化，仅需更换某些部分或组件就可生产该产品 （3）明确各生产区域。保持其弹性变更的能力，尽量不隔离成单独的空间 （4）设备要有提高产能的可能性 （5）设备要能够标准化 （6）不需要花时间做调整或花时间进行试生产的工作
3	狭窄作业面的设备	作业面缩小，不但可以减少作业人员产生走动时间的浪费，也可以缩短作业人员的生产周期 （1）前一制程的出口为后一制程的入口 （2）作业面应使作业人员尽量靠近作业点，高度以作业人员站立工作时肚脐的高度为准，深度以作业人员手腕前后动作的适当深度为准 （3）作业面狭窄深长 （4）作业面能减少作业人员无价值的走动
4	动作理想的设备	改善现有设备的动作质量，不但能节省投资，同时能很好地满足市场需求
5	有高效动作的设备	（1）设备应能产生有价值的加工动作，无效的动作都应去掉 （2）设备应能产生有"联结"功能的设备动作。前后相连的动作的一部分是在同一时间内完成的，这不但可提高动作的质量，而且所花费的成本较低，周期时间较短，产能较高 （3）设备应能产生有移动功能的设备动作，设备的动作必须多能工化

六、"一个流"生产的推行步骤

"一个流"生产的推行应遵循图2-27所示的步骤。

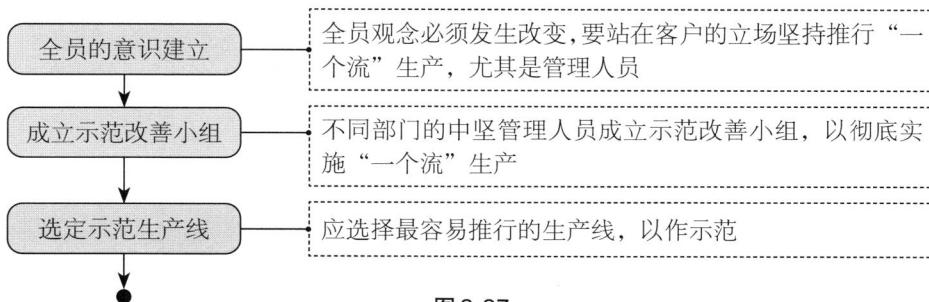

图2-27

全员的意识建立 —— 全员观念必须发生改变,要站在客户的立场坚持推行"一个流"生产,尤其是管理人员

成立示范改善小组 —— 不同部门的中坚管理人员成立示范改善小组,以彻底实施"一个流"生产

选定示范生产线 —— 应选择最容易推行的生产线,以作示范

现况调整分析	选定示范线后，应先充分了解该产品的生产状况（如生产流程图、生产线布置方式、人员的配置及生产能力、库存时间、人力空间及设备的稼动率等）
设定生产节拍	生产节拍＝日生产时间／日生产数量，许多改善活动的开展都以生产节拍为依据，生产节拍随日生产时间及日生产数量的变化而变化，与现场的设备、人员的生产能力无关
确定设备、人员的数量	企业应根据生产节拍、各制程的加工时间和人力时间，计算出各制程的设备需求数和作业人员需求数。设备不足时，企业应分析稼动率，进一步改善设备配置，以增强设备产能；而人员不足时，企业必须设法提高作业人员的工作量，并消除少人化现象
布置流线化生产线	企业应依据制程加工顺序进行逆时针布置，使设备尽量靠拢，以减少人员走动并缩短物品搬运的距离，设备应小型化、滑轮化、专用化
配置作业人员	企业应以计算所得的作业人员需求数和设备需求数进行布置，以生产节拍为目标，将各制程分配给每一位作业人员，使得每一位作业人员所分配到的制程人力时间的总和与生产节拍大致相同，越接近越好。作业人员中必须要有能操作多项制程的多能工，只有这样才能有效、充分地利用制程人力时间
单件流动	流线化生产的方式可以将企业以往潜在的浪费暴露出来，流线化生产线建立后，企业就能以加工一件、检查一件、传送一件的方式生产，这也是单件流动的意义所在
持续管理与改善	流线化生产线建立后，会出现各种意想不到的问题，企业应持续进行管理与改善，若有作业人员排斥，企业应妥善与其沟通，让其接受
水平展开与无人化目标	企业应在全工厂内推广流线化生产线，并朝着无人化的目标前进。"一个流"生产要求作业场地、作业人员和设备必须得到合理配置，因为按照传统的设备配置方式实现"一个流"生产是比较困难的。因此，为了保证产品从开始加工到最后一道包装工序形成"一个流"，企业就必须对设备的配置方式进行调整

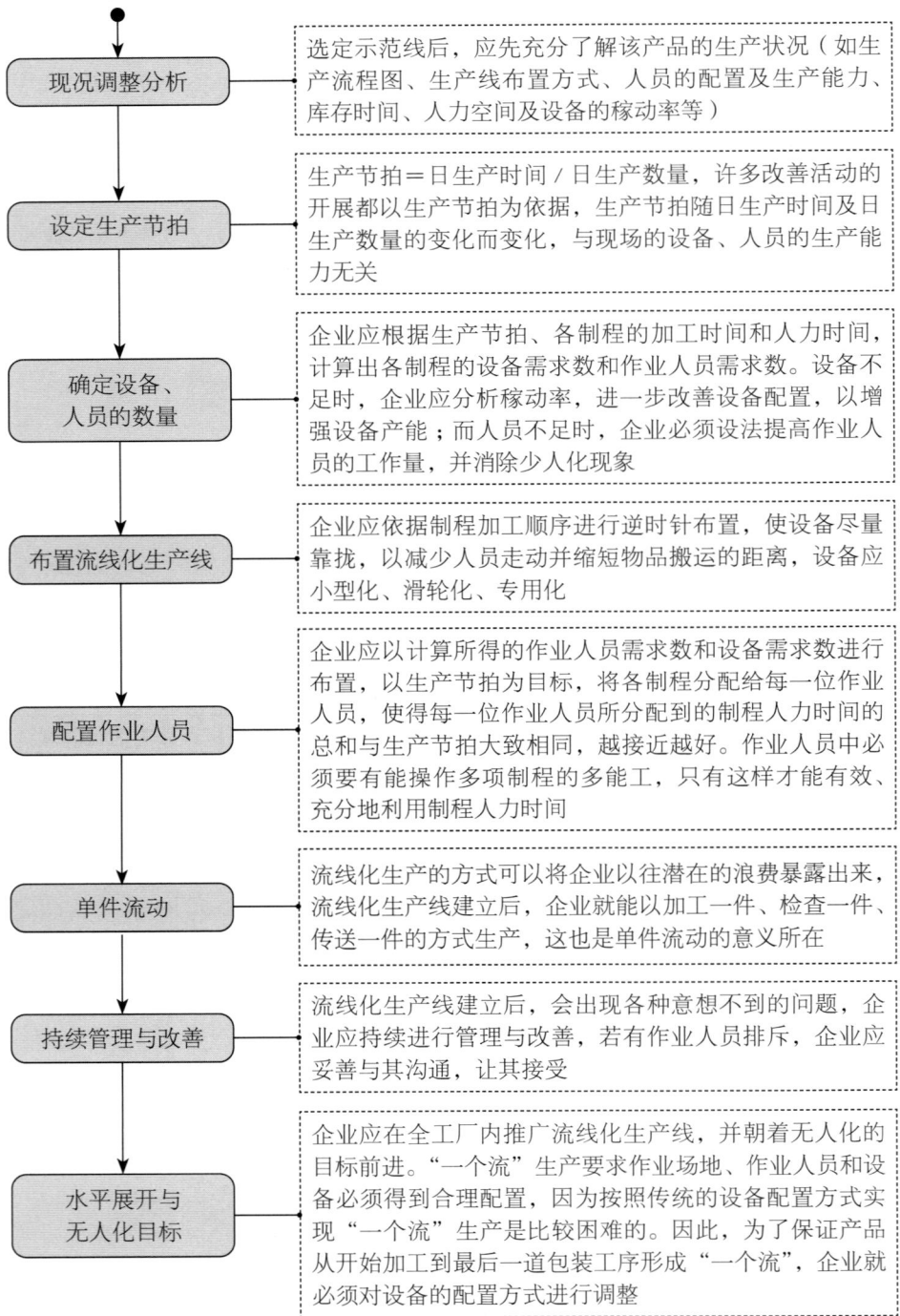

图2-27　"一个流"生产的推行步骤

第四节　标准化作业

标准化作业是指在作业系统调查分析的基础上，将现行作业方法的每一操作程序和每一动作进行分解，以科学技术、规章制度和实践经验为依据，以安全、高质、高效为目标，对作业过程进行改善，从而形成一种优化作业程序，逐步达到安全、准确、高效、省力的作业效果。

一、标准化作业的特征

标准化作业具有规范性、强制性、严谨性、科学性、统一性、持续改进性等特点（如图2-28所示）。这些特点使得标准化作业成为提高企业生产效率、保障作业质量、降低生产成本的重要手段。

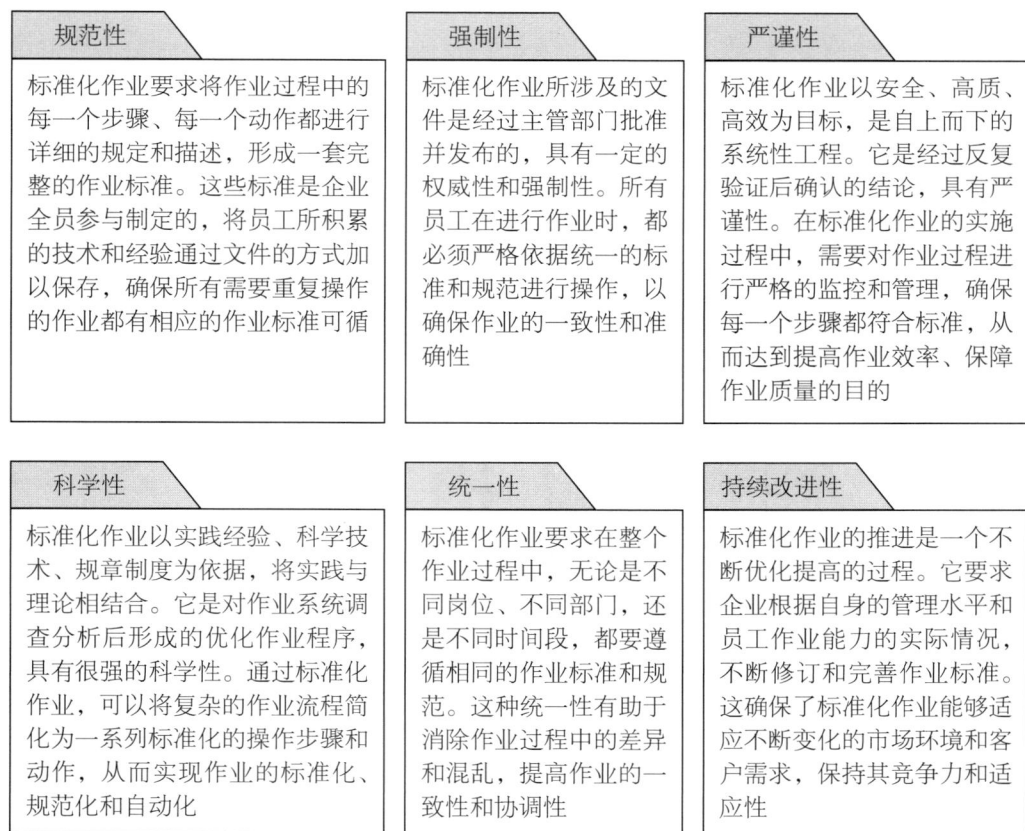

规范性	强制性	严谨性
标准化作业要求将作业过程中的每一个步骤、每一个动作都进行详细的规定和描述，形成一套完整的作业标准。这些标准是企业全员参与制定的，将员工所积累的技术和经验通过文件的方式加以保存，确保所有需要重复操作的作业都有相应的作业标准可循	标准化作业所涉及的文件是经过主管部门批准并发布的，具有一定的权威性和强制性。所有员工在进行作业时，都必须严格依据统一的标准和规范进行操作，以确保作业的一致性和准确性	标准化作业以安全、高质、高效为目标，是自上而下的系统性工程。它是经过反复验证后确认的结论，具有严谨性。在标准化作业的实施过程中，需要对作业过程进行严格的监控和管理，确保每一个步骤都符合标准，从而达到提高作业效率、保障作业质量的目的

科学性	统一性	持续改进性
标准化作业以实践经验、科学技术、规章制度为依据，将实践与理论相结合。它是对作业系统调查分析后形成的优化作业程序，具有很强的科学性。通过标准化作业，可以将复杂的作业流程简化为一系列标准化的操作步骤和动作，从而实现作业的标准化、规范化和自动化	标准化作业要求在整个作业过程中，无论是不同岗位、不同部门，还是不同时间段，都要遵循相同的作业标准和规范。这种统一性有助于消除作业过程中的差异和混乱，提高作业的一致性和协调性	标准化作业的推进是一个不断优化提高的过程。它要求企业根据自身的管理水平和员工作业能力的实际情况，不断修订和完善作业标准。这确保了标准化作业能够适应不断变化的市场环境和客户需求，保持其竞争力和适应性

图2-28　标准化作业的特征

二、标准化作业三大要素

标准化作业的三大要素如表2-3所示。

表2-3　标准化作业的三大要素

要素名	定义	作用
节拍时间 （周期时间）	指制造一个产品（或完成一道工序）所需的时间，它决定了生产的速度和节奏	确保生产与需求相匹配，避免生产过剩或不足。例如，如果每天的工作时间是460分钟，而需求是460件产品，那么节拍时间就是1分/件
工作顺序 （作业顺序）	操作工遵循的特定操作顺序，它规定了从原材料到成品的次第变化过程	减少错误和中断，提高生产效率。操作顺序必须符合生产线的规律，以确保安全和高效
标准在制品库存 （标准持有量）	完成每个操作所需的最小零件数，即工序内必需的半成品数量	减少库存成本，同时确保生产的连续性和稳定性。它确保了工序中最少的在制品数量，以支持生产的顺利进行

综上所述，标准化作业的三大要素共同构成了确保生产效率和流程优化的关键。通过合理设置和控制这些要素，企业可以优化生产流程、提高产品质量、降低成本并保持竞争优势，如图2-29、图2-30所示。

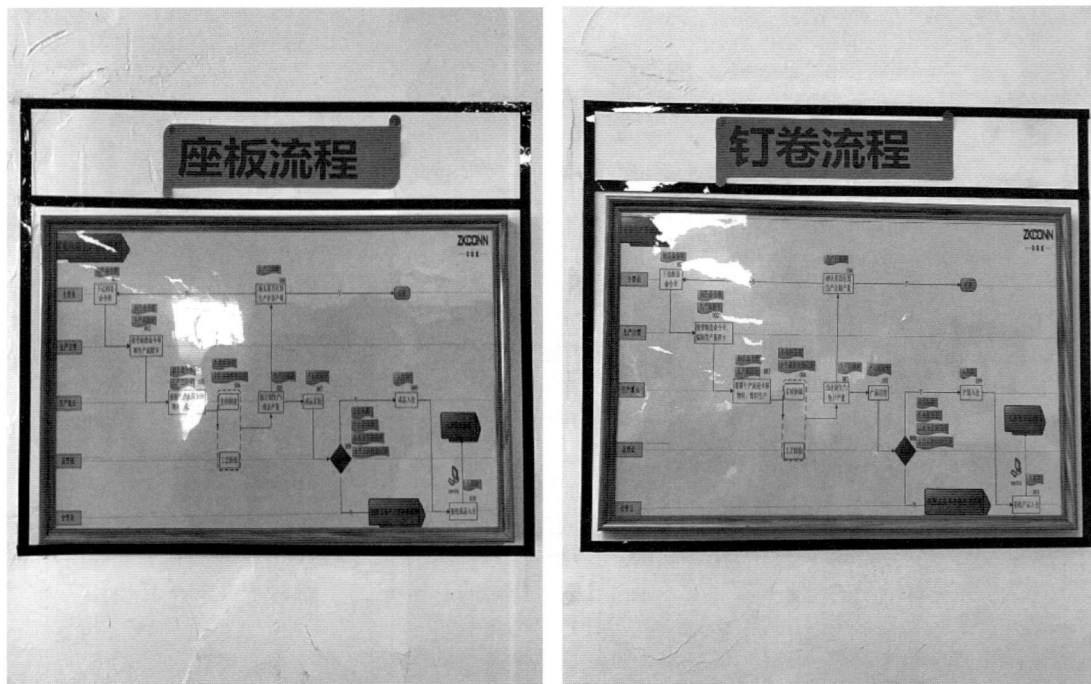

图2-29　作业流程（工作顺序）挂在作业现场的墙上

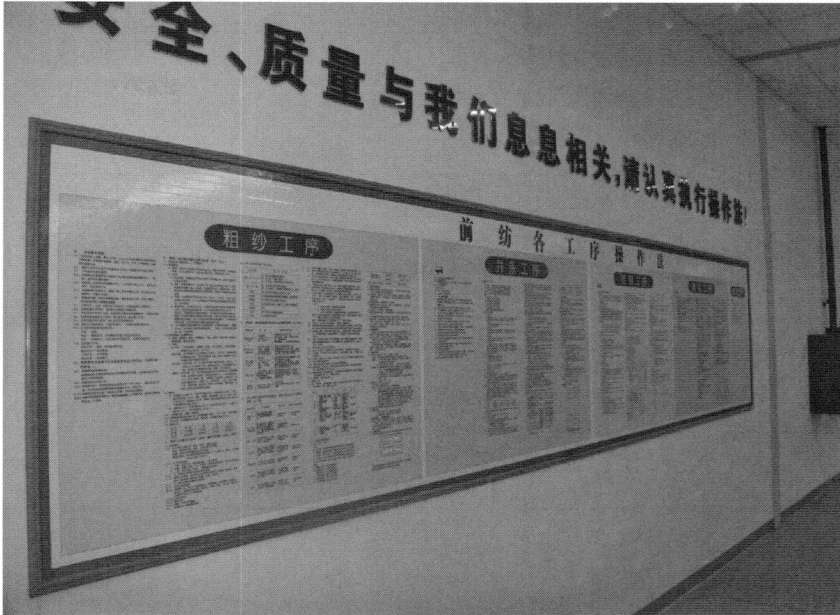

图2-30　各工序的操作法贴在墙上

三、标准化作业的内容

标准化作业的内容主要是作业过程中的标准化问题，包括作业程序的标准、作业方法及手段的标准。但是，作业过程实际是在人机系统中进行的，也就是说作业过程涉及从事操作的人、运行的设备、使用的器具、作业环境以及对作业过程的管理。因此，要做到标准化作业，必须同时使作业过程所涉及的各要素都标准化。

由此可见，广义的标准化作业除了作业程序、方法、手段的标准化外，还包括人的行为、作业环境整洁、设备检查维修、工器具放置使用、劳保用品穿戴、个体防护设施准备，以及共同作业的指挥联络等各方面的标准化。

标准化作业的内容如表2-4所示。

表2-4　标准化作业的内容

序号	标准化作业构成	作业标准类型	作业标准内容
1	作业过程	程序	作业程序标准，交接班流程标准
		方法手段	作业方法标准，作业手段标准，使用器具标准等
2	作业行为	动作	操作动作标准，指挥动作标准等
		交流	交流手势（即体态语言）标准，语言、口令标准等
		穿戴	劳保用品穿戴标准，自身穿戴标准

续表

序号	标准化作业构成	作业标准类型	作业标准内容
3	作业环境	材料	材料堆放标准
		工具、器具	工具、器具放置标准
		标志	安全标志布设标准，防护装置布设标准
4	作业设备	监护	设备运行过程监护标准
		检查	设备检查标准
		维修	设备维护标准，定期修理标准等
5	作业管理	制度	管理制度标准
		活动	管理活动过程标准，活动内容、形式标准
		信息	管理信息标准，管理信息传递标准

（一）作业过程标准化

从时间因素来看，任何一个作业过程都是由一定的要素在一定的空间、一定的时间里交替作用的结果。因此作业过程标准化首先体现在作业程序的标准化，这种程序标准包括宏观方面和微观方面，如图2-31所示。

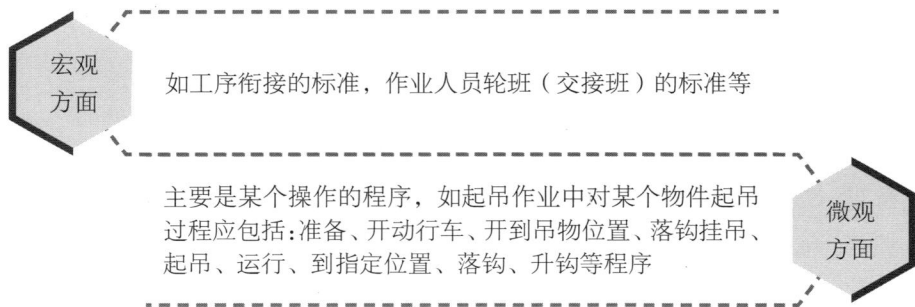

宏观方面 如工序衔接的标准，作业人员轮班（交接班）的标准等

微观方面 主要是某个操作的程序，如起吊作业中对某个物件起吊过程应包括：准备、开动行车、开到吊物位置、落钩挂吊、起吊、运行、到指定位置、落钩、升钩等程序

图2-31　程序标准的两个方面

作业过程标准比作业程序标准更为综合，它主要是指完成某项任务过程中要素的配置情况，如人员、手段、器具、材料、运作方式、作业组织等的配置。

（二）作业行为标准化

作业行为的标准化对安全具有重要意义，因为很多事故是人为失误引起的。人既是作业过程的一个参与要素，同时又是控制作业进程和运作方式的主人。作业行为标准化如图2-32～图2-34所示。

| 内容一 | 作业人员行为标准化 |

作业人员日常穿戴应符合作业规范，当使用各类劳保用品时，穿戴也应标准化

| 内容二 | 作业过程的指挥者行为标准化 |

作为作业过程的指挥者，其指挥动作应标准化（对不同的作业应有不同的标准）。指挥动作的标准应符合安全、准确、经济要求。如指挥的位置、姿势、动作幅度、速度、动作要素、运动轨迹范围和安全要点等都应标准化。满足安全、舒适、准确、高效的要求。安全要点是作业标准中对安全工作的重点提示，即防止作业中发生危险或出现意外的操作要领

| 内容三 | 作业中的交流标准化 |

作业中的交流标准化，包括交流手势（即体态语言）标准，语言、口令标准，交流方式标准等，一般应使用普通话；操作中具体使用语言、口令应按一定的规则设计，尤其对险情信号的交流更应标准化，并且每个人都应进行有针对性的培训

图2-32　作业行为标准化

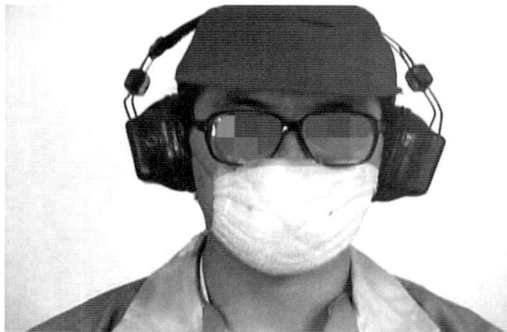

图2-33　标准着装图

图2-34　作业人员服装统一

（三）作业环境标准化

即应做到标准化的作业现场（见图2-35和图2-36），要求作业设备装置性能良好，安装合格；按标准配备性能良好的安全设施，装设安全标志及安全标志牌；工具材料摆放整齐、标准化；作业环境卫生标准化；文明生产等。

图2-35　标准化的作业现场

图2-36　材料摆放标准化

（四）作业设备检修标准化

设备运行过程应按一定的要求进行监护，这种监护应程序化、标准化。对各类型的设备，企业应根据其特点制定检查、维护、定期修理的标准。同时对于检查维修过程也应标准化，见图2-37、表2-5和表2-6。

清扫/点检/注油基准书

所属：×××　　设备名：3# 注塑机　　小组名：××组

制定日期：×××　　修改日期：一

区分	序号	清扫/点检部位 项目	清扫/点检基准	清扫/点检方法	清扫/点检工具	异常时的措施	需要时间(分)	周期 日	周期 周	周期 月	周期 季度	责任人
清扫	①	底座、夹子	不能有蜡及异物	用凿子凿开 用抹布擦拭	凿子 抹布	通知设备	10	○				×××
	②	操作屏	不能有蜡及异物	用压缩空气吹，用抹布擦拭	气枪 抹布	通知设备	20			○		×××
	③	油压电机	不能有油污及异物等污染	用抹布擦拭	抹布	通知设备	15		○			×××
	④	汽缸	不能有异物，污染	用抹布擦拭	抹布	通知设备	10		○			×××
	⑤	恒温槽	内部不能有沉淀物 外部不能有异物，污染	用铁铲/凿子去除异物	铁铲 凿子	一	(240)				○	×××
点检	Ⓐ	温度调节机	动作有无	确认	肉眼	通知设备	1	○				×××
	Ⓑ	油压压力表	:3~4.2kg/cm³	确认	肉眼	通知设备	1	○				×××
	Ⓒ	油压油量	油量表1/2以上	确认	肉眼	补充	1	○				×××
	Ⓓ	油压装置台	动作有无	确认	肉眼	通知设备	1	○				×××
		时间合计					59					

一	序号	注油部位	油类	油量	注油方法	注油工具	需要时间(分)	周期 日	周期 周	周期 月	周期 季度	责任人
注油	①	油压油槽	液压油 68#	20	用油壶补充	油壶	20				○	×××
				需要时间合计			20					

(☆周期：1次/年补充)

基准时间：120分钟　　目标时间：60分钟　　现需要时间：79分钟

设备结构图

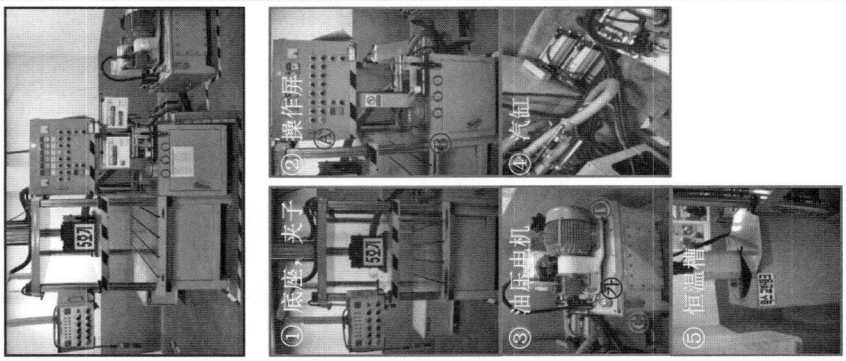

图2-37

清扫基准书

设备名	AC设备
责任人	×××

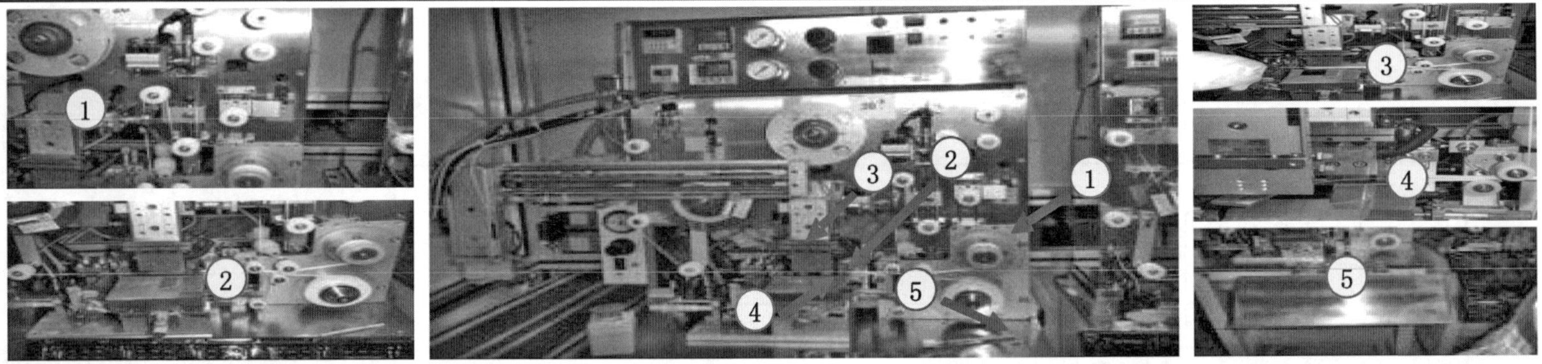

序号	部位	清扫方法要求内容	点检	清扫工具	确认方法	周期	备注
1	AC夹扣	使用棉棒同方向擦拭干净	夹扣是否松动	棉棒	无尘布，肉眼	每2小时1次	标准管理
2	AC切刀	棉棒蘸丙酮同方向擦拭3～5次	是否生锈及异物堆积	棉棒和丙酮	无尘布，肉眼	每2小时1次	标准管理
3	AC压头	棉棒蘸丙酮擦拭2～3次	压头是否生锈或出现刮痕	棉棒，丙酮，镜子	无尘布，镜子	每2小时1次	标准管理
4	分离器	棉棒蘸丙酮同方向擦拭3～5次	是否螺丝松动或损伤	棉棒和丙酮	无尘布，肉眼	每2小时1次	标准管理
5	作业平台	棉棒蘸丙酮擦拭2～3次	平台上面是否有污迹	毛刷，棉棒，清洗液	无尘布，肉眼	每2小时1次	标准管理
其他		日常管理类清扫内容：显示器和传送带每天清扫一次，设备机身及内部每2周清扫维护一次					
评价基准		合格	合格	停线清扫	停线清扫		

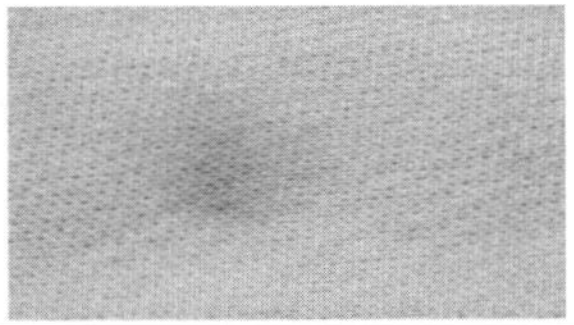

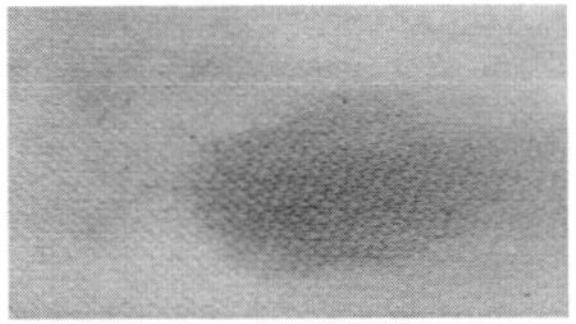

备注：标准管理类清扫后不能残留棉棒纤维等残渣和异物，日常管理类不能有异物堆积和清扫死角存在

图2-37 某企业自主保全3 STEP基准书

表2-5　某企业的设备注油表

设备名称	序号	注油点	数量	油类	工具	方法	周期	备注
黑化炉	1	驱动变速箱	1	150#	油壶	手动(更换)	3个月	
	2	驱动减速器	1	220#	油壶	手动(更换)	3个月	
	3	链条驱动	1	646#	油刷	人工涂敷	随时	
	4	轴承	26	85#	油枪	注入	1个月	
面板脱脂	1	驱动减速器	2	220#	油壶	更换	3个月	机油设备
	2	驱动链条	2	646#	油刷	人工涂敷	随时	
	3	吊篮链条	2	646#	油刷	人工涂敷	随时	
	4	出入口传送带驱动减速器	1	220#	油壶	注入	3个月	
	5	出入口滚轮物流驱动减速器	1	220#	油壶	注入	3个月	
	6	脱脂液循环泵	1	150#	油壶	补充	1个月	
	7	轴承	20	85#	油枪	注入	1个月	
框架脱脂	1	驱动减速器	1	220#	油壶	注入	3个月	
	2	驱动链条	2	646#	油刷	涂敷	随时	
	3	吊篮链条	1	646#	油刷	涂敷	随时	
	4	出入口传送带驱动减速器	1	220#	油壶	注入	3个月	

表2-6　某企业的设备结构点检表

序号	点检处	点检项目	点检方法	工具	判定基准	异常措施方法	区分		活动周期
							运行中	停机	
1	V形皮带	松动	目视	眼	松紧2%以内	调整或更换	○		每周
2	V形轮	磨损	用手触摸	手	斜面无凹凸	更换		○	每周
		晃动	目视	眼	纵横向无晃动	向班长汇报	○		每周
3	普通皮带	龟裂	目视	眼	无龟裂	向班长汇报		○	每周
		偏心	目视	眼	无偏心	调整	○		每周
4	链条	松紧	目视	眼	轴距4%以内	调整	○		每周
5	链轮	晃动	目视	眼	纵横向无晃动	向班长汇报	○		每周
6	电动机	震动	用手触摸	手	无震动	向班长汇报	○		每天
		温度	用手触摸	手	温度低于60℃	向班长汇报	○		每天
		动作	目视及用手触摸	眼/手	风扇无异常	向班长汇报	○		每周
		松动	紧固	扳手	螺栓无松动	紧固		○	每月

续表

序号	点检处	点检项目	点检方法	工具	判定基准	异常措施方法	区分 运行中	区分 停机	活动周期
7	螺栓	松动	测试锤敲击	测试锤	无松动	紧固	○		每月
8	轴承	异常噪声	使用听诊棒	耳／听诊棒	无噪声	向班长汇报	○		每天
		温度	用手触摸	手	温度低于 50℃	注入少量润滑油	○		每天
		松动	紧固	扳手	螺栓无松动	紧固		○	每周

（五）作业管理标准化

作业管理标准化包括管理制度标准化、安全信息标准化、安全业务活动标准化，如图 2-38 所示。

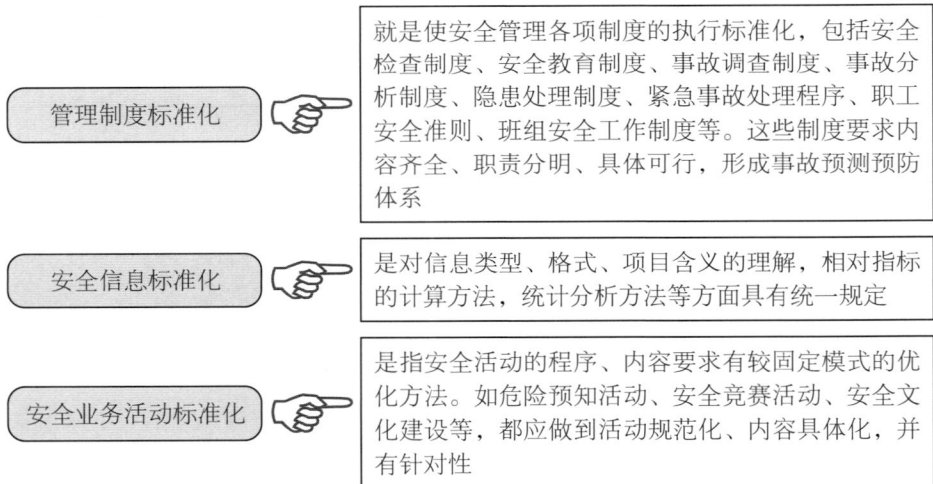

就是使安全管理各项制度的执行标准化，包括安全检查制度、安全教育制度、事故调查制度、事故分析制度、隐患处理制度、紧急事故处理程序、职工安全准则、班组安全工作制度等。这些制度要求内容齐全、职责分明、具体可行，形成事故预测预防体系

是对信息类型、格式、项目含义的理解，相对指标的计算方法，统计分析方法等方面具有统一规定

是指安全活动的程序、内容要求有较固定模式的优化方法。如危险预知活动、安全竞赛活动、安全文化建设等，都应做到活动规范化、内容具体化，并有针对性

图 2-38　作业管理标准化的内容

四、作业标准的制定

（一）作业标准的制定要求

一个好的标准的制定是有要求的，一般要满足如表 2-7 所示的六点。

表 2-7　作业标准的制定要求

序号	要求	详细说明
1	目标指向	标准必须是面对目标的，即遵循标准总是能保持生产出相同品质的产品。因此，与目标无关的词语、内容不应出现
2	显示原因和结果	如"安全上紧螺丝"，这是一个结果，应该描述如何具体操作以上紧螺丝
3	准确	要避免抽象，如"上紧螺丝时要小心"，这样模糊的词语是不宜出现的
4	数量化（需具体）	每个读标准的人必须能以相同的方式解释标准。为了达到这一点，标准中应该多使用图和数字。例如，使用一个更量化的表达方式，"使用离心机 A 以 100 ± 50 转 / 分转动 5 ～ 6 分钟的脱水材料"来代替"给材料脱水"的表达
5	现实	标准必须是现实的，即可操作的
6	修订	标准在需要时必须修订。在优秀的企业中，工作是按标准进行的，因此标准必须是最新的，是当时正确的操作情况的反映

（二）制定作业标准的程序

制定作业标准可按如图 2-39 所示的程序进行。

步骤一	调查了解生产过程、作业种类
步骤二	制定作业分类体系，系统反映出各种作业类型（如通用作业、专项作业）
步骤三	对每种作业进行安全作业分析并总结实践经验
步骤四	初步制定作业标准
步骤五	上下协商讨论，反复修改完善
步骤六	付诸实施，反复实践修改，直至定型

图 2-39　制定作业标准的程序

五、标准化作业的落实

标准化作业的推进，必然促进作业人员教育培训和生产、安全管理水平的提高。但是要使标准化作业能够顺利进行，最关键的是要改变从业人员的思想观念，使他们认识到标准化作业符合他们的根本利益。

同时应使他们明确，标准是安全生产规章制度的一种形式，具有强制执行的性质。

生产经营单位制定的作业标准虽然不是法规，但同样具有法规的性质。在生产经营单位内部它是每个从业人员必须遵守的行动准则，如果因违反而导致事故，就要承担责任。为使作业标准得到严格、准确的执行，可在作业现场或设备上贴上作业指导书，如图2-40和图2-41所示。

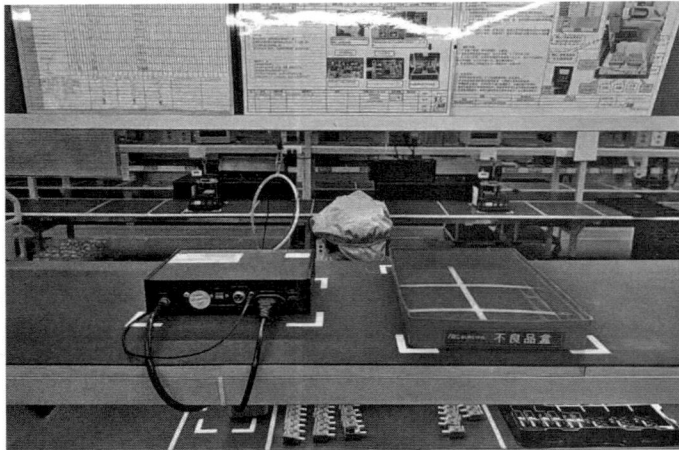

图2-40　作业标准指导书就挂在作业台上方

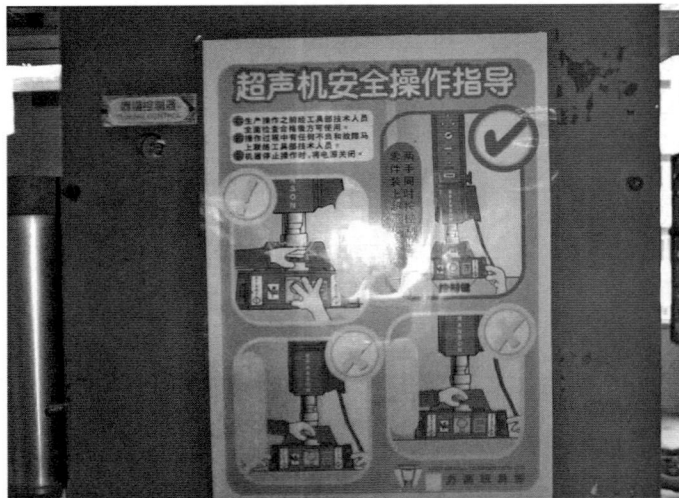

图2-41　机器上贴着操作指导

六、标准化作业的改进

在精益生产体系中，标准化作业的特征之一是由班组长在精益生产专家及工艺工程师的支持下制定作业标准。

标准化作业需要不断改善、反复修订，一般要求有下列步骤：

（1）精确测量作业人员时间节拍，明确变差原因，详尽描述并深入剖析，制定解决方案。仅凭秒表监测往往不足，采用录像能更全面地追溯变差原因，为日常观察提供坚实依据。

（2）确定最优操作模式。录像资料作为直观工具，助力观察车间各班次作业差异，最终统一采用标准化作业模式。

（3）更新标准化作业图。作业改进后，即时更新工作合并表格。

（4）强化自检与班组长职责，确保标准化作业有序高效执行。小组应回顾近期质量案例，识别未遵循标准化作业导致的问题，制定改进策略。

（5）班组长负责日常标准化作业检查。

（6）生产线标准化作业的优化将提升生产效率与产品质量。

第五节　看板系统

看板系统，特别是生产看板管理系统（Kanban System），是丰田生产模式中的重要概念，旨在通过准时制生产方式（JIT）来控制现场生产流程。

看板系统是一种可视化管理工具，其核心目的是传达生产或工作任务的相关信息，包括何物、何时、生产多少数量、以何方式生产和搬运等。它帮助管理者和团队成员清晰地了解工作流程、任务优先级和进度，从而提高生产效率和工作效率，见图2-42所示。

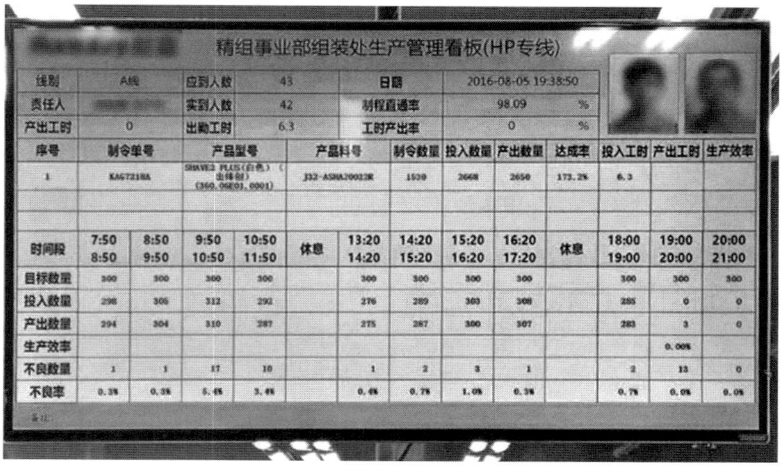

图2-42　生产管理看板

一、看板的功能

（一）看板是指示作业的信息

如取什么货、取多少、什么时间到什么地点取货和怎样搬运等情况，在看板上都指示得很清楚。各工序的员工只要看到看板，其生产数量、时间、方法、顺序及搬运时间、搬运对象等就会完全清楚，因而，看板（见图2-43）像生产线上的神经网络一样，传递取货和生产指令，控制过量生产和过量储备，对于加速资金周转、降低成本等起着重大作用。

图2-43　生产看板

（二）看板是目视管理的工具

由于看板在任何时候都必须与实物一起移动，因而它能够控制过量制造、指明生产顺序和简化现场管理程序。这样坚持下去，就使目视管理成为可能。如看板上指明了零部件的名称、产量、生产时间和方法、运送地点和数量等有关内容，就使得生产现场人员可以一目了然地独立判断和处理问题。同时，也便于管理者掌握工序生产能力、库存状况和人员安排等情况，从而提高经营管理效果。

（三）防止过量生产和过量运送

看板必须按照既定的运用规则来使用。其中的规则之一是："没有看板就不能生产，也不能运送。"根据这一规则，各工序如果没有看板，就既不进行生产，也不进行运送；看板数量减少，则生产量也相应减少。由于看板所标识的只是必要的量，因此运用看板能够做到自动防止过量生产、过量运送。

（四）改善的工具

看板的改善功能主要通过减少看板的数量来实现。看板数量的减少意味着工序间在制品库存量的减少。如果在制品库存量较高，即使设备出现故障、不良产品数量增加，也不会影响到后工序的生产，所以问题容易被掩盖。在JIT生产方式中，通过不断减少数量来减少在制品库存，就使得上述问题不可能被忽视。这样通过改善活动不仅解决了问题，还使生产线的"体质"得以加强。

二、看板管理的条件

实施看板管理必须满足图2-44所示条件。

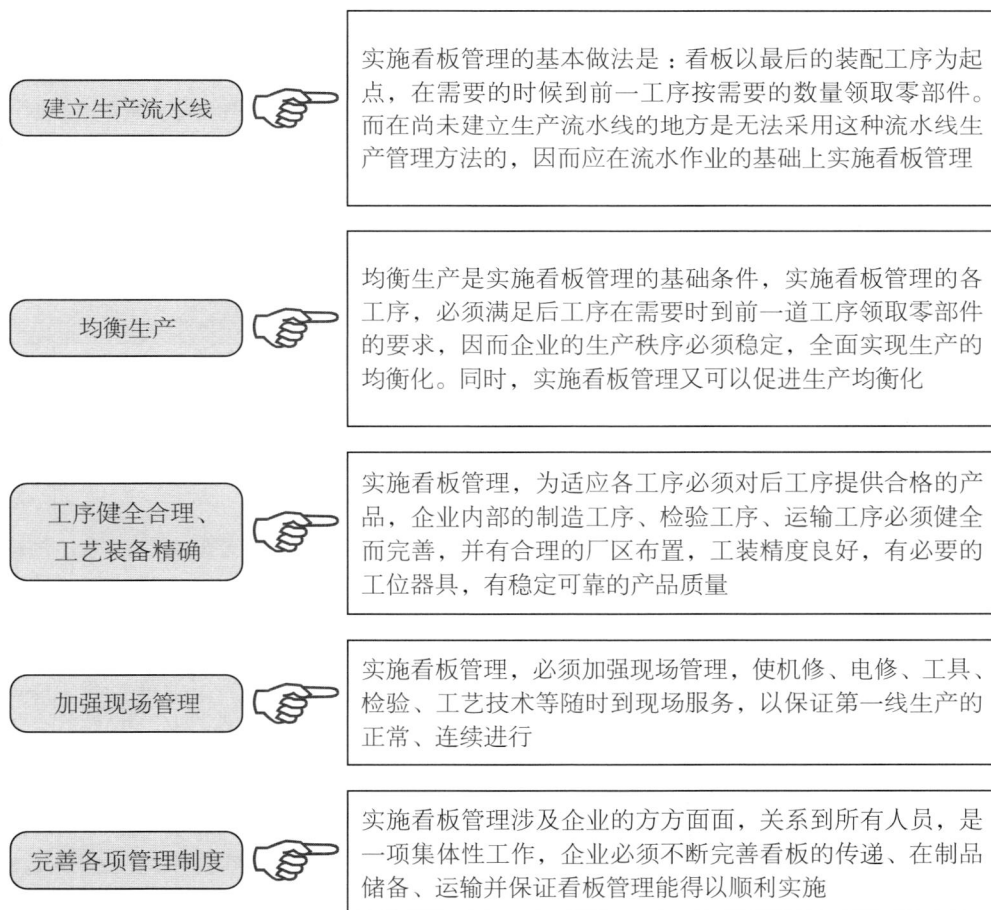

建立生产流水线	实施看板管理的基本做法是：看板以最后的装配工序为起点，在需要的时候到前一工序按需要的数量领取零部件。而在尚未建立生产流水线的地方是无法采用这种流水线生产管理方法的，因而应在流水作业的基础上实施看板管理
均衡生产	均衡生产是实施看板管理的基础条件，实施看板管理的各工序，必须满足后工序在需要时到前一道工序领取零部件的要求，因而企业的生产秩序必须稳定，全面实现生产的均衡化。同时，实施看板管理又可以促进生产均衡化
工序健全合理、工艺装备精确	实施看板管理，为适应各工序必须对后工序提供合格的产品，企业内部的制造工序、检验工序、运输工序必须健全而完善，并有合理的厂区布置，工装精度良好，有必要的工位器具，有稳定可靠的产品质量
加强现场管理	实施看板管理，必须加强现场管理，使机修、电修、工具、检验、工艺技术等随时到现场服务，以保证第一线生产的正常、连续进行
完善各项管理制度	实施看板管理涉及企业的方方面面，关系到所有人员，是一项集体性工作，企业必须不断完善看板的传递、在制品储备、运输并保证看板管理能得以顺利实施

图2-44　看板管理的条件

三、看板的种类

看板的种类因各公司的情况不同而具有多种形式。首先从最终工序开始，确定其所对应的看板，然后各个工序之间通过各自的看板，以同步方式连接起来。看板种类具体包括：客户看板、备货看板、装备加工看板、领取看板、零件加工看板、信号看板和购入看板，其路径如图2-45所示。

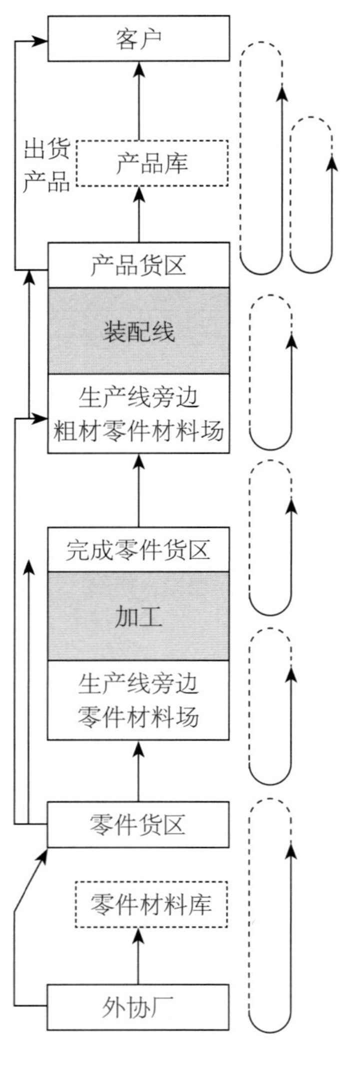

（物流）路径（看板）	种类 （后工序→前工序）	发行部门	使用说明
	客户看板　→	客户	交货时将看板添加到从产品库拿出的产品上
	备货看板　→	生产管理	将该看板添加到产品库的产品上，起指示员工从货区领取产品的作用
	装配加工看板　→	制造	起指示装配的作用
	领取看板　→	制造	用掉一个零件后即将该看板取下，具有加工指示的作用
	零件加工看板 信号看板　→	制造	使用装配线的"零件领取看板"领取零件时，将该看板取下，具有加工指示功能
	购入看板　→	生产管理	这是用于批量生产工序的看板，控制半成品的最大、最小量，具有指示再次开始加工的作用
			这是添加到零件货区或材料库中零件上的看板，具有指示购入零件、材料的作用

图中物流路径（看板）栏自上而下依次为：客户、产品库（出货产品）、产品货区、装配线、生产线旁边粗材零件材料场、完成零件货区、加工、生产线旁边零件材料场、零件货区、零件材料库、外协厂。

图2-45　看板的类别及其流动路径

四、常见看板的使用

（一）工序看板

1. 工序看板的类型

工序看板主要有取货看板、送货看板、加工看板、材料看板等。

2. 工序看板的使用规则

工序看板的使用规则如图2-46所示。

图2-46　工序看板的使用规则

工序看板的使用规则

① 后道工序向前道工序取货
② 次品不交给后道工序
③ 前道工序只生产后道工序所领取的数量
④ 进行均衡化生产
⑤ 必须使生产工序合理化且设备稳定

（1）后道工序向前道工序取货

要实施看板管理，企业就必须使后道工序在必要的时候向前道工序领取必要数量的零部件，以防止产需脱节而生产不必要的产品。为确保这条规则的实行，后道工序还必须遵守下面三条具体规定。

第一，禁止不带看板领取零部件。

第二，禁止领取超过看板规定数量的零部件。

第三，实物必须附有看板。

（2）次品不交给后道工序

前道工序必须为后道工序生产100％的合格品。如果发现次品，企业必须立即停止生产，查明原因，采取措施，防止这类问题再次发生，以保证产品质量，避免生产中的浪费。

（3）前道工序只生产后道工序所领取的数量

各工序只能按照后道工序的要求进行生产，不生产超过看板所规定数量的产品，以控制过量生产，彻底消除无效劳动。

（4）进行均衡化生产

均衡化生产是看板管理的基础。但在实施看板管理时，如果只对最终总装配线下达生产数量指令，是不合理的。为了准确地协调生产，及时满足市场多样化的需求，企业可以利用计算机分析各种因素，制订确切的均衡化生产计划。

（5）必须使生产工序合理化且设备稳定

在看板管理中，前道工序只生产后道工序所领取数量的产品。如果生产工序不合理或生产设备不稳定，那么就会产生瓶颈问题，有的工序（设备）无产品可做，而有的工序（设备）生产的产品无法传到下一道工序进行生产。

3. 工序看板的运行方法

（1）工序看板运行传递情况

具体来说，在生产线上，工序看板的运行传递有如图2-47所示几种情况。

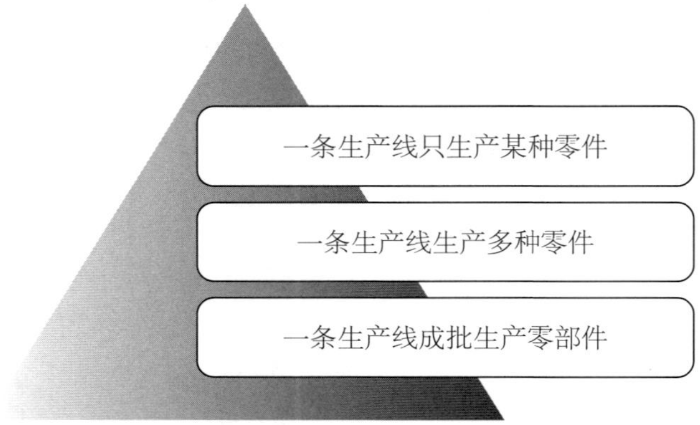

一条生产线只生产某种零件

一条生产线生产多种零件

一条生产线成批生产零部件

图2-47　工序看板的运行传递情况

上述三种情况虽然各有区别，但都遵循工序看板运行传递的基本规则，其传递方法大同小异，基本一致。

（2）工序看板的使用方法

① 工序内看板（见图2-48）。工序内看板的使用方法中最重要的一点是看板必须随实物——即与产品一起移动。

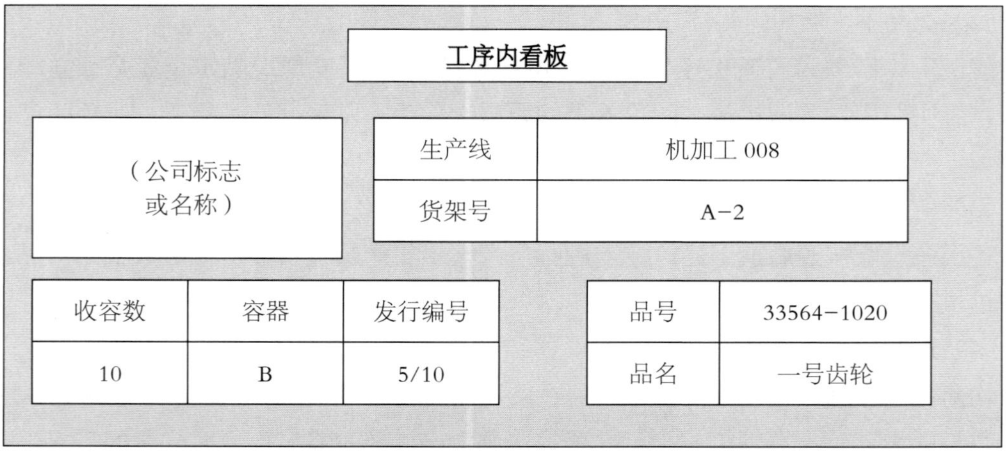

工序内看板			
（公司标志或名称）	生产线	机加工008	
	货架号	A-2	
收容数	容器	发行编号	品号
10	B	5/10	33564-1020

注：表格结构如下

工序内看板					
（公司标志或名称）	生产线	机加工008			
	货架号	A-2			
收容数	容器	发行编号	品号	33564-1020	
10	B	5/10	品名	一号齿轮	

图2-48　工序内看板

工序内看板的使用方法如图2-49所示。

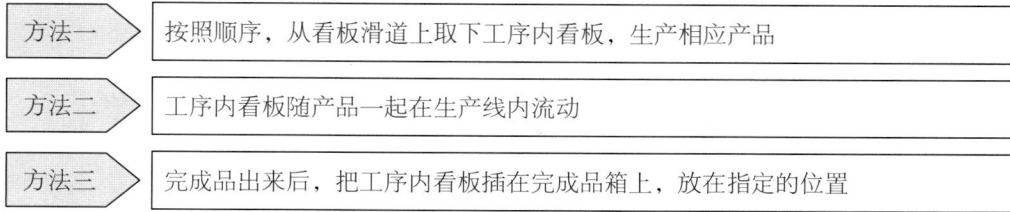

方法一	按照顺序，从看板滑道上取下工序内看板，生产相应产品
方法二	工序内看板随产品一起在生产线内流动
方法三	完成品出来后，把工序内看板插在完成品箱上，放在指定的位置

图2-49　工序内看板的使用方法

② 工序间看板（见图2-50）。工序间看板挂在从前道工序领来的装零件的箱子上。工序间看板的使用方法如图2-51所示。

工序间看板

| （公司标志或名称） | 本道工序 磨加工 G-2 货架号 003 | ⟷ | 前道工序 热处理 H-1 货架号 004 |

| 收容数 | 容器 | 发行编号 | 品号 | 33564-1020 |
| 10 | B | 1/2 | 品名 | 一号齿轮 |

图2-50　工序间看板

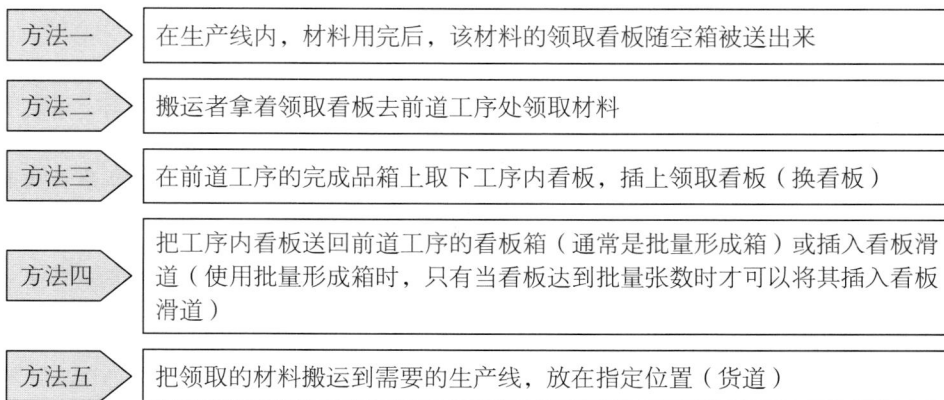

方法一	在生产线内，材料用完后，该材料的领取看板随空箱被送出来
方法二	搬运者拿着领取看板去前道工序处领取材料
方法三	在前道工序的完成品箱上取下工序内看板，插上领取看板（换看板）
方法四	把工序内看板送回前道工序的看板箱（通常是批量形成箱）或插入看板滑道（使用批量形成箱时，只有当看板达到批量张数时才可以将其插入看板滑道）
方法五	把领取的材料搬运到需要的生产线，放在指定位置（货道）

图2-51　工序间看板的使用方法

（3）看板运行张数计算

看板的运行是以发行看板的张数为指导的，看板运行的张数可以进行计算，但计算公式需要根据实施看板管理的实际情况而定。以机械加工生产看板的周转运行张数为例，其计算公式为：

$$X=\frac{c\left(t_1-t_2\right)+a}{W}$$

式中　X——看板运行张数；

　　　c——要货工序的单位时间产量；

　　　t_1——运货往返时间；

　　　t_2——该看板停留在本道工序的标准时间；

　　　a——保险系数；

　　　W——单位工位器具盛装零部件数。

（二）外协件看板

外协件看板是工厂向外部订货时，用以表示外部应交零件数量、时间等的一种领取看板，仅适用于固定的协作厂。外协件看板与工序看板类似，区别在于"前道工序"不是内部的某一工序而是指供应商。通过外协件看板，企业可从最后一道工序慢慢往前拉动，直至供应商处。

1. 外协件看板运行图

外协件看板在协作厂与主机厂之间进行传递，它不仅仅是工序看板运行的深化，而且涉及与协作厂之间的合同关系，情况比较复杂。主机厂一般每月与协作厂商定订货的品种、送货周期、送货时间等，并计算外协件看板运行张数，交接看板。外协件看板运行图如图2-52所示。

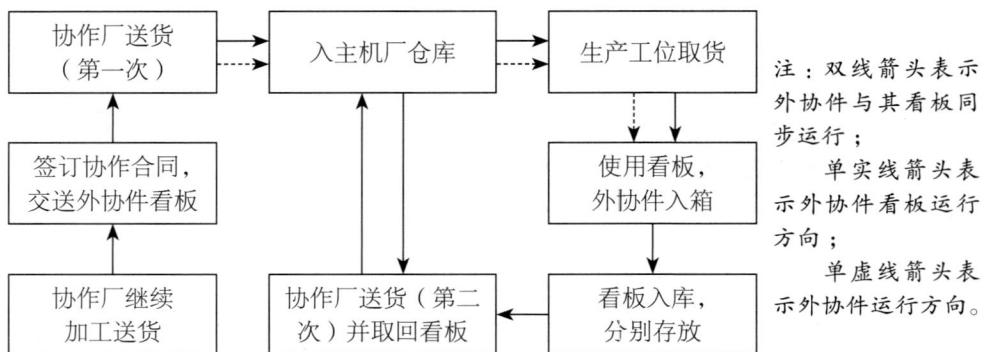

图2-52　外协件看板运行图

2. 外协件及其看板的运行方法

下面具体说明外协件及其看板的运行方法。

（1）协作厂签订订货合同和取回外协件看板以后，按看板要求加工零件，并按期送货。

（2）协作厂送货，实物上挂有相应的看板，送入主机厂指定的仓库，主机厂验收记账。

（3）在主机厂内，外协件被送到生产工位，实物上应挂相应看板。

（4）生产人员使用外协件，摘下外协件看板并将其放在规定的看板箱内。

（5）外协仓库人员定时到生产工位上，从看板箱内取回外协件看板，并按厂家分类存放在外协仓库的看板箱内。

（6）协作厂第二次送货，取回上次送去的外协件看板及工位器具，并签字盖章。

（7）协作厂按回收的外协件看板要求，继续加工生产、送货，如此往返运行。如果主机厂任务临时有变化，主机厂就要提前发给协作厂"特殊看板"，以适应生产变化的需要，满足市场要求。

3. 外协件看板运行张数计算

外协件看板运行张数的计算方法根据主机厂与协作厂之间的具体情况和订货合同的要求而定。以下计算公式可作为参考：

$$X=\frac{[\frac{T}{A}(1+B)+a]+C}{W}$$

式中　X——外协件看板运行张数；

　　　T——外协件交货间隔周期；

　　　A——每日送货次数；

　　　B——外协件及其看板送入主机厂后第几次送货时取回看板；

　　　a——保险系数；

　　　C——要货单位加工外协件工序的单位时间产量；

　　　W——单位工位器具盛装外协件的数量。

T、A、B 在外协件看板上都有标志，如"1—02—2"，其中"1"指每天都送货，"02"指每天送货两次，"2"指在第 2 次送货时取回看板。

外协件看板的摘下和回收与工序看板基本相同。外协件看板回收以后按各协作厂分类存放，等各协作厂再送货时带回，成为该协作厂下次生产的生产指标。在这种情况下，该批产品的进货将会延迟一次或以上。因此，主机厂需要按照延迟的次数发行相应数量的看板，这样就能够做到按照准时制生产进行循环。

（三）生产异常管理看板

在现场的作业中，有很多原因会导致生产异常，企业使用生产异常管理看板（见图2-53、图2-54）可以很方便地掌握生产异常状况并对其进行改善。

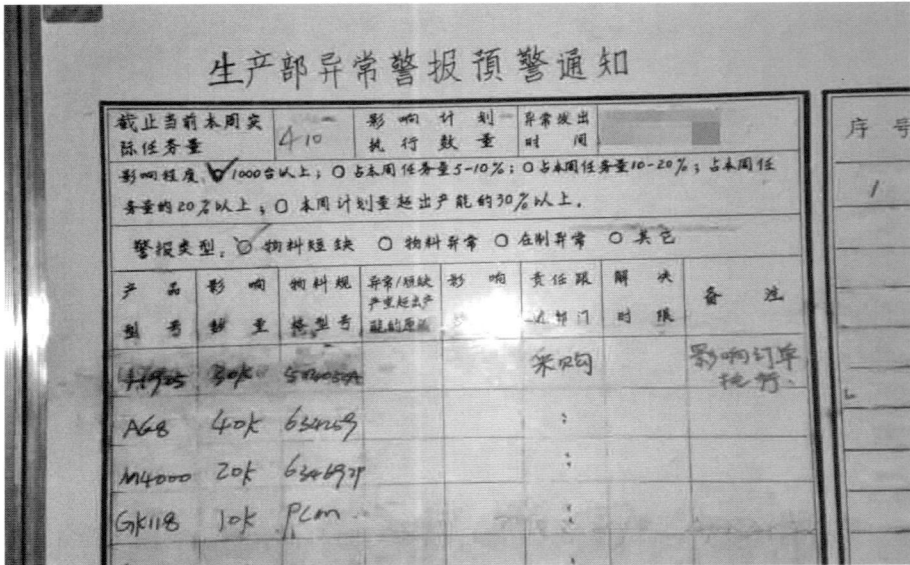

图2-53　生产异常管理看板

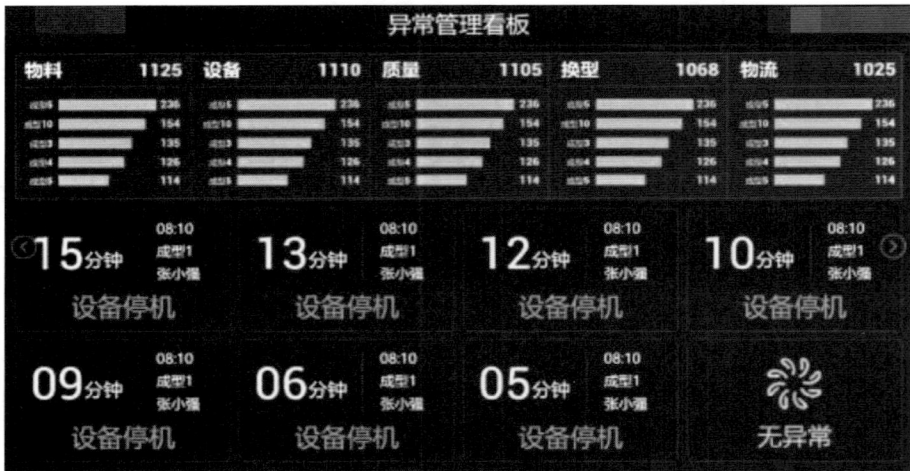

图2-54　异常管理看板

　　一般来说，工厂的生产项目大都很复杂，而且采用多工序加工方式来生产，如生产发生异常，生产管理部门需要知道到底是哪一个产品或哪一道工序出了问题。生产管理部门如果不能立即掌握整个情况，及时采取必要的对策，自然会延误货期。但生产管理人员不可能整天都到现场进行追踪，这时就可利用生产异常管理看板（如表2-8所示）来掌握这些情况。

表2-8　生产异常管理看板示例

生产异常管理看板												年　月　日	
生产命令卡	第一工序		第二工序		第三工序		第四工序		第五工序		第六工序	
	正常		正常		正常		正常		正常		正常	
		异常		异常		异常		异常		异常		异常
	正常		正常		正常		正常		正常		正常	
		异常		异常		异常		异常		异常		异常
	正常		正常		正常		正常		正常		正常	
		异常		异常		异常		异常		异常		异常

把每一个生产制造命令做成一张卡片，称为生产制造命令卡（如表2-9所示），并让它随着产品流动，如果该产品在第一道工序上一切都顺利，该工序的加工人员在把加工品交给下一道工序的同时，会把这张生产制造命令卡也一并交出去；第二道工序的生产人员拿到这张生产制造命令卡时，就把这张卡片插入生产异常看板上属于这一道工序的正常栏内，如果发生了异常，便从正常栏内把生产制造命令卡取出，并填上异常原因及处理方法，然后将该卡改放到异常栏内。

这样，生产管理人员就可以通过生产异常管理看板了解工厂哪些地方、哪道工序出现了异常，以及各工序是如何处置的。

表2-9　生产制造命令卡

制造单位				
制造号码		开工日期		
产品名称		产品编号		
产品规格		数量		
使用材料				
制造方法				
完成日期		厂长：		生产管理科：
移交单位				

（四）生产进度看板

企业使用生产进度看板（如图2-55和表2-10所示）可以让生产线上的员工产生压力，从而激励员工有效作业，避免生产进度落后。

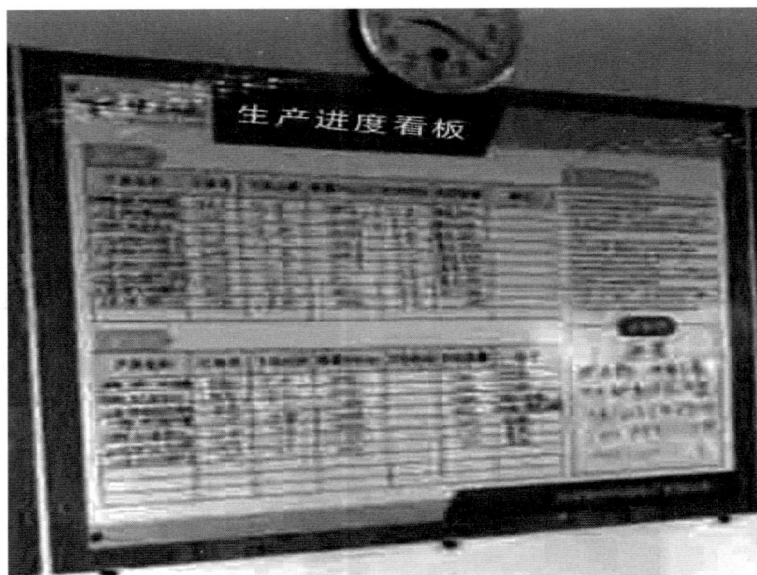

图2-55　生产进度看板

表2-10　生产进度看板示例一

生产进度看板						年　月　日	
品名	A 工序	B 工序	C 工序	D 工序	E 工序	……	……

注：工序进度落后者用红笔标识。

　　产品的制造不是一个部门能独立完成的，而是需要多个部门通力合作，而进度的控制本来就不容易，何况参与制造的部门较多，各部门想掌握彼此之间的进度，更是难上加难。一个部门若有延误，势必会影响后面工序的进度。

　　现在的工厂大多同时生产多种产品，要想全面掌握所有进度，仅靠人员跟催，效果往往不佳。最好的办法是在生产管理部门设置一个生产进度看板，把所有信息反映在这个看板上，让相关人员共同掌握。

另外，由于各生产工厂的形态不同，生产进度看板会因环境而有所改变。若工厂的生产周期非常短，而且被临时急件插单的情况又多，那么，工厂就应对生产进度看板加以改善，如表2-11所示。

表2-11　生产进度看板示例二

生产进度看板						年　　月　　日		
项目	序号	单号	加工方式			预计产量	实际产量	备注
正常件	1							
	2							
	...							
急件	1							
	2							
	...							

在前一天，将第二天要生产的内容按生产的先后顺序依次写在看板的正常件栏内，若一切正常，就按照既定的顺序生产；若接到临时急件，那么就把插单件填在急件栏内，制造部门将依照这个信息对生产进度进行必要的调整，这样既可优先处理急件，又不会打乱既定的顺序。

第3章

助力精益生产的管理系统

　　企业在生产经营全过程中贯彻精益管理的思想，可有效避免并消除生产中的各种浪费，同时以最好的质量、最低的成本、最短的时间为市场提供最需要的产品。在智能制造的发展形势之下，制造执行系统、高级计划与排产系统、防错料管控系统是实现精益生产的有效途径，也是实现高效管理的最佳载体。

第一节　MES制造执行系统

一、MES制造执行系统概述

（一）MES制造执行系统的定义

MES（Manufacturing Execution System，制造执行系统）是一种基于软件的解决方案，用于在制造过程中监控和控制车间的生产流程。在制造运营管理中，MES 系统充当企业的计划和控制系统［如企业资源规划（ERP）系统］与实际制造运营之间的桥梁。

　　MES 与 ERP（Enterprise Resource Planning，企业资源计划）系统和底层应用控制系统如PCS（Process Control System，过程控制系统）、PLC系统（Programmable Logic Controller，可编程逻辑控制器）之间的关系如图3-1 所示。

　　由图3-1可知，MES 起的是承上启下、贯通宏观经营方针策略和微观现场控制的作用。其作为企业信息集线器，对由经营战略等宏观目标确定的生产制造任务进行优化、统一调度和实时监控，对底层工艺控制环节进行安排和传达，并收集生产现场实时反馈的信息。

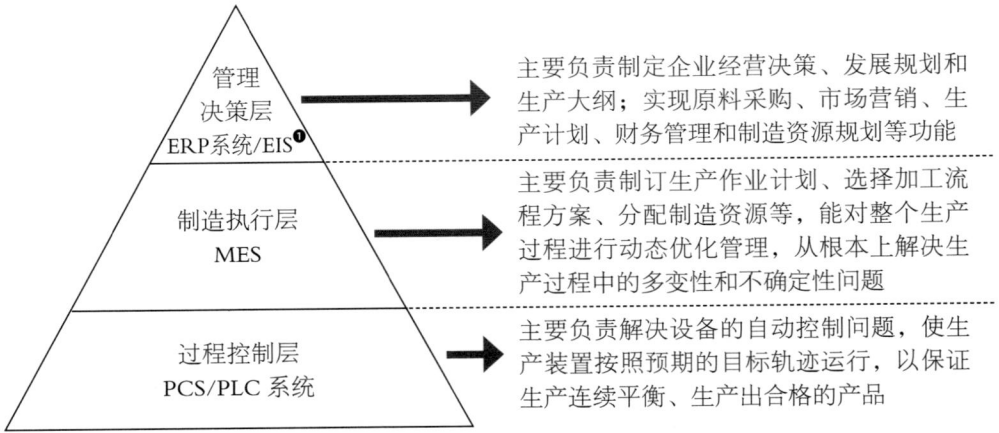

图 3-1　MES 与 ERP 系统 /EIS、PCS/PLC 系统的关系

对于企业运营来说，其三层信息化系统结构相互作用、相互联系，三者之间的作用方式和联系纽带如图 3-2 所示。

图 3-2　三层信息化系统结构的运作模式

（二）制造执行系统的工作原理

MES 软件系统从工厂车间的各种来源捕获实时数据，并使用该信息来监视和控制制造运营，该过程如图 3-3 所示。

---

❶ EIS，Executive Information System，主管支援系统。

数据收集 👉 系统从多个来源收集数据，包括机器、传感器、操作人员和其他信息系统，如 ERP 系统或产品生命周期管理（PLM）系统。此类数据可包括生产率、机器状态、库存水平、质量测量值等

数据集成 👉 收集的数据经过处理并集成到 MES 系统中，从而创建制造环境的全面视图。这种集成有助于确保 MES 获得准确且最新的信息

产品计划 👉 根据从上级计划系统收到的生产订单，MES 会生成生产计划。该计划考虑了订单优先级、可用资源、机器产能和人工可用性等因素

工单管理 👉 系统根据日程安排将工单分配给操作人员或工作站。工单为操作人员提供说明、规范和必要的文档，以帮助员工执行任务。系统会跟踪每个工单的进度，并实时更新工作进度状态

机器和设备集成 👉 系统与车间的机器和设备连接，以监控其状态、收集生产数据并交换信息。这种集成可以通过各种方式实现，如机器传感器、可编程逻辑控制器（PLC）接口或用于进程控制（OPC）的通信协议，如 OLE（对象链接和嵌入）

质量管理 👉 在生产过程中采集质量数据，如测量、检查和测试结果。可执行质量控制程序，触发质量问题警报或通知，并记录质量相关信息以进行分析和追踪

材料和库存管理 👉 MES 可跟踪材料和组件在整个生产过程中的移动，监控库存水平，发起材料申请或补货，并帮助确保在正确的时间以正确的数量提供正确的物料

数据分析和报告 👉 分析收集的数据以提供实时洞察分析，可生成报告，帮助管理层和操作人员做出明智的决策并确定需要改进的领域

与更高级别的系统集成 👉 该系统可与其他系统［如企业资源规划系统、PLM 或供应链管理（SCM）系统］连接。这种集成可以实现数据交换、信息同步以及制造流程与整体业务运营的协调

图 3-3　制造执行系统的工作原理

（三）制造执行系统的特点

制造执行系统可对原材料进行来料质量控制（Incoming Quality Control，IQC），通过条码对接收入库的原材料进行明确的批次标识，当有生产任务下达时，制造执行系统将按照工艺流程细致地追踪每一层级物料的批号，最终追踪到产成品，从而满足企业"由原材料到成品"的全线追溯控制需求，同时完成生产任务的执行管理并报告各环节的品质状况。

具体来说，制造执行系统具有图3-4所示的特点。

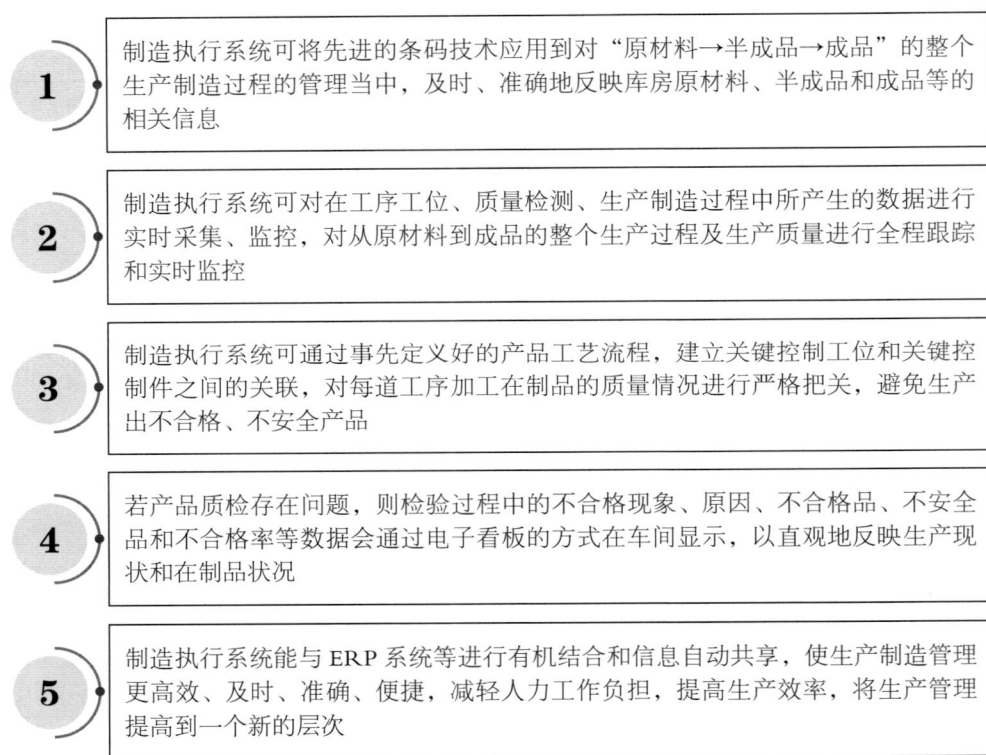

1 制造执行系统可将先进的条码技术应用到对"原材料→半成品→成品"的整个生产制造过程的管理当中，及时、准确地反映库房原材料、半成品和成品等的相关信息

2 制造执行系统可对在工序工位、质量检测、生产制造过程中所产生的数据进行实时采集、监控，对从原材料到成品的整个生产过程及生产质量进行全程跟踪和实时监控

3 制造执行系统可通过事先定义好的产品工艺流程，建立关键控制工位和关键控制件之间的关联，对每道工序加工在制品的质量情况进行严格把关，避免生产出不合格、不安全产品

4 若产品质检存在问题，则检验过程中的不合格现象、原因、不合格品、不安全品和不合格率等数据会通过电子看板的方式在车间显示，以直观地反映生产现状和在制品状况

5 制造执行系统能与ERP系统等进行有机结合和信息自动共享，使生产制造管理更高效、及时、准确、便捷，减轻人力工作负担，提高生产效率，将生产管理提高到一个新的层次

图3-4　制造执行系统的特点

制造执行系统在整个企业信息集成系统中起着承上启下的作用（如图3-5所示），是生产活动与管理活动信息沟通的桥梁；在从订单下发到生产出成品的整个过程中，制造执行系统扮演着促进生产活动最佳化的信息传递者；当生产实时事件发生时，制造执行系统凭借所收集的即时信息，快速做出反应，以减少无附加价值的生产活动，提高企业的生产效率。

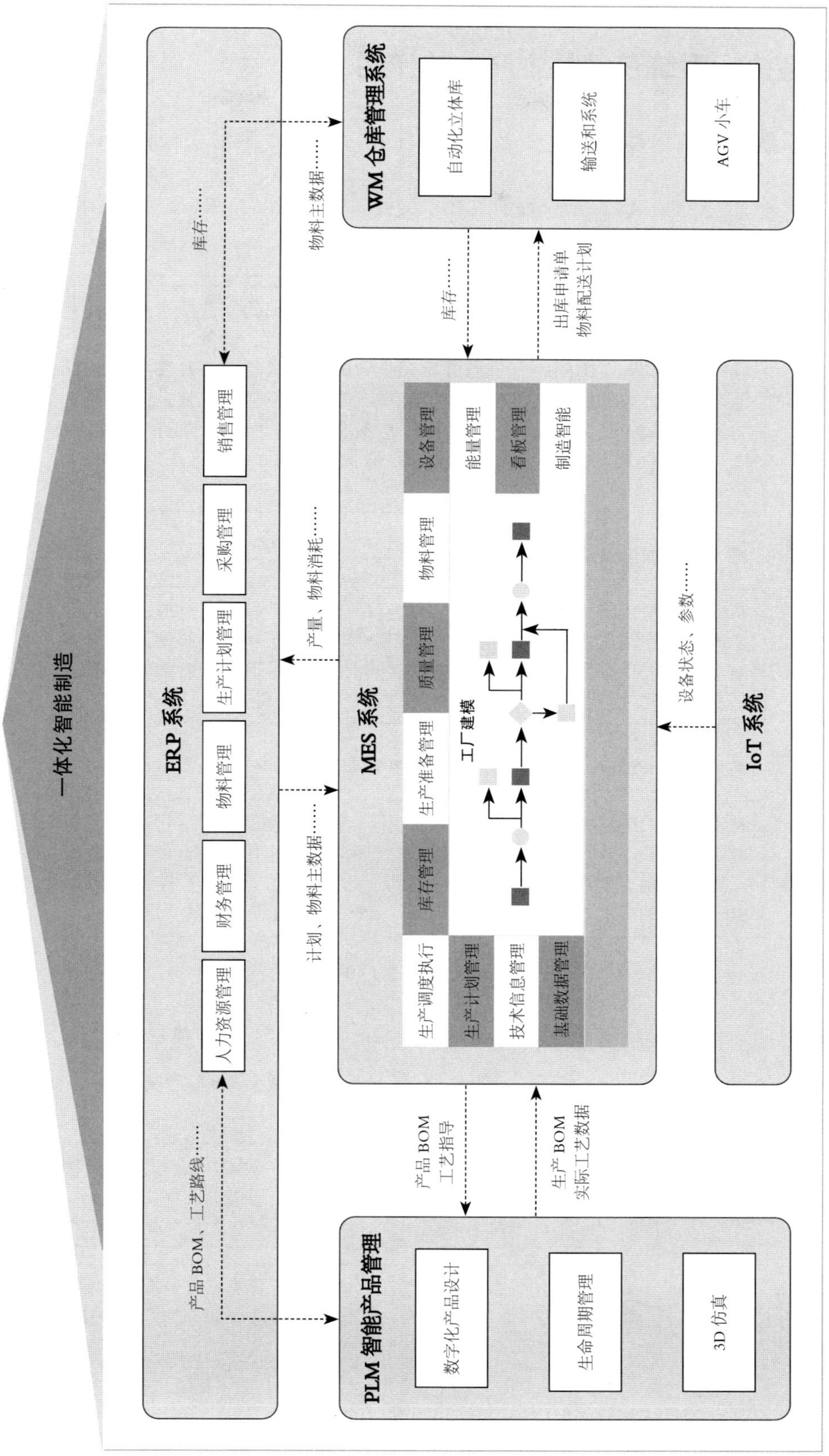

一体化智能制造

ERP 系统

人力资源管理　财务管理　物料管理　生产计划管理　采购管理　销售管理

产品 BOM、工艺路线……

计划、物料主数据……　　　产量、物料消耗……

物料主数据……

库存……

PLM 智能产品管理

数字化产品设计

生命周期管理

3D 仿真

产品 BOM
工艺指导

生产 BOM
实际工艺数据

MES 系统

生产调度执行　库存管理　质量管理　物料管理

生产计划管理

技术信息管理

基础数据管理

生产准备管理

设备管理

能量管理

看板管理

制造智能

工厂建模

出库申请单
物料配送计划

库存……

IoT 系统

设备状态、参数……

WM 仓库管理系统

自动化立体库

输送和系统

AGV 小车

图 3-5　制造执行系统的作用

二、制造执行系统在精益生产中的作用

制造执行系统在追求精益生产七个"零"目标的过程中发挥着积极作用，如图3-6所示。

作用一 实现计划、生产和控制的实时化管理

> 制造执行系统是处于管理决策层和过程控制层之间的制造执行层，主要负责生产管理和调度执行。它通过控制包括物料、设备、人员、流程指令和设施在内的所有资源来增强企业的制造竞争力，并在统一平台上集成质量控制、文档管理、生产调度等功能，从而实现企业实时的管理决策／制造执行／过程控制三层信息化系统结构，改善生产组织、缩短生产周期和生产提前期、减少在制品数量、提高产品的质量、降低人力资源消耗

作用二 减少无附加价值活动，增强交货能力

> 制造执行系统能通过信息传递，对从订单下达到产品生产完成的整个生产过程进行优化管理。当发生实时事件时，制造执行系统能及时做出反应、进行报告，并对事件进行指导和处理，从而使其既能增强工厂及时交货的能力，改善物料的流通性能，又能提高生产回报率

作用三 实现制造系统进行一体化考虑，最终实现精益化战略

> 制造执行系统强调整个生产过程的优化。它需要收集生产过程中的大量实时数据，并对实时事件进行及时处理。对制造系统的计划和进度安排、追踪、监视和控制、物料流动、质量管理、设备的控制和与ERP系统的集成等进行一体化考虑，有利于企业最终实现精益化战略

图3-6 制造执行系统在精益生产中的作用

制造执行系统可以构建制造的"神经中枢"，改善业务模式，实现柔性协同、智慧互通；从而帮助企业实现"提质、降本、增效"，提高企业市场竞争力，如图3-7所示。

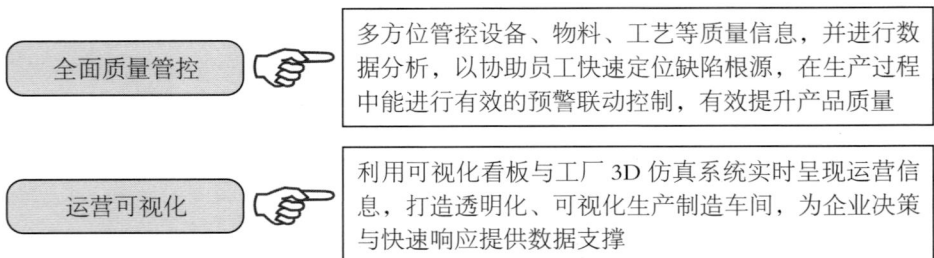

全面质量管控 ☞ 多方位管控设备、物料、工艺等质量信息，并进行数据分析，以协助员工快速定位缺陷根源，在生产过程中能进行有效的预警联动控制，有效提升产品质量

运营可视化 ☞ 利用可视化看板与工厂3D仿真系统实时呈现运营信息，打造透明化、可视化生产制造车间，为企业决策与快速响应提供数据支撑

精细化、智能化仓储 ☞	精细化仓储管理，物料进行 FIFO 策略管控，物料亮灯式指引；为适应不同生产模式，系统还支持工单备料及 IT 拉动的发料模式，提高仓库利用率，减少库存积压，加速资金周转
智慧物联 ☞	设备联网，实现设备作业信息的互通与数据驱动，提升企业运营效率，提高资源共享与组织协同能力
全方位追溯体系 ☞	通过条码化，对企业的"人机料法环"主要素进行全面追溯，当发生召回风险时，可快速过滤有效范围，定位异常源头，厘清责任边界

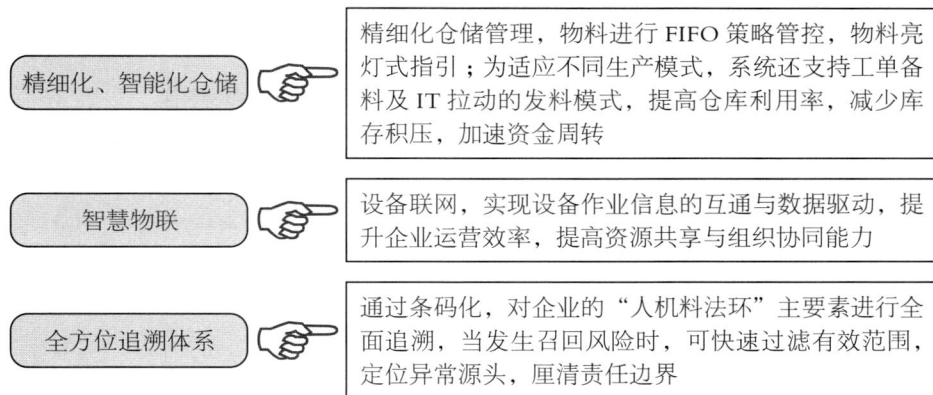

图 3-7　助力企业实现"提质、降本、增效"

三、制造执行系统的核心功能与模块

制造执行系统将企业精益的管理思想植入其中，自上而下地贯彻执行，有效保证产品的稳定、企业有序生产。图3-8为某企业制造执行系统的核心功能。

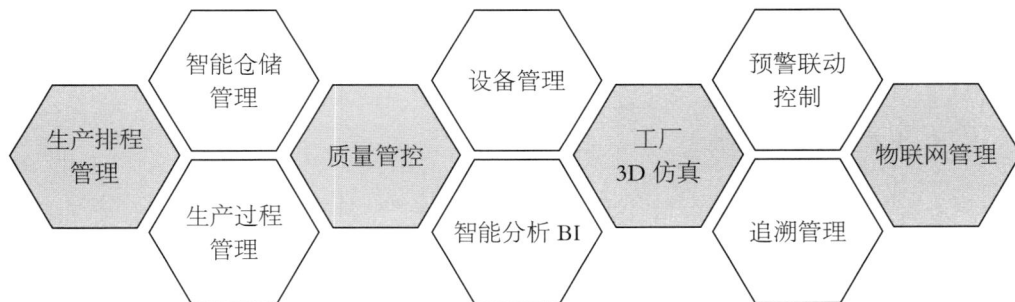

图3-8　某企业制造执行系统的核心功能

制造执行系统是一个可自定义的制造管理系统，不同企业的工艺流程和管理需求可以通过现场定义实现。常见的制造执行系统大多包含图3-9所示的功能模块，涵盖了制造现场管理的多个方面。

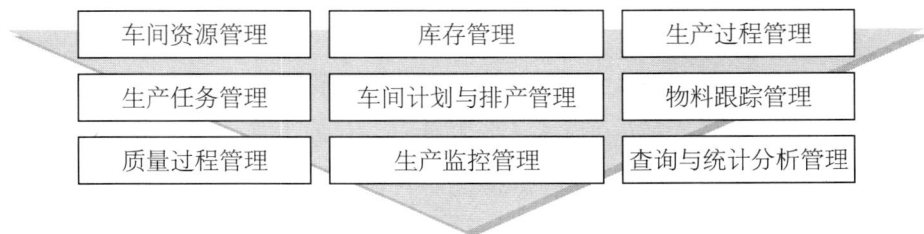

图3-9　制造执行系统的功能模块组成

（一）车间资源管理

车间资源是车间制造生产的基础，也是制造执行系统运行的基础。车间资源管理主要对车间人员、设备、工装、物料和工时等进行管理，保证生产正常进行，并提供资源使用情况的历史记录和实时状态信息。

（二）库存管理

库存管理指对车间内的所有库存进行管理。车间内的库存有自制件、外协件、外购件、刀具、工装和周转原材料等。库存管理的功能如图3-10所示。

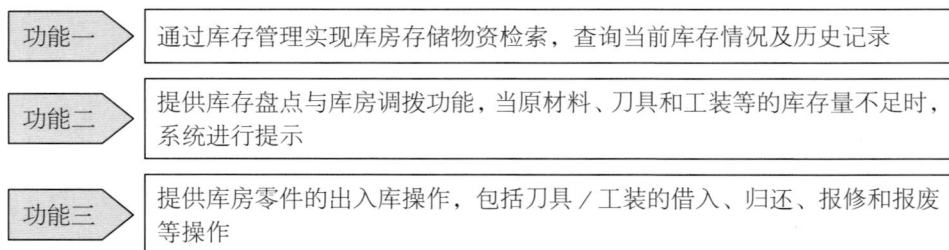

功能一	通过库存管理实现库房存储物资检索，查询当前库存情况及历史记录
功能二	提供库存盘点与库房调拨功能，当原材料、刀具和工装等的库存量不足时，系统进行提示
功能三	提供库房零件的出入库操作，包括刀具／工装的借入、归还、报修和报废等操作

图3-10　库存管理的功能

（三）生产过程管理

生产过程管理可实现生产过程的闭环可视化控制，以减少等待时间、库存和过量生产等浪费。生产过程管理采用条码、触摸屏和机床数据采集等多种方式实时跟踪计划生产进度。生产过程管理旨在控制生产，实施并执行生产调度，追踪车间内工作和工件的状态。对于当前没有能力加工的工序，企业可以进行外协处理，实现工序派工、工序外协等管理功能。生产过程管理可通过看板实时显示车间现场信息及任务进展信息等。

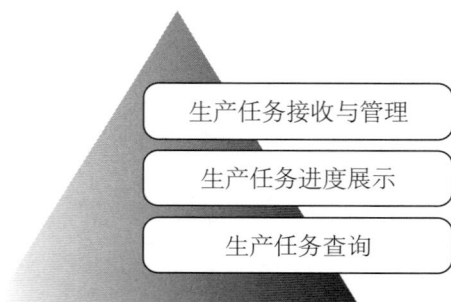

生产任务接收与管理

生产任务进度展示

生产任务查询

图3-11　生产任务管理的功能

（四）生产任务管理

生产任务管理包括图3-11所示的功能。

生产任务管理可提供所有项目信息，查询指定项目，并展示项目的全部生产周期及完成情况。它在展示生产进度时，以日、周和月等展示本日、本周和本月的任务，并以颜色区分任务所处阶段，对任务实施跟踪。

（五）车间计划与排产管理

生产计划是车间生产管理的重点和难点。提高计划员排产效率和生产计划准确性是优化生产流程及改进生产管理水平的重要手段。车间接收到主生产计划后，应根据当前的生产状况（能力、生产准备和在制任务等）、生产准备条件（图纸、工装和材料等）、项目的优先级别及计划完成时间等要求，合理制订生产加工计划，监督生产进度和执行状态。

（六）物料跟踪管理

物料跟踪管理是指通过条码技术对生产过程中的物料进行管理和追踪。在生产过程中，作业人员可通过扫描条码跟踪物料在线状态，监控物料流转过程，保证物料在生产过程中快速高效流转，并可随时查询生产状态。

（七）质量过程管理

生产制造过程中的工序检验与产品质量管理能够实现对工序检验与产品质量的追溯，对不合格品及整改过程进行严格控制。质量过程管理的功能如图3-12所示。

图 3-12　质量过程管理的功能

（八）生产监控管理

生产监控管理可从生产计划进度和设备运转情况等多维度对生产过程进行监控，实现对车间报警信息的管理，包括设备故障、人员缺勤、质量及其他原因的报警信息，及时发现问题、汇报并处理问题，从而保证生产过程顺利进行并持续可控。

（九）查询与统计分析管理

统计分析管理能够在对生产过程中产生的数据进行查询、统计分析后形成报表，为后续工作提供参考数据与决策支持。生产过程中的数据非常丰富，根据需要，制造执行系统可提供不同的查询与统计分析功能，如图3-13所示。

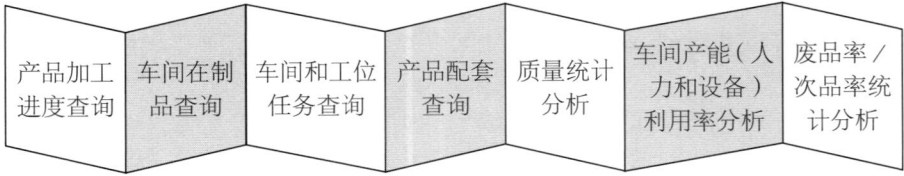

图 3-13　制造执行系统的查询与统计分析功能

第二节　APS高级计划排程系统

高级计划与排产系统运用计算机技术实现对生产计划的自动排产，是企业实施准时制生产、精益生产的有效工具。

一、何谓APS高级计划排程系统

（一）APS高级计划排程系统的定义

APS高级计划排程系统通过综合考虑产能、工装、设备、人力、班次、工作日历、模具、委外资源、加工批次等因素，解决在有限产能条件下，交期产能精确预测、工序生产与物料供应最优详细计划的问题（见图3-14）。高级计划与排产系统可制订合理优

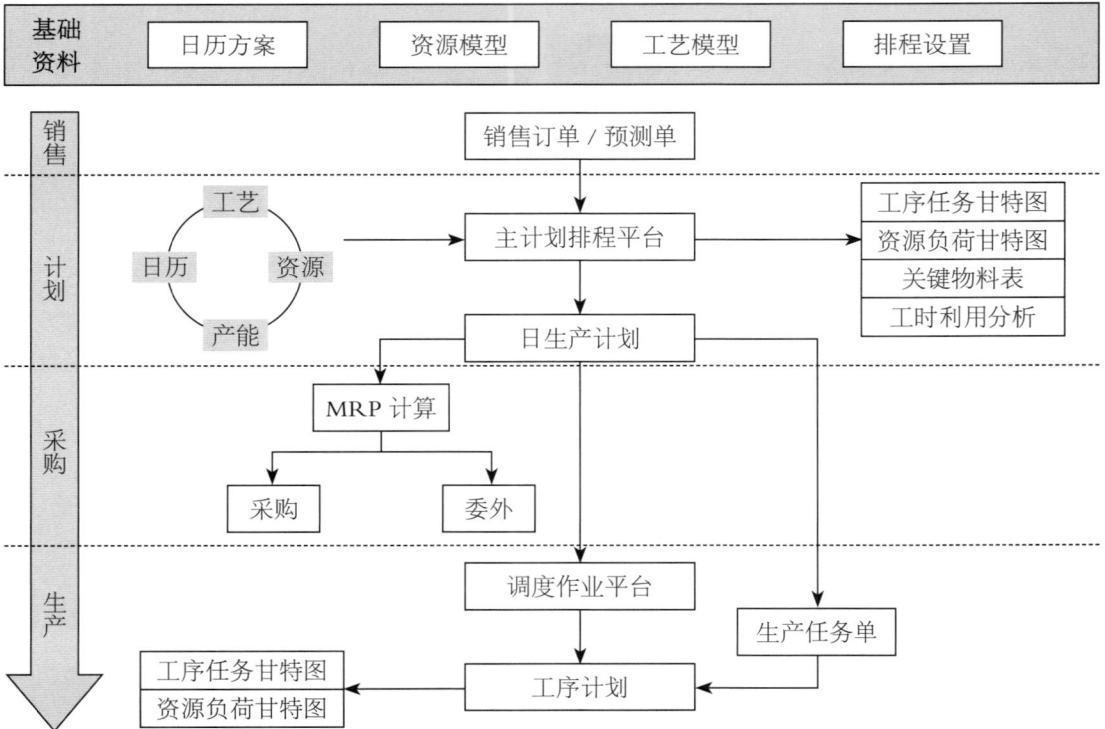

图 3-14　制订合理优化的详细生产计划

化的详细生产计划（见图3-15），并且还可以将实绩与计划结合，接收制造执行系统或者其他工序的反馈信息，从而彻底解决工序生产计划与物料需求计划不匹配的问题。

优先顺序	订单号	料号	订单数量	交期	库存数量	良率	需生产数量	日产能	目计划排产量	生产工时	实际开始日期	开始日期	结束日期	2-26 日	2-27 一	2-28 二	2-29 三	3-1 四	3-2 五	3-3 六	3-4 日	3-5 一	3-6 二	3-7 三	3-8 四	3-9 五	3-10 六	3-11 日
1	WO00001	FG00001	6000	3-28	1000	95%	5264	2200	2200	52.64	1-26	2-26	2-28	2200	2200	864												
2	WO00002	FG00002	1500	4-29		90%	1667	1100	1100	33.34		2-28	2-29			668	999											
3	WO00003	FG00003	1600	3-30	500	90%	2200	2200	1223	12.23		2-29	3-1				202	1021										
4	WO00004	FG00004	2000	3-31		80%	2500	1100	1100	50.00		3-1	3-3					590	1100	811								
5	WO00005	FG00005	800	4-1		90%	889	2640	889	7.41		3-3	3-4							695	194							
6	WO00006	FG00006	1000	4-2		90%	1112	550	550	44.48		3-4	3-6								510	550	52					
Line-1#总负荷（1为满负荷）														1	1	1	1	1	1	1	1	1	0.095					
1	WO00007	FG00007	1500	3-9		95%	1579	1100	1100	31.58	1-27	2-26	2-27	1100	479												
2	WO00008	FG00008	5000	1-29		90%	5556	3300	3300	37.04		2-27	2-29		1863	3300	393											
3	WO00009	FG00009	2000	1-31		90%	2223	2200	2200	22.23		2-29	3-1				1938	285										
4	WO00010	FG00010	500	2-1		80%	625	1100	625	12.50		3-1	3-1					625										
5	WO00011	FG00011	800	2-1		90%	889	1650	889	11.85		3-1	3-2					499	390									
6	WO00012	FG00012	2000	2-2		90%	2223	2200	2200	22.23		3-2	3-3						1650	543								
Line-2#总负荷（1为满负荷）															1	1	1	1	1	0.25								

排程说明：（可根据日排单量排产，不必等前一个任务全部完成才能开始下一个任务）-见体验区
1. 自动排程规则：第一个任务按计划排产量自动排完订单，后续任务先依剩余产能（或排单量）、再依排单量（或剩余订单量）自动排完订单
2. 可根据需要手工改动日计划排产量，实际开始日期，排程及开工/完工时间自动调整（排程红色为DELAY交期数量）
3. 比一般自动排程柔性更强，依排产量同一天可排产多个产品，并自动显示开工、完工时间

图3-15　生产计划排程表

（二）APS系统的经济效益和应用价值

（1）提高订单按期交货率，提高客户满意度。

（2）提高订单计划可执行性，减少停工待料和制造周期。

（3）减少物料采购备料提前期，降低库存成本。

（4）减少机台产线停机、换线、等待时间，提高设备利用率。

（5）按需采购，减少物料、半成品和成品库存，减少资金占用。

（6）减少生产管理人员、工人的人力需求，提高生产效率。

（三）高级计划与排产系统的特点

高级计划与排产系统具有图3-16所示的特点。

1. 生产排产可视化

生产排产即按照一定的规则对产品的生产进行先后排序。例如，当自家产品供不应求时，系统会按照利润的高低对产品生产进行排序，产品利润越高，则该产品生产的优先级越高，反之该产品的优先级越低；但当自家产品供过于求时，系统会根据成本的高低、

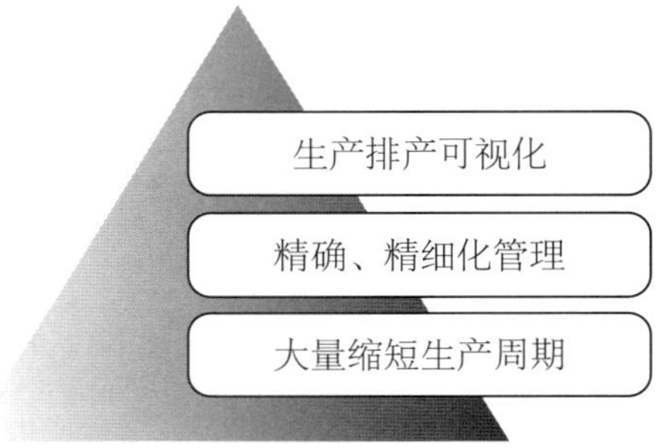

生产排产可视化

精确、精细化管理

大量缩短生产周期

图3-16　高级计划与排产系统的特点

客户意见和重要性对产品生产进行排序，如产品重要性越高，则该产品生产的优先级越高。而高级计划与排产系统就是把产品生产的优先顺序按照一定的规则排列好，并把顺序自动绘制成图表且可以随时修改及紧急插单，实现管理的可视、可控。

2. 精确、精细化管理

大多数的生产管理系统对原材料和工序的管理都只是在生产前说明需要什么原材料，但并不会说明哪道工序需要什么原材料，也不会说明产品的生产需要多少道工序，甚至不会说明哪个班组的哪个成员负责什么工序，无法做到精确、精细化管理。

高级计划与排产系统的特点在于，其会根据客户自身设置的规则，生成产品生产所需的工序、物料、人员、时间等，精确程度较高，并能随时进行调整和修改。

3. 大量缩短生产周期

制造企业是整个供应链中最上游的一环，如果这一环的工作做不好，那么剩下的其他环节就很难开展工作。因此，制造企业必须确保生产时的产品质量，以及产品能按时交货，这样才能有效提高客户对制造企业的满意度，进一步与客户达成长期合作，增加企业利润，同时也能增强企业的品牌效应。高级计划与排产系统既能缩短任务的交接时间，又能对工作进行分割，达到缩短生产周期的目的。

企业导入 APS 系统实施前后对比如表 3-1 所示。

表 3-1　企业导入 APS 系统实施前后对比

角色	实施前	实施后
管理层	业务、仓库和生产缺少计划能力和工厂最大能力的科学数据，缺乏对整体系统进行分析、监控、追溯	掌握业务和生产计划区间内的供需情况、产能负荷情况（需求预估与实际产能差异），达到对工厂最大产能的有效跟踪
计划员	（1）手工 Excel 排程，工作强度大、效率低	（1）自动/半自动一键排程，效率高
	（2）各计划员按工序分开排产，通过会议沟通和协调，效率低，而且容易因人为原因（如沟通不到位）造成计划不合理	（2）APS 系统多工厂、多车间、多工序整体计划排程，计划更合理，符合工艺、产能、物料等约束条件
	（3）人工排产对人员的排程技能、对公司的综合熟悉程度、人员的工作态度依赖性很大	（3）根据工厂生产模型，将排程资料和约束配置到 APS 系统中，实现计划排程自动化，实现智能一键排程
	（4）计划员只能从 ERP 系统导出 Excel 数据，无法实时获取系统数据，无法实时分析产能负荷情况、生产进度、生产均衡情况等	（4）APS 与第三方 ERP、MES 等系统集成，形成一体化系统联动，实现 APS 滚动排程，根据生产实际完成情况等因素，及时调整和制订可延续滚动计划

角色	实施前	实施后
销售员 / 跟单员	（1）很难及时告知客户订单进度，无法有效承诺客户交期，同时急单、大单不敢接	（1）通过APS模拟排程进行交期答复，急单、大单快速确定交期，更加快速准确
	（2）销售跟单员与计划、采购等跨部门协作、信息传递不够准确，任务执行不及时，各部门无法进行计划性工作	（2）APS与第三方MES、ERP计划一体化无缝集成，提前将交货日期、备料计划等信息实时共享，各部门进行计划性工作
生产主管 / 车间组长	（1）生产需提前安排相关生产准备工作（如刀模样稿准备、物料领用和确认、人员安排等）	（1）制定更加精细化的工序计划，便于按照开工点进行生产准备
	（2）生产主管无法通过系统及时了解计划达成情况、工序平衡、工序瓶颈（负荷）、异常等情况	（2）计划与实绩更加准确，便于透明化管控
物控员 / 采购员	无法准确通过系统计算物料需求规划和采购需求	根据工序开工计划推导更加精确的物料需求计划、物料采购需求等

二、高级计划与排产系统的运行原理

高级计划与排产系统（APS）的运行原理如图3-17所示。

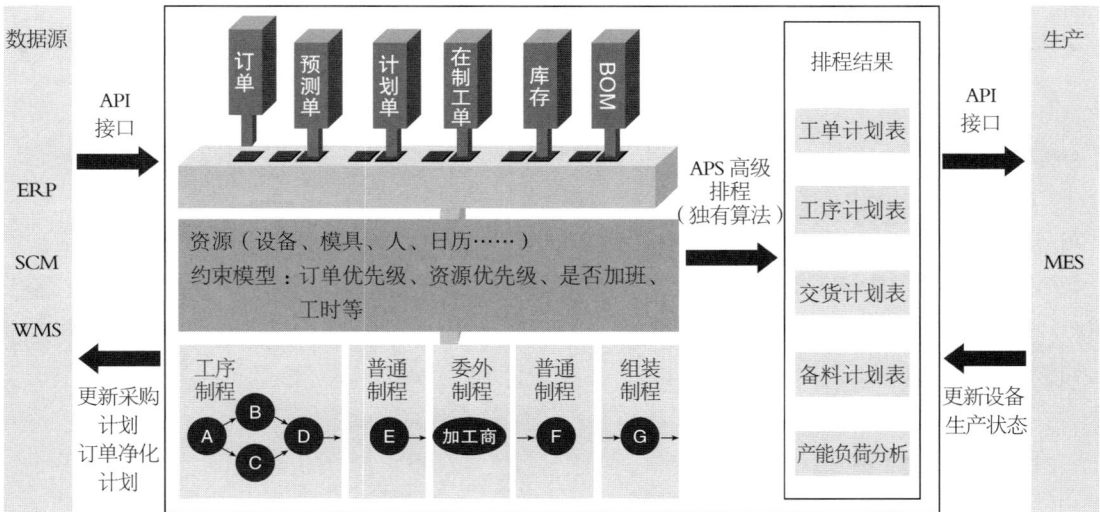

图3-17　高级计划与排产系统（APS）运行原理

（一）数据集成与共享

APS系统能够集成和共享来自ERP、SCM、WMS系统或其他数据源的信息，这些信息包括物料、销售订单、主生产计划和需求计划等。APS 系统还能够接收车间或生产单位决策者的进一步预测和判定，这些信息在其他模块中可能无法获得。

（二）模型建立

APS 系统需要建立详细的车间（生产流程）模型（见图 3-18），包括生产工艺、BOM（物料清单）物料构成和相应的资源约束，以便以最小的成本生成可行的生产计划。

由于工厂制造产品的能力只受潜在瓶颈资源的限制，因此，APS 系统只需对车间现有全部资源的一部分（即可能成为瓶颈的资源）建立一个清晰的模型。

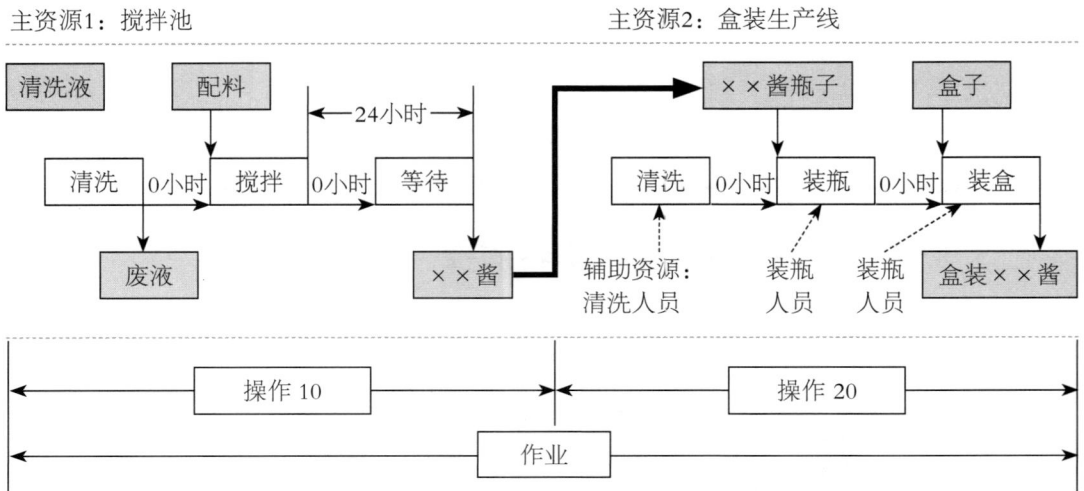

图 3-18　生产流程模型

（三）优化方法

APS 系统利用线性规划、启发式算法等各种复杂的优化方法来生成排产计划。这些优化方法会考虑多种因素，如最少的换装时间、最小闲散时间、基于规则的资源和工序选择等。

（四）排程策略

APS 系统的排程策略通常分为三步：预见性排程、响应性排程和交互性排程。

（1）预见性排程：为一组订单预先准备优化的排程。

（2）响应性排程：在多变的环境中适应变化以维护可行的排程。

（3）交互性排程：使用甘特图（见图 3-19、图 3-20）或触摸屏手工调整工序排程调度。

APS系统还可以根据工厂设定的排程策略，自动选择适合的排程方法，如JIT（准时制生产）、TOC（约束理论）等。

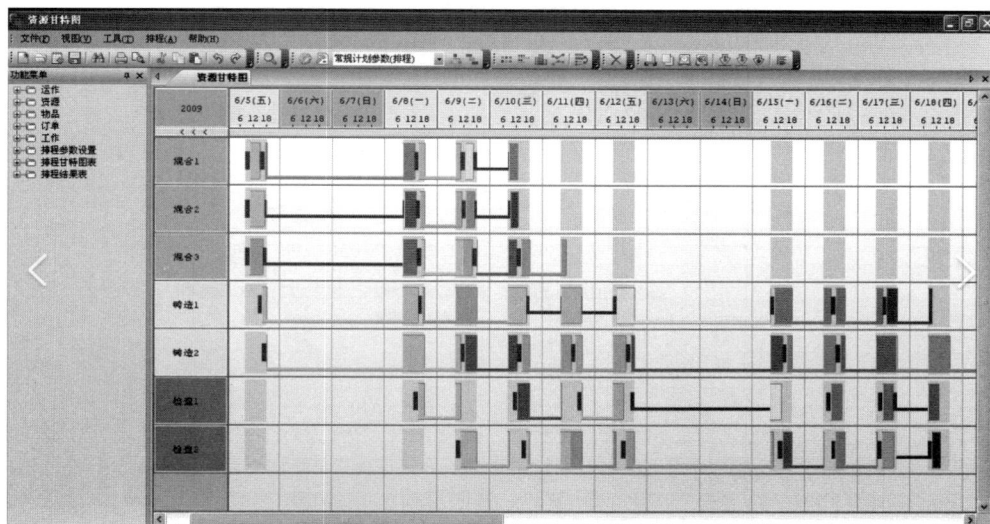

图3-19　资源甘特图

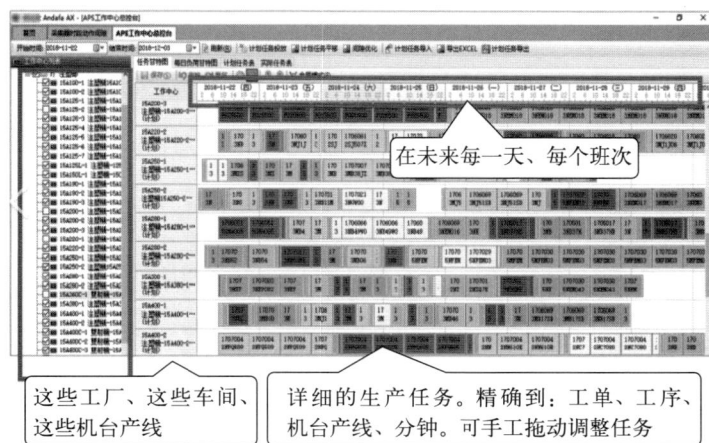

要点

- 可以看到机台产线未来每天每个班次、每个时间点的工作任务。
- 一个连续的时间任务片代表一个任务。
- 排产智能化、布局可视化，可清晰展现每个车间、设备、每条产线的总生产计划和当前计划

在未来每一天、每个班次

这些工厂、这些车间、这些机台产线

详细的生产任务。精确到：工单、工序、机台产线、分钟。可手工拖动调整任务

图3-20　机台产线任务甘特图

（五）实时监控与调整

APS系统能够实时监控所有的资源，包括物料、机器设备、人员、客户需求和订单变化等。如果出现问题或不可行情况（如超过订单交货期或资源过载），APS系统会实时监控（见图3-21），并允许决策者根据经验和知识进行自定义调整。APS系统还提供

了仿真手段，通过提供大量的可选状况的生成和测试能力来帮助决策者判断和调整生产计划。

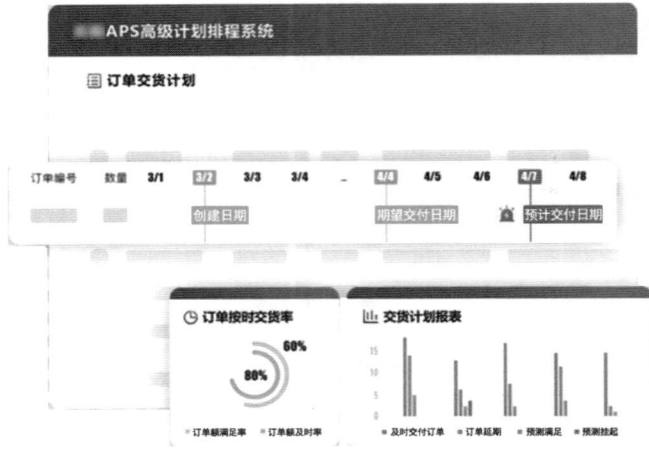

图 3-21　实时监控

（六）计划执行与反馈

APS系统生成的生产计划可以通过甘特图和数据报表可视化查看，方便生产管理员和计划员快速分析和决策执行。

在计划实际交付车间实施之前，APS系统还可以进行仿真分析，以验证计划的可行性和优化效果。APS系统还能够根据实际生产情况及时反馈和调整计划（见图3-22），确保生产活动的顺利进行。

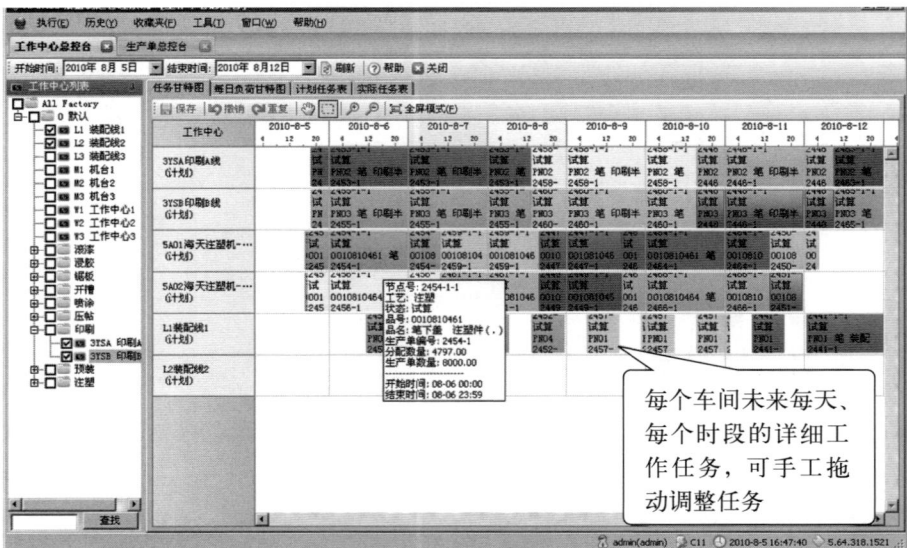

图 3-22　及时反馈和调整计划

三、高级计划与排产系统的功能

高级计划与排产系统主要解决"在有限产能条件下，交期产能精确预测、工序生产与物料供应详细计划"的问题。高级计划与排产系统可制订合理优化的详细生产计划，并且还可以将实绩与计划结合，接收制造执行系统或者其他工序的反馈信息，从而彻底解决工序生产计划与物料需求计划不匹配的问题。高级计划与排产系统是企业实施准时制生产、精益生产的有效工具。

主流的高级计划与排产系统包括表 3-2 所示的功能模块。

表 3-2　高级计划与排产系统的功能模块

序号	分类	功能	描述
1	产品工艺	产品 / 物料管理	产品、中间品、半成品、原材料等的管理
		工艺路线管理	产品、订单相关的参数化工艺路线的管理
		工艺管理	生产工艺管理
		制造物料清单（Bill of Materials，BOM）管理	精细化的制造 BOM 管理，融合了 ERP 系统中的产品 BOM 及工艺路线管理功能
2	设备管理	设备 / 工作中心管理	刀具、模具、人员等副资源管理
		生产日历	刀具、设备、人员等生产资源的日常管理维护
		班次管理	以矩阵形式维护换线时间，包括规格切换、数字规格切换、品目切换、副资源切换等
3	订单管理	制造订单管理	制造订单管理
		客户管理	客户属性管理
4	派工反馈	作业计划	设备级别的详细作业计划，精确到时、分、秒
		投料计划	与设备作业计划同步的投料计划
		入库计划	与设备作业计划同步的入库计划
		计划结果评估	计划结果评估分析
		派工反馈	计划派工、锁定、反馈等
5	计划策略	计划策略管理	产能计划、跨工厂产能计划、产能日历、产能时域等的管理
		排产规则管理	设备排产、人力排产、工具排产、维修排产的规则
		资源权重管理	设备、人力、财力等资源的比例规则
6	计划可视化	资源甘特图	从资源、时间维度展示计划结果，可视化每台设备的任务安排
		订单甘特图	从订单、时间维度展示计划结果，可视化订单及订单内每个工序的开工、完工时间

序号	分类	功能	描述
6	计划可视化	资源负荷图	从资源、时间维度展示计划结果，可视化每台设备的任务负荷情况
		物料库存图	从品目、时间维度展示计划结果，可视化产品、物料的库存变化
7	核心算法	有限产能计划	会考虑工艺、设备、物料、人员、班组等各项约束条件
		无限产能计划	忽略资源约束，并从客户到期日或另一个固定结束日期向后计划生产活动
		一键排产	将计划员的经验和排产逻辑固化到系统排产约束规则后，实现一键智能排产，自动排产响应计划调整
		启发式排产算法	预先定义好优先规则作为启发条件，从候选的等待作业中选取优先级最高的作业安排
8	集成引擎	系统集成引擎	与 ERP 系统 /MES 等无缝集成

四、高级计划与排产系统的应用场景

高级计划与排产系统可支持表3-3所示的应用场景。

表3-3　高级计划与排产系统的应用场景

序号	应用场景	具体说明
1	可执行的工序级计划结果	企业车间生产工艺流程中的瓶颈工序、特殊工序及工序之间的衔接是计划与排产的重点。高级计划与排产系统能精细到车间具体的工序级计划，且排产结果的准确率达 95% 以上，不需要人工调整或者只需较少人工调整即可指导直接生产
2	资源均衡与优化分配	企业在不同的车间、不同的工序、不同的时期设定的资源利用的目标是多样的，如多台设备加工负荷均衡、订单最快完工、相同产品连续生产、混流组合生产、工序间等待时间最小、资源优先度等，高级计划与排产系统能对资源进行最优化排产，满足企业多目标组合利用资源的优化需求
3	根据订单进行排产	企业的产品制造 BOM 可能存在多个版本，高级计划与排产系统可根据客户的需求和价格等生成不同的订单，这些订单虽然对应同一种类产品，但这类产品需要使用不同的工艺路线进行生产。高级计划与排产系统可根据订单对应的工艺路线进行排产，也能指定其中一种工艺路线进行排产
4	分工序排产与全工序联排	高级计划与排产系统既能进行单工序的分段式排产，也能进行全工序的联合排产
5	订单交期承诺	高级计划与排产系统能够考虑企业的生产能力和现有产能负荷，进行订单的评审和交期评估，快速回复客户交期，为意向订单提供可能的交期，为已签订的订单提供承诺日及精确计划可承诺量（Available to Promise，ATP），提供订单交期评估接口，方便 ERP 系统 /OMS 等外部系统调用

序号	应用场景	具体说明
6	模拟预排产	高级计划与排产系统能模拟预排产，完成中长期的预测需求管理及企业产能规划
7	计划版本对比	计划人员手动设置不同的策略和参数进行模拟或者对已排出的计划进行调整时，无法比较多种计划策略的结果。高级计划与排产系统支持不同的版本计划之间的备份和还原，且能进行版本间的可视化对比，方便计划人员对比计划差异，指导生产调整
8	瓶颈分析	高级计划与排产系统能识别企业生产瓶颈，并辅助分析决策（如工序委外、购置设备、产品组合优化等），完成瓶颈优化
9	物料约束	高级计划与排产系统能通过智能的计划排产得出中长期的计划，指导物料采购计划的制订；工序级的排产考虑物料配套的约束，同时该计划可驱动物料准备及物流配送
10	物料需求计划与欠料分析	高级计划与排产系统能通过智能的计划排产得出物料需求计划，并且参考物料库存水平进行物料欠料分析、工单欠料分析
11	智能一键排产	高级计划与排产系统能全自动智能快速排产，在较短的时间范围（如 10 分钟）内得出优化的可执行的计划结果，从根本上缩短计划时间、减轻工作负荷、提高工作效率，同时避免人工计算的失误
12	多种排产方向	高级计划与排产系统支持常见的正向排产、逆向排产、瓶颈排产；也支持正向转逆向或逆向转正向的混合智能排产（正转逆：正向排产后距交期较远则按交期倒推一天自动转逆向排产，避免过早完成生产造成库存积压。逆转正：按照订单交期逆向排产，若现有产能无法满足则自动转正向排产，实现准时制生产）
13	订单优先级	高级计划与排产系统能灵活根据客户重要性、产品类别、订单数量、接单时间、订单紧迫程度及模糊条件（如交期 N 天内）等自定义判断属性来定义订单的优先级，从而决定订单生产的先后顺序
14	自动处理紧急插单	高级计划与排产系统能及时响应紧急插单，自动排产并快速得出插单的生产计划及插单对计划的调整影响，且能保证已经锁定的计划保持不变
15	生产异常处理	高级计划与排产系统能及时响应生产波动，如优化人员请假、设备故障、生产异常等对计划的影响
16	闭环滚动计划	高级计划与排产系统能考虑生产执行实际，当生产延期或者提前完工时，对计划进行滚动排产，确保计划的准确性与可持续性。同时能支持 $T+N$ 的计划模式：自动锁定区间（如 3D）内的订单或者工作任务，确保不影响生产，并支持 $T+N$ 之后的计划可进行调整重排
17	人工调整计划	高级计划与排产系统支持通过调整生产计划的开始或结束时间、调整设备的班次模型来安排加班等手工方式对排产结果进行微调
18	甘特图可视化显示	高级计划与排产系统能通过甘特图显示计划结果，并且能直接通过甘特图进行灵活的调整和分析排产结果；能根据企业用户的需求对甘特图的显示进行配置
19	计划结果共享	高级计划与排产系统支持 B/S 架构浏览计划结果，用户无须安装软件，可通过浏览器快速查看计划排产结果、产能负荷、计划执行结果及订单计划

序号	应用场景	具体说明
20	多用户协同计划	高级计划与排产系统支持计划数据统一存储、多部门共享、多用户协同进行计划排产，减少计划人员在线下现场的会议沟通；能及时响应企业多层级计划的快速制订和同层级计划的协同调整
21	自定义报表分析	高级计划与排产系统支持以自定义的 SQL 方式快速生成统计报表，提供联机分析处理（Online Analytical Processing，OLAP）功能及数据分析功能报表，且能根据企业的需求自定义报表，辅助管理决策
22	支持关系数据库存储	关系数据库在企业中的应用非常普遍，且技术成熟，高级计划与排产系统支持使用 Oracle/SQL Server 存储数据，方便与 ERP 系统 /MES 等集成交互，二次开发简单
23	信息系统集成	高级计划与排产系统提供集成工具平台，能通过 Web Service/SQL 方式与 ERP 系统 /MES 等实现无编码的高效集成，形成一体化的计划体系

第三节　防错料管理系统

防错料管理系统（见图 3-23）是一套可以从根本上杜绝错料、保证产品质量、缩短停工时间、大幅度提高生产效率的实用性软件。此系统可以对产品生产制造过程进行追溯及严格管控，实现高度自动化作业，为系统防错及提高生产效率等提供了强大的保障。防错料管理系统广泛应用于各种制造业领域，如汽车制造、电子产品生产等。在这些领域中，物料管理的准确性和效率至关重要。通过引入防错料管理系统，企业可以显著降低物料使用错误率，提高产品质量和生产效率。

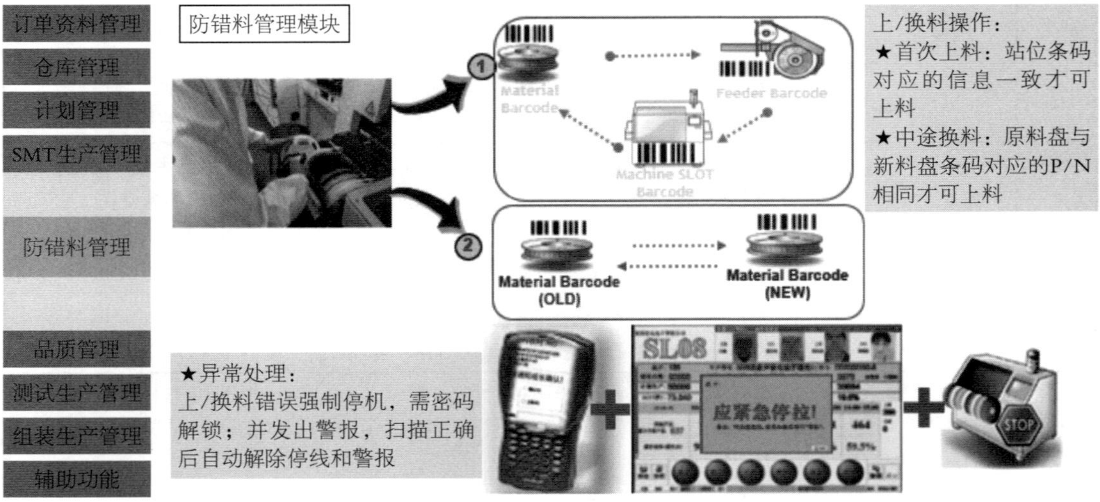

图 3-23　防错料管理系统示意

一、何谓防错料管理系统

防错料管理系统是一种运用计算机网络技术、条形码或 RFID 技术（见图 3-24）来解决产品生产过程中上料错误问题，提高生产过程准确性、降低错误率、提升产品质量以及优化生产效率和成本控制的实用性软件。

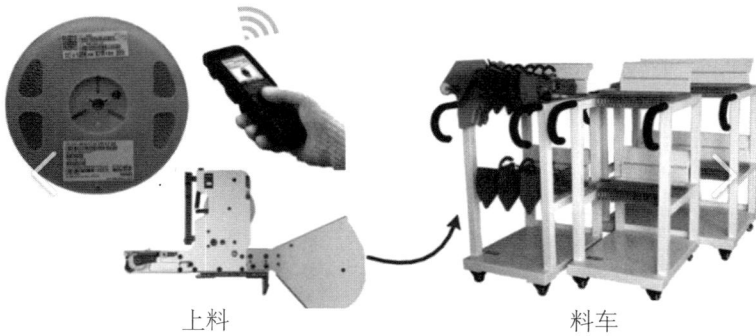

上料　　　　　　　　　料车

图 3-24　上料前扫码识别

防错料管理系统的工作原理如图 3-25 所示。

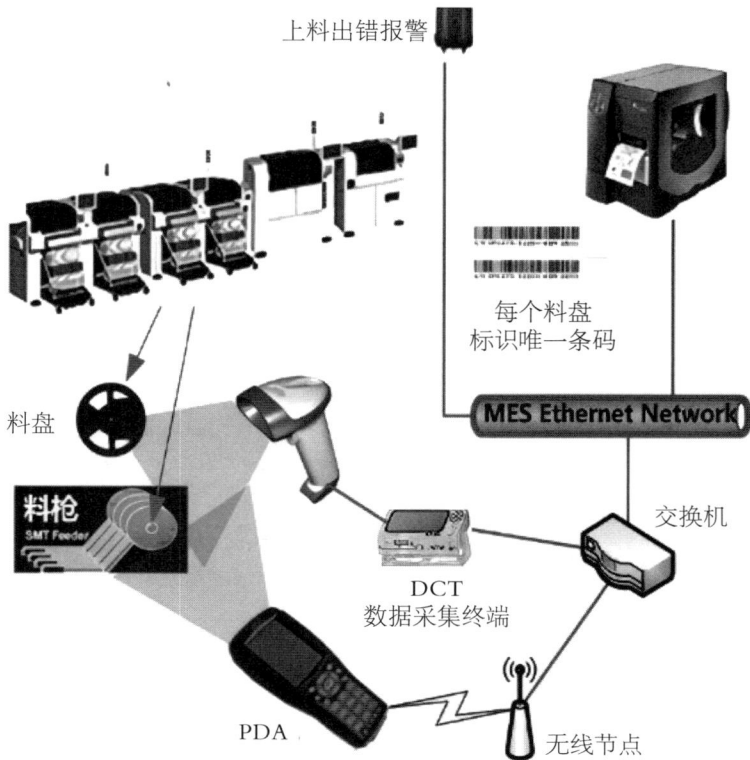

上料出错报警

每个料盘
标识唯一条码

MES Ethernet Network

料盘

料枪
SMT Feeder

交换机

DCT
数据采集终端

PDA

无线节点

图 3-25　防错料管理系统的工作原理

二、防错料管理系统的优势

防错料管理系统具有表3-4所示的优势。

表3-4 防错料管理系统的优势

序号	优势	具体说明
1	防错能力强	在上料、接料、换料过程中提供错料声光警示，一旦用料错误，系统会立刻报警，并禁止继续进行用料操作
2	设备管控严格	系统对贴片机、钢网、飞达等进行严格管控。钢网支持限用产品、工序，飞达支持限用机型、钢网飞达条码快速打印功能、设备保养维护记录查询、使用记录查询、使用次数统计等
3	智能化程度高	智能欠料预警可协助上料员提前备料，大幅缩短停机时间。智能备料可快速准确地指引上料员找料备料，提高备料效率。智能上料可让上料员只需进行简单的扫描操作（见图3-26）即可准确无误上料，提高上料效率。智能线能把线工时从传统的2～4小时缩短到30分钟以内，可缩短停机时间和线工时
4	生产管控严格	系统严格控制并完整记录备料、上料过程，相关人员可以方便地查询到生产订单上的产品所使用的物料的厂商、批号、生产日期、规格，以及上料员、上料时间、换料时间等详尽的信息
5	多样化的追溯性	系统提供丰富的报表查询功能（见图3-27），如BOM、PCBA用料记录、上料记录、错料记录、生产记录、叫料看板等，能满足生产时的不同需求
6	高度适应性	系统可以同MES、ERP系统等进行数据对接共享，同时可以根据不同的客户进行定制开发，以适应不同客户的需求
7	提高效率、节约成本	企业能完全抛弃纸质站位表；操作人员无须上料表，根据系统的提示即可快速无误地备料及上料；企业培训新员工也更简单，可最大化地减少人工操作，提高运行效率

图3-26 扫描操作即可上料

图3-27 报表查询

三、防错料管理系统的功能模块

防错料管理系统通常要满足图3-28所示功能。

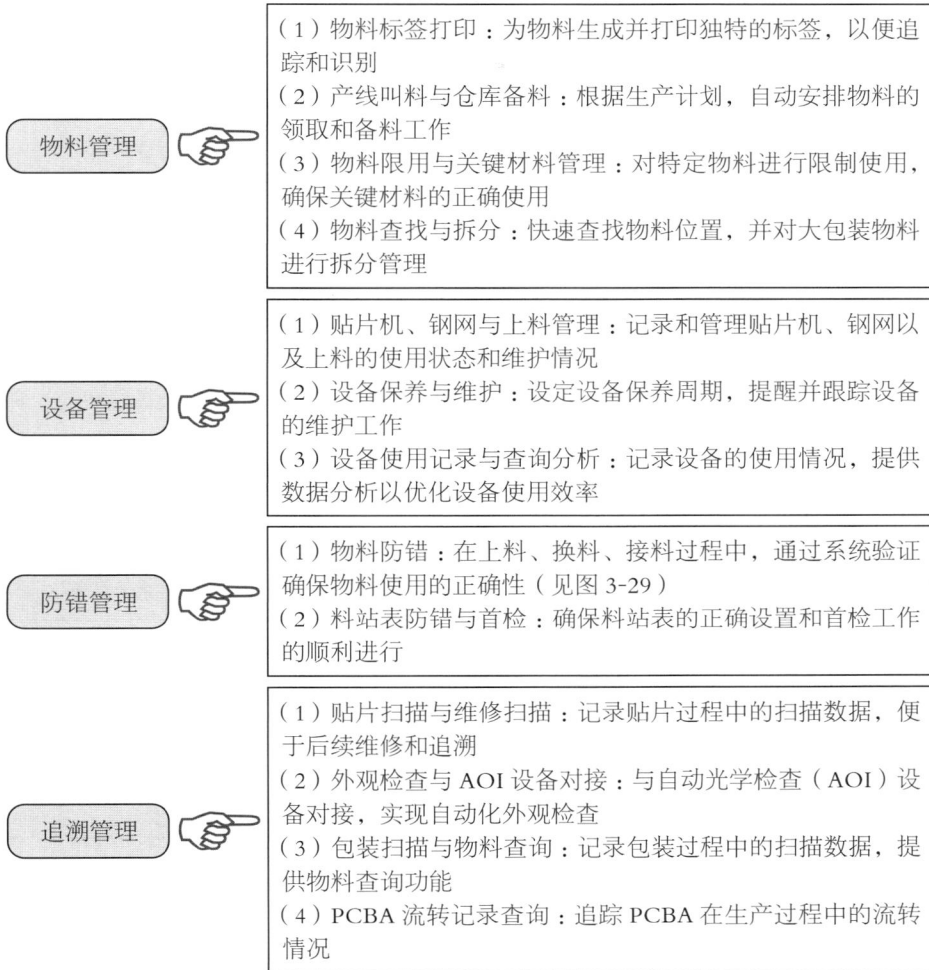

物料管理 👉
(1)物料标签打印：为物料生成并打印独特的标签，以便追踪和识别
(2)产线叫料与仓库备料：根据生产计划，自动安排物料的领取和备料工作
(3)物料限用与关键材料管理：对特定物料进行限制使用，确保关键材料的正确使用
(4)物料查找与拆分：快速查找物料位置，并对大包装物料进行拆分管理

设备管理 👉
(1)贴片机、钢网与上料管理：记录和管理贴片机、钢网以及上料的使用状态和维护情况
(2)设备保养与维护：设定设备保养周期，提醒并跟踪设备的维护工作
(3)设备使用记录与查询分析：记录设备的使用情况，提供数据分析以优化设备使用效率

防错管理 👉
(1)物料防错：在上料、换料、接料过程中，通过系统验证确保物料使用的正确性（见图3-29）
(2)料站表防错与首检：确保料站表的正确设置和首检工作的顺利进行

追溯管理 👉
(1)贴片扫描与维修扫描：记录贴片过程中的扫描数据，便于后续维修和追溯
(2)外观检查与 AOI 设备对接：与自动光学检查（AOI）设备对接，实现自动化外观检查
(3)包装扫描与物料查询：记录包装过程中的扫描数据，提供物料查询功能
(4)PCBA 流转记录查询：追踪 PCBA 在生产过程中的流转情况

图3-28　防错料管理系统的功能

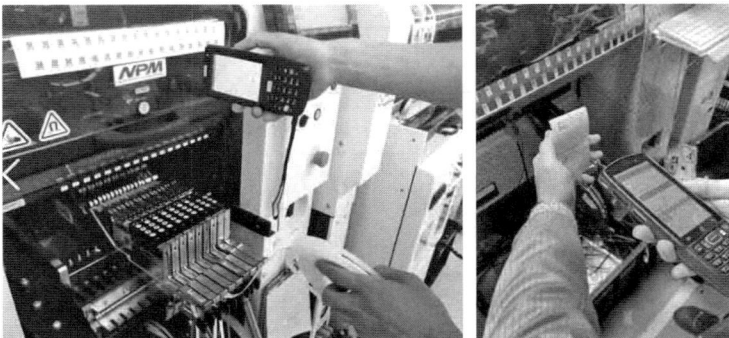

图3-29　核对上料正确与否

基于以上功能的实现，主流的防错料管理系统一般都包含表3-5所示的功能模块。

表3-5　防错料管理系统的功能模块

序号	功能模块	具体说明
1	权限管理	系统能给不同岗位的员工设置对应的登录账号，并根据不同岗位及工作的性质定义不同的管理权限和操作界面，使作业过程简洁化、标准化
2	基本资料建立	（1）物料信息：物料编码、名称、规格、型号等 （2）产品信息：产品编码、名称、规格、型号，物料详细列表等 （3）物料标准：标准类型编码、名称、规格、参数等 （4）机台信息：机台编码、机台其他信息 （5）人员信息：人员代码、姓名、职位、部门等 （6）料盘信息：料盘编码（含物料编码、标准类型、标准编码等）、其他信息
3	工单管理	作业人员能在系统内建立生产工单，工单内容大体包括工单编码，生产产品的名称、规格、型号，所需物料列表（物料编码、名称、型号、数量等信息）、物料标准类型、数量等信息
4	配料防呆管理	作业人员根据生产工单在仓库捡取物料后，能进行配料作业；作业人员刷读工单编码与料盘编码，当系统判断料盘所列物料与生产工单所列物料一致时，系统提示配料正确，否则系统报警并提示配料错误
5	作业权责管理	作业人员获得生产工单后，需要刷读工单编码、人员编码与机台编码，系统将记录作业人员的信息、生产机台、生产工单、生产开始时间、生产结束时间、生产状况等信息
6	上料防呆管理	作业人员首次上料时刷读工单编码与料盘编码，当两者一致时（见图3-30），系统允许正常生产，否则系统报警
7	混料防呆管理	工单正式生产时，在同一标准类型的物料未完成投料时，系统将不允许投入其他不同标准类型的物料，否则系统报错，以防止发生混料情况
8	换料防呆管理	当工单中某一标准类型的物料生产完毕，需要投入其他标准类型的物料时，需要上级主管（班组长）刷码解锁批准，否则无法进行投料，以防止发生混料情况
9	无纸化作业	系统运行全过程中无须人工填写报表，而使用条形码作为物料和料盘的身份识别编码，然后使用PDA移动终端代替人工输入（见图3-31），以方便作业人员操作，提高作业过程的工作效率
10	生产追溯查询	管理者和主管部门可以通过系统追溯查询生产的状况，主要包括生产订单的进度、物料/配料与上料情况、作业人员信息、生产起止时间、生产异常情况等信息
11	电子报表	系统可以按某日、某月、某年查询数据，并生成相应的工作报表，报表内容包括生产产能数据、作业人员信息、生产日期、生产数量等

序号	功能模块	具体说明
12	电子看板	电子看板可以实时反馈生产过程中的数据，包括工单进度、作业机台、作业人员信息、生产起止时间、生产数量等信息
13	SMT 机台控制	系统通过蓝牙报警器控制 SMT 机台的启动与停止，实现全方位防呆。只有当所有物料与站位绑定且扫描结果与料站表一致时，SMT 机台才可以启动；否则蓝牙报警器就会报警并控制 SMT 机台，使其无法启动
14	送料机维修与保养	系统可以对送料机的使用次数进行记录，并根据不同要求设置保养及维修次数，从而进行送料机管控

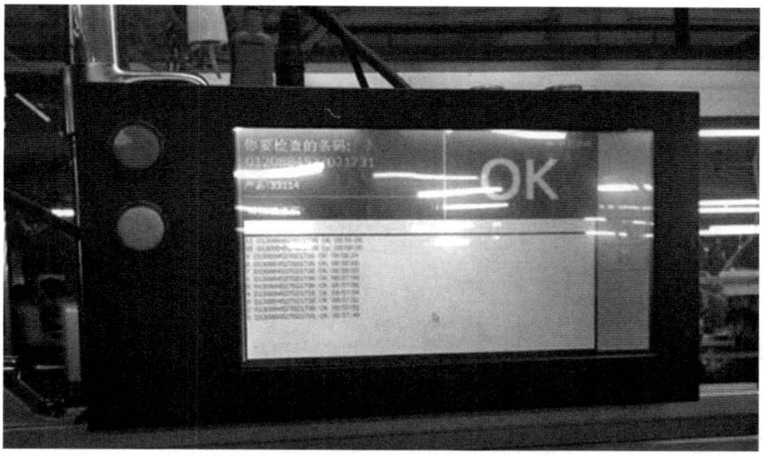

图 3-30　上料防呆管理——确认一致方可生产

图 3-31　使用 PDA 移动终端代替人工输入

第四节　电子看板系统

电子看板系统是数字化车间的重要组成部分，它能通过信息传递，对从订单下达到产品生产完成的整个生产过程进行优化管理。电子看板管理系统是企业实现生产智能化、即时化、可视化的重要手段，是精益生产和智能制造的关键工具，也是制造执行系统的重要组成部分，如图3-32所示生产综合看板，可减少1名统计员的岗位设置。

图3-32　生产综合看板

一、电子看板管理系统的应用范围

电子看板管理系统主要用于订单管理、生产排程、采购管理、品质管理、仓储管理、车间管理、出货管理、财务管理、设备管理（见图3-33），以对数据进行可视化管理，并在管理过程中实现信息的实时传递，提高沟通效率，使高层管理人员可以随时随地了解企业的运作情况。生产监控看板如图3-34所示。

图 3-33　电子看板管理系统的应用范围

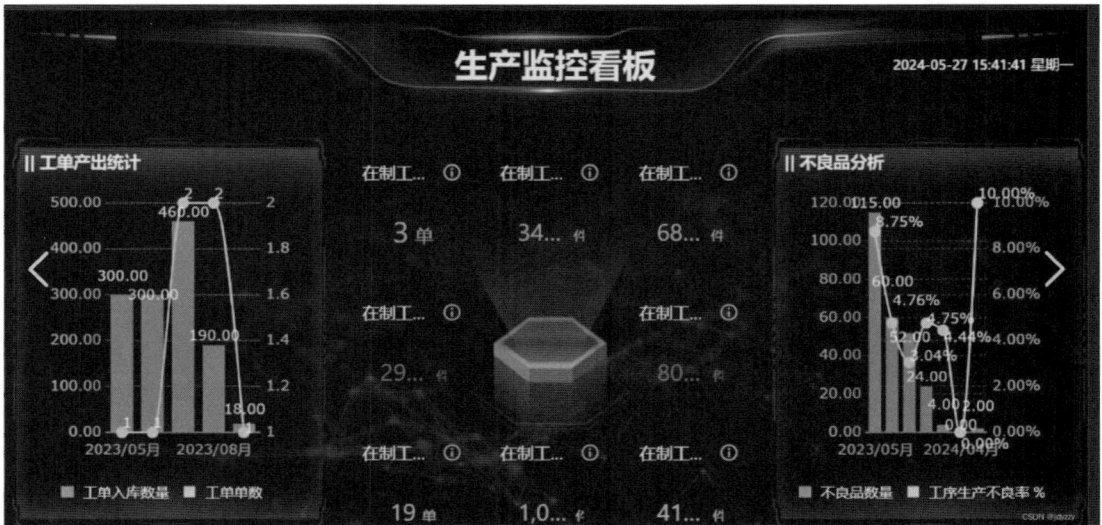

图 3-34　生产监控看板

二、电子看板管理系统的组成

电子看板管理系统包括数据源、WEB 管理端和信息展示端三个主要部分，如图3-35所示。

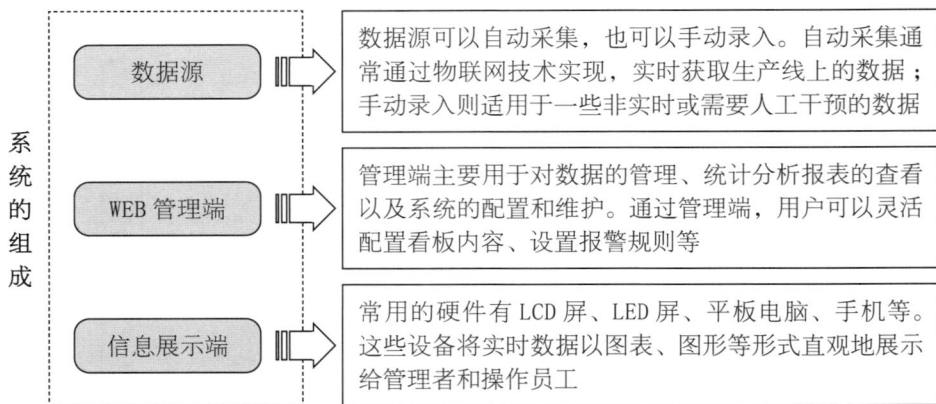

图3-35　电子看板管理系统的组成

电子看板管理系统具有通用数据库接口，其应用层可以和企业的ERP 系统连接，数据层可以和企业的MES 连接，从而完成生产管理过程的信息化融合，图3-36为某企业的电子看板管理系统架构。

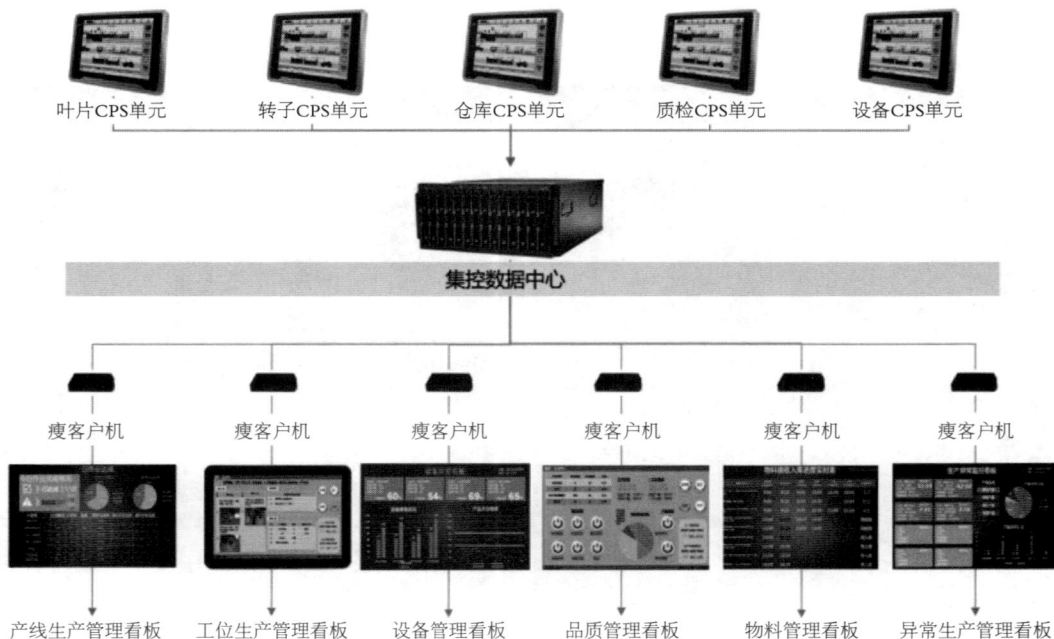

图3-36　某企业的电子看板管理系统架构

三、电子看板管理系统的功能

电子看板管理系统具有多种功能，包括但不限于图3-37所示的功能。

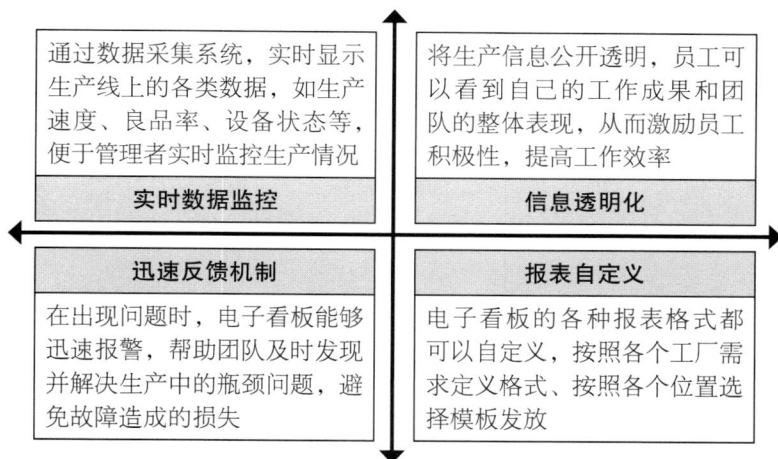

通过数据采集系统，实时显示生产线上的各类数据，如生产速度、良品率、设备状态等，便于管理者实时监控生产情况	将生产信息公开透明，员工可以看到自己的工作成果和团队的整体表现，从而激励员工积极性，提高工作效率
实时数据监控	**信息透明化**
迅速反馈机制	**报表自定义**
在出现问题时，电子看板能够迅速报警，帮助团队及时发现并解决生产中的瓶颈问题，避免故障造成的损失	电子看板的各种报表格式都可以自定义，按照各个工厂需求定义格式、按照各个位置选择模板发放

图3-37　电子看板管理系统的功能

四、电子看板管理系统的价值

电子看板管理系统既能帮助企业生产实现可视化管理，也能够提高制造效率、设备效率和产品品质，使产品的库存、生产、品质和机台等设备的运转状况处于可控的状态。各部门和生产环节紧密合作，实现了可视化管理、精细化管理，节省了成本。当发生问题时，该系统可以在第一时间感知到问题，相关人员能够在第一时间采取措施，从而缩短企业的响应时间。对于不同的生产部门而言，电子看板管理系统具有不同的价值，具体如图3-38所示。

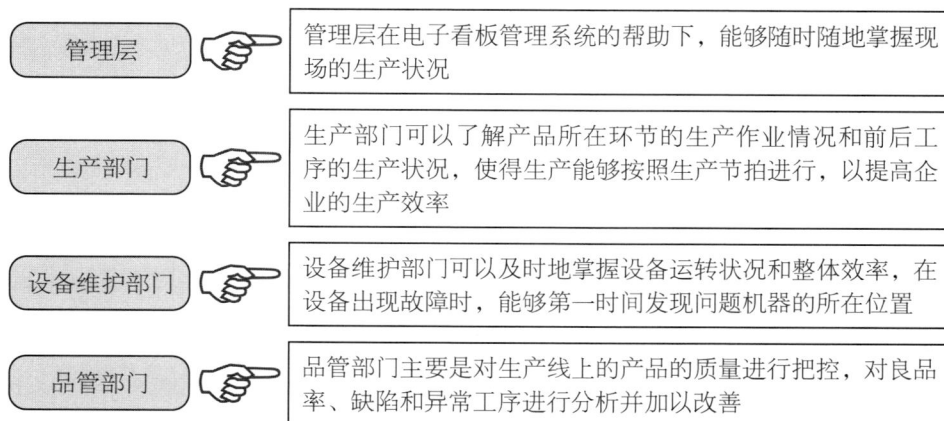

管理层	管理层在电子看板管理系统的帮助下，能够随时随地掌握现场的生产状况
生产部门	生产部门可以了解产品所在环节的生产作业情况和前后工序的生产状况，使得生产能够按照生产节拍进行，以提高企业的生产效率
设备维护部门	设备维护部门可以及时地掌握设备运转状况和整体效率，在设备出现故障时，能够第一时间发现问题机器的所在位置
品管部门	品管部门主要是对生产线上的产品的质量进行把控，对良品率、缺陷和异常工序进行分析并加以改善

图3-38

仓储部门	☞	仓储部门在了解线上用料情况后，可以及时补料，从而避免缺料情况发生
计划部门	☞	依据电子看板进行生产，计划部门能够及时将生产工作单提供给生产线人员，并且可随时掌握产品的生产进度，确保按期交货

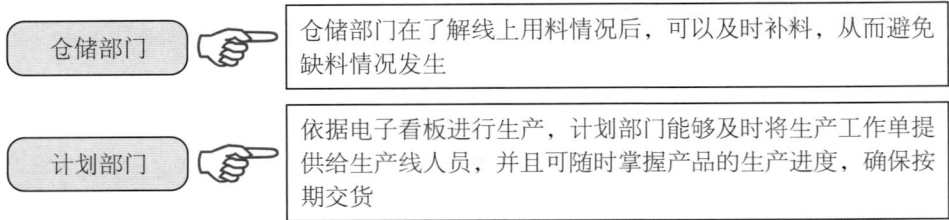

图3-38　电子看板管理系统的价值

第 4 章

生产现场精益管理基础

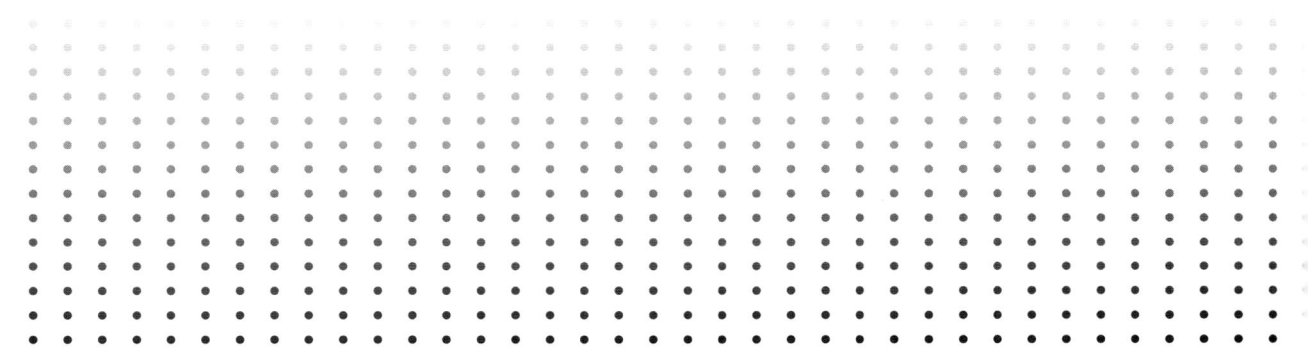

生产现场的精益管理对于提高企业的生产效率、产品质量和员工士气至关重要。5S 和目视管理作为精益管理的基础工具，在生产现场管理中发挥着重要作用，它们能为企业打造有序、高效的作业环境，助力企业消除浪费、提升生产效率。

第一节　5S活动

"5S"活动起源于日本，并在日本企业中广泛推行，它相当于我国企业开展的文明生产活动。"5S"活动的对象是现场的"环境"，它对生产现场环境全局进行综合考虑，并制定切实可行的计划与措施，从而达到规范化管理。

一、5S活动概述

（一）什么是5S

5S 是指整理（Seiri）、整顿（Seiton）、清扫（Seiso）、清洁（Seiketsu）、素养（Shitsuke）五个项目。企业开展以整理、整顿、清扫、清洁和素养为内容的活动，称为"5S"活动，具体内容如图4-1 所示。

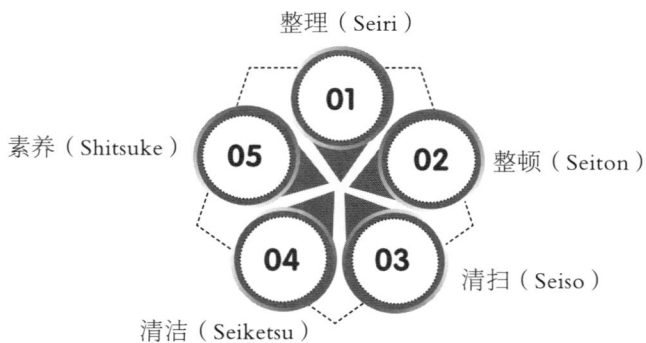

整理（Seiri）

素养（Shitsuke）　　01

05　　02　　整顿（Seiton）

04　　03　　清扫（Seiso）

清洁（Seiketsu）

图4-1　5S的内容

1. 整理（Seiri）

整理，即在工作现场区别要与不要的东西，然后只保留有用的东西，清理掉不需要的东西。整理的内容如图4-2所示。

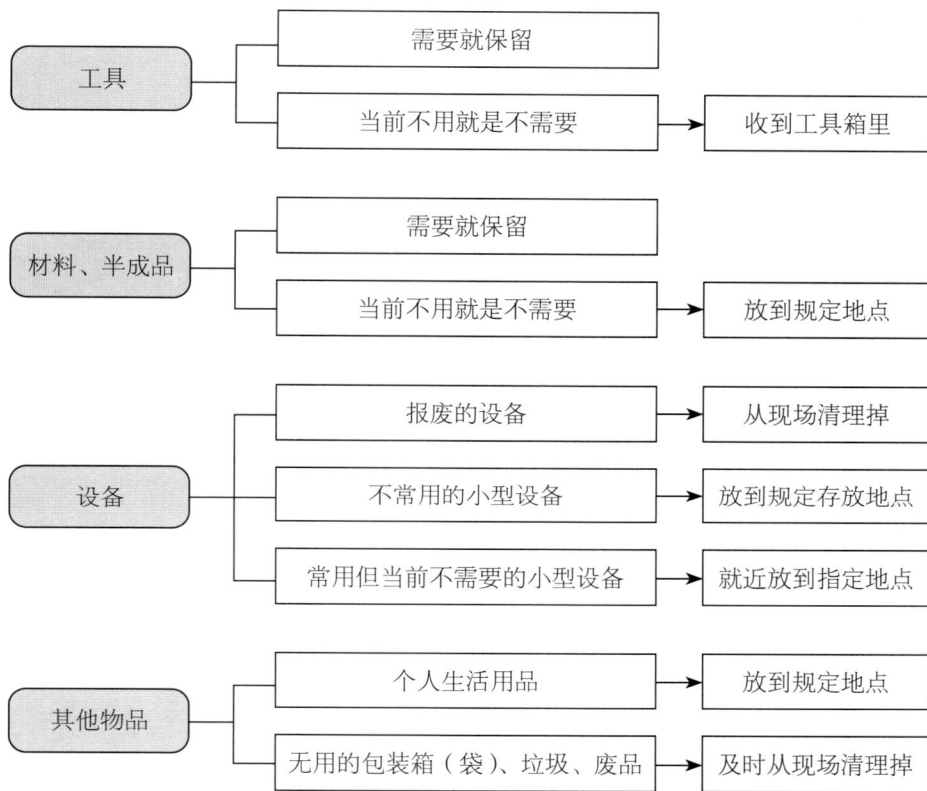

图4-2　整理的内容

2. 整顿（Seiton）

整顿，即把要用的东西按规定位置摆放整齐，并做好标识进行管理。整顿的关键内容如图4-3所示。

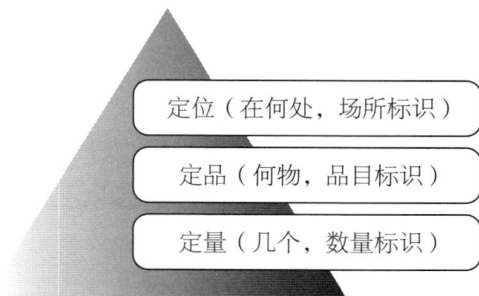

图4-3　整顿的关键内容

整顿工作能带来以下好处，具体如图4-4所示。

1 创造一目了然的现场，就算不是本岗位的人员也能明白相应的要求和做法（如图4-5所示）

2 出现异常情况，如工具丢失、损坏等能马上发现，及时处理

3 提高工作效率，减少浪费和非必要作业

4 减少工具寻找时间

5 因为标准化，不同的作业人员去做，结果都是一样的

图4-4　整顿工作能带来的好处

整顿的目标

所有东西都有一个清楚的标签（名）和位置（家）

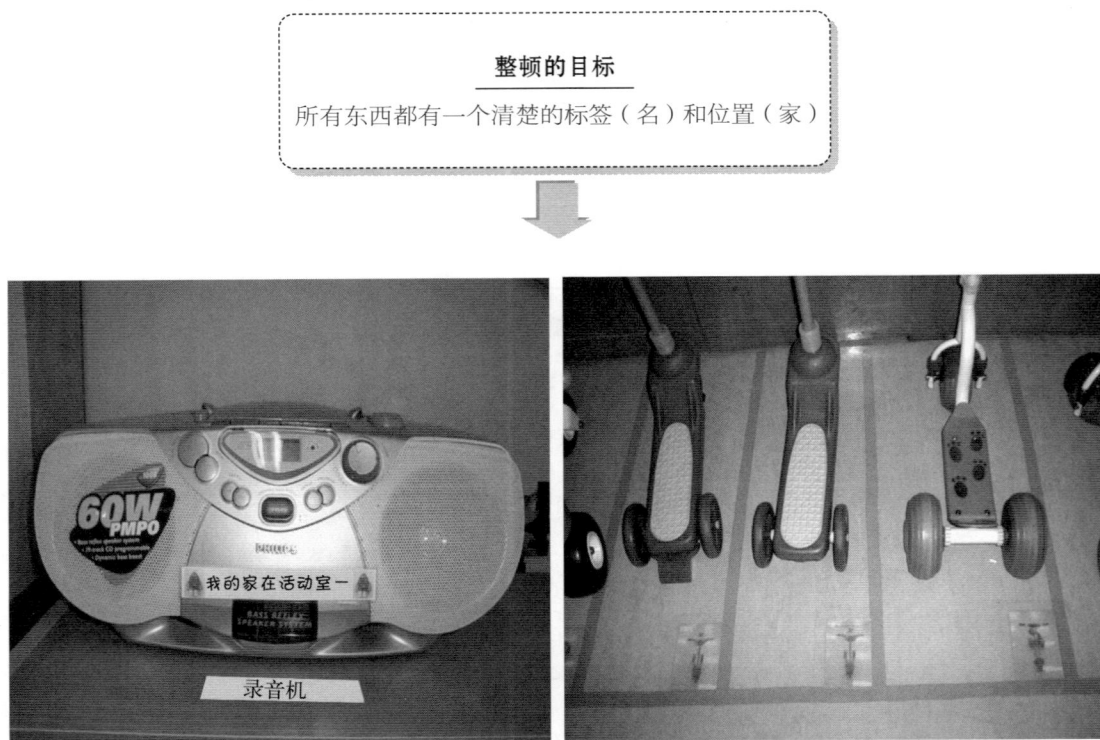

图4-5　整顿现场示意图

3. 清扫（Seiso）

清扫，即对工作场所和设备进行清洁打扫。大扫除的注意要点如图4-6所示。

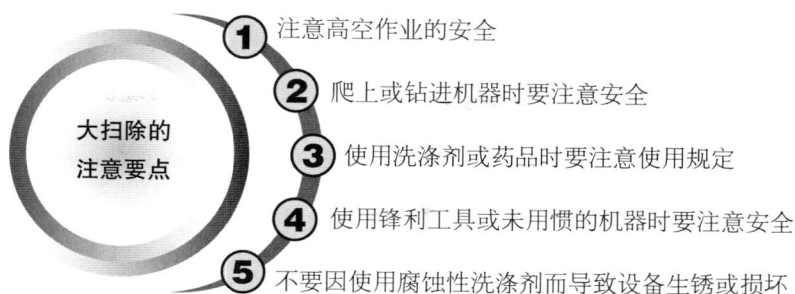

图4-6　大扫除的注意要点

4. 清洁（Seiketsu）

清洁，即将整理、整顿、清扫实施的做法制度化、规范化，以维持其效果。清洁的步骤如图4-7所示。

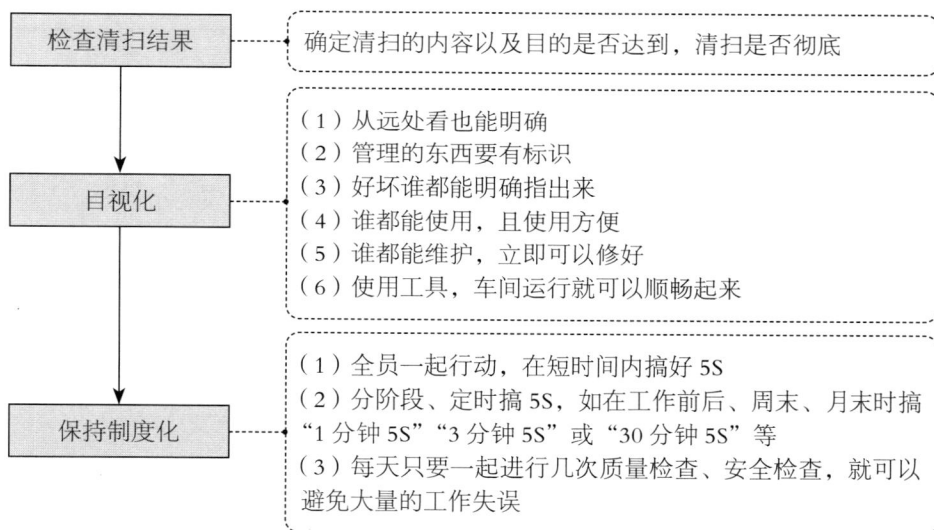

图4-7　清洁的步骤

5. 素养（Shitsuke）

素养，即指改变人们的习惯，并养成良好的工作习惯。素养不但是5S的最终结果，更是企业经营者和各级主管实施5S的最终目的。素养活动的实施要点如图4-8所示。

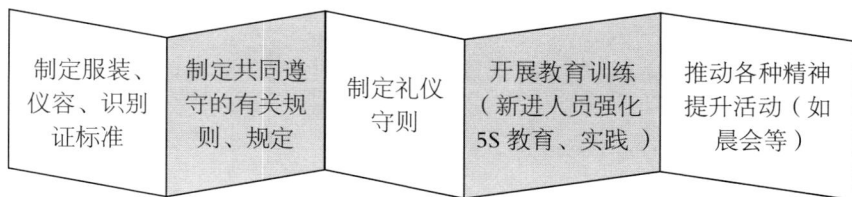

图4-8　素养活动的实施要点

（二）5S活动的目标

5S活动的在生产现场开展的目标如图4-9所示。

目标一	工作变换时，寻找工具，物品马上找到，寻找时间为0
目标二	整洁的现场，不良品为0
目标三	努力降低成本、减少消耗，浪费为0。
目标四	工作顺畅进行，及时完成任务，延期为0
目标五	无泄漏、无危害，安全、整齐，事故为0
目标六	团结、友爱，处处为别人着想，积极干好本职工作，不良行为为0

图4-9　5S活动的目标

二、整理的执行

所谓整理，就是把要与不要的人、事、物分开，使事物的处理简单化。对企业而言，即将企业工作场所中（或负责的部门范围内）的物品、机器设备清楚地区分为必需品与非必需品后，妥善地保管必需品，处理或报废非必需品，如图4-10所示。整理的过程如图4-11所示。

整理前　　　　　　　　　　　　　　　整理后

图4-10　整理前与整理后的照片示意图

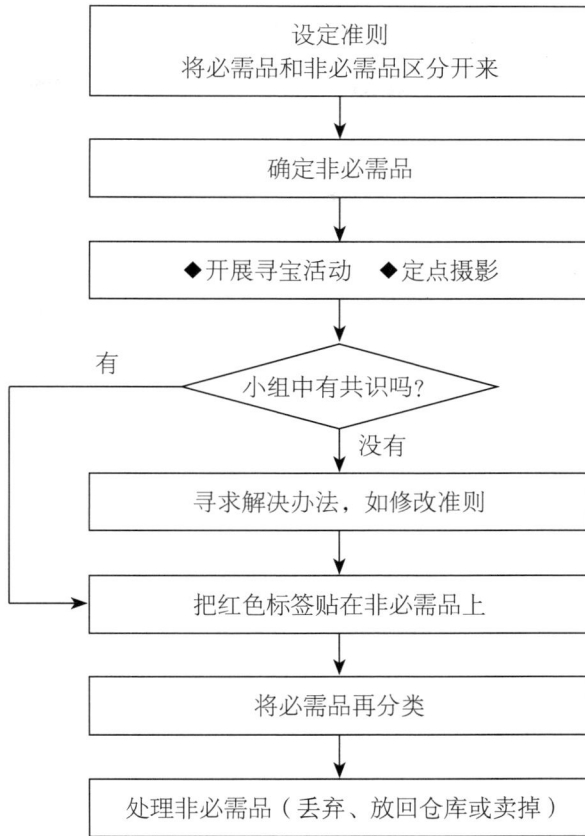

图4-11　整理的过程

1. 制定整理的三大基准

（1）要与不要的基准

"全部都有用，全部不能扔"是5S推行的一大阻力，它完全违背了5S的原则。其实，"非必需品"摆放所造成的浪费远远大于其潜在的利用价值，所以必须把看得到和看不到的地方进行全面彻底的整理。在这个过程中，企业需要制定一份"必需品与非必需品的判别基准"，让员工清楚知道哪些是"真正需要"的，哪些是"确实不需要"的，如表4-1所示。

表4-1　要与不要的判别示例

真正需要		确实不要
（1）正常的机器设备、电气装置 （2）工作台、板凳、材料架 （3）台车、推车、拖车、堆高机 （4）正常使用的工装夹具 （5）尚有使用价值的消耗用品	地板上	（1）废纸、杂物、油污、灰尘、烟蒂 （2）不能或不再使用的机器设备、工装夹具 （3）不再使用的办公用品 （4）破烂的栈板、图框、塑料箱、纸箱、垃圾桶 （5）呆滞料和过期品

续表

真正需要	确实不要	
（6）原材料、半成品、成品和样本 （7）栈板、图框、防尘用具 （8）办公用品、文具 （9）使用中的清洁工具、用品 （10）各种使用中的海报、看板 （11）有用的文件资料、表单记录、书报、杂志 （12）其他必要的私人用品	工作台和架子上	（1）过时的文件资料、表单记录、报纸、杂志 （2）多余的材料 （3）损坏的工具、样品 （4）私人用品、破压台玻璃、破椅垫
	墙壁上	（1）蜘蛛网 （2）过期和老旧的海报、看板 （3）破烂的信箱、意见箱、指示牌 （4）过时的挂历、损坏的时钟、没用的挂钉
	天花板上	（1）不再使用的各种管线 （2）不再使用的吊扇、挂具 （3）老旧无效的指导书、工装图

（2）保管场所基准

保管场所基准指的是到底在什么地方"要"与"不要"的判断基准。企业可以根据物品的使用次数、使用频率来判定物品应该放在什么地方才合适。企业在制定判断基准时应对保管对象进行分析，根据物品的使用频率来明确应放置的适当场所，并编制物品常用程度判定表（如表4-2所示）。

表4-2 物品常用程度判定表

常用程度	使用频率
低	过去一年都没有使用过的物品（不能用或不再用）
	在过去的6～12个月中只使用（可能使用）过一次的物品
中	（1）在过去的2～6个月中只使用（可能使用）过一次的物品 （2）1个月使用1次的物品
高	（1）1周使用1次的物品 （2）每天都要使用的物品 （3）每小时都要使用的物品

明确保管场所的标准，尽量不要按照个人的经验来判断，否则无法体现出5S管理的科学性。以下提供一份企业在用物品的使用频率与保管场所范例供参考（如表4-3所示）。

表4-3 企业在用物品的使用频率与保管场所

项目	使用频率	处理方法	建议场所
不用	全年一次也未使用	废弃 特别处理	待处理区

项目	使用频率	处理方法	建议场所
少用	平均2个月～1年用1次	分类管理	集中场所 （工具室、仓库）
普通	1～2个月用1次	置于车间内	各摆放区
常用	1周使用数次 1日使用数次 每小时都使用	工作区内 随手可得	机台旁 流水线旁 个人工具箱

注：应视企业具体情况决定划分为几类。

（3）废弃处理基准

工作失误、市场变化、设计变更等诸多因素是企业或个人无法控制的。因此，非必需品是永远存在的。对非必需品的处理方法，通常要按照以下两个原则来执行。

其一，区分申请部门与判定部门。

其二，由一个统一的部门来处理非必需品。

以下提供非必需品的处理清单供参考。

【范本】▶▶▶

非必需品处理审批单

部门：　　　　　　　　　　　　　　　　　　　　日期：　　年　　月　　日

物品名称	规格型号	单位	数量	处理原因	所在部门意见	推委会意见	备注

制表：　　　　　　　　审核：　　　　　　　　批准：

2. 现场检查

企业应对工作现场进行全面检查，特别是不引人注意的地方。如设备内部、桌子底部、文件柜顶部等位置。各部门的检查重点可参照表4-4所示的内容。

表 4-4　各部门的检查重点表

部门	区域或部位	检查重点
生产部门	地面	（1）有无"死角"或凌乱不堪的地方 （2）有无闲置或不能使用的输送带、机器、设备、台车、物品等 （3）有无品质有问题的待修品或报废品 （4）有无散置于各生产线的清扫用具、垃圾桶等 （5）作业场所有无不该有的东西，如衣服、拖鞋、雨伞、皮包等
	架子、柜子或工具箱	（1）工具箱或柜子内的扳手、铁锤、钳子等工具是否整齐有序 （2）架子或柜子上有无散置的破布、手套、剪刀
	办公桌、事务柜	（1）桌面上有无任意摆放的报表、文卷、数据表等 （2）陈列于事务柜内的档案资料是否整齐有序
	模具、治具架	（1）有无不用或不能用的模具、治具 （2）有无非必需品杂乱存放于架上
行政部门	公文、资料	（1）有无不用或过期的公文、资料任意摆放 （2）有无私人文件资料掺杂于一般资料内 （3）公文、资料是否定期或定时归档
	办公桌、办公室	（1）办公桌上有无摆放与工作无关的物品或资料 （2）办公室内是否有各种非必需品
	档案夹、事务柜	（1）档案夹有无任意放置于办公桌上或事务柜内 （2）档案夹或事务柜是否能正常使用 （3）是否定期清理档案夹中过期的文件、资料
仓储部门	储存区域	（1）储存区域规划是否妥当，有无空间浪费 （2）材料有无直接放在地上
	材料架	（1）材料架上是否有好几年没用过的材料 （2）材料有无混放

3. 定点摄影

定点摄影法是一种常用的 5S 活动方法，它是指从同样的位置、同样的高度、同样的方向，对同样的物体进行连续拍摄（如图 4-12）。拍摄的照片可以贴在图表上，并以此为基础召开会议。

在定点摄影图表上的第一阶段（通常制作四个阶段）里记下摄影日期，贴上照片，记入评分。评分从低到高为 1 分、2 分、3 分、4 分、5 分。建议档的填写较随意，可以由上级填写建议，也可以填写对员工的要求等。每次实施取得一定的改善效果后，应再次摄影，并按时间顺序贴上新照片。

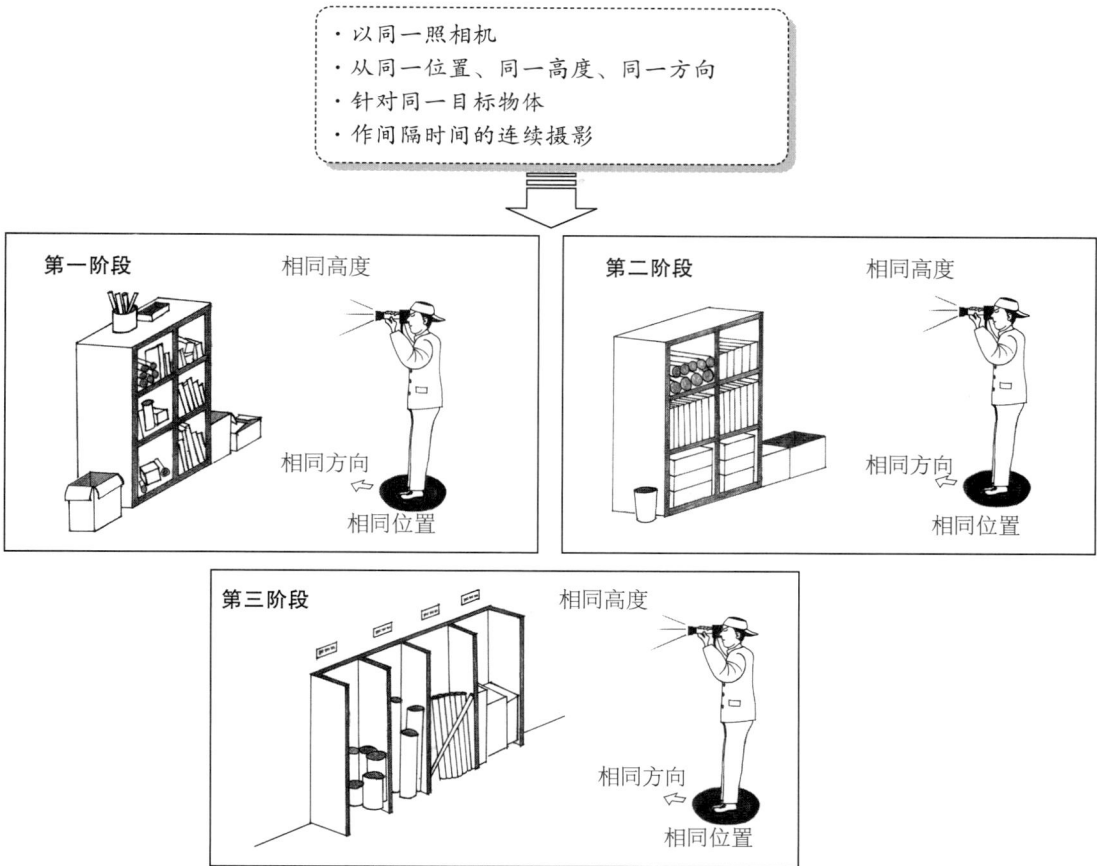

- 以同一照相机
- 从同一位置、同一高度、同一方向
- 针对同一目标物体
- 作间隔时间的连续摄影

第一阶段　　　　　　相同高度
相同方向
相同位置

第二阶段　　　　　　相同高度
相同方向
相同位置

第三阶段　　　　　　相同高度
相同方向
相同位置

图4-12　定点摄影

4. 非必需品的清理与判定

这一阶段的活动也被称为"寻宝活动"。所谓"宝"，是指需要彻底找出来的无用物品。寻宝活动是针对各个场所里的一些死角、容易被人忽视的地方而进行的整理活动，其目的明确，针对性强，容易取得实效。非必需品的判定步骤如下。

（1）把那些非必需品摆放在某一个指定场所，并在这些物品上贴上红牌。

（2）由指定的判定者对等待判定的物品进行最终判定，决定将其卖掉、挪用、修复或修理等。

5. 非必需品的处理

对贴了非必需品红牌的物品，相关人员必须一件一件地核实现品实物和票据，确认其使用价值。若经判定，某物品被确认为有用，那么就要揭去非必需品红牌。若该物品被确认为非必需品，则应该具体决定处理方法，并填写非必需品处理表。一般来说，非必需品的处理方法有图4-13所示几种。

1	改用于其他项目或转交其他需要的部门
2	对不良品或故障设备进行修理、修复，恢复其使用价值
3	无法再发掘使用价值的物品，交由专业公司回收处理
4	与供应商协商退货，或者（以较低的价格）卖掉，回收货款

图4-13 非必需品的处理方法

6. 对整理进行评估

在整理进行到一定阶段时，企业必须对其进行评估，具体可参照表4-5所示的要求来进行。

表4-5 工作场所整理评估表

工作地点：

企业：　　　　　批次：　　　　　部门：　　　　　日期：

分数：4分＝100%　　3分＝75%～99%　　2分＝50%～74%　　1分＝25%～49%　　0分＝0～24%

序号	需要整理的区域	分数	如果分数小于4分，指出对策、时间安排和负责人
1	无用的盒子、货架和物料箱		
2	废弃的工具、备件和设备		
3	不需要的工具箱、手套和柜子		
4	剩余的维修物品		
5	个人物品		
6	过量存货		
7	无用的文件		
……			

对于没有做好的事项要发出纠正及预防措施通知并进行跟踪，如表4-6所示。

表 4-6　纠正及预防措施通知

不合格点的说明

审核日期：＿＿2025 年 1 月 8 日＿＿

审核地点：＿＿LED 车间＿＿＿＿＿

改善前照片

NC 编号：＿＿＿＿＿＿＿＿＿＿＿＿

审核员／记录员：＿＿×××＿＿

违反标准：＿＿＿2.7＿＿＿＿

不合格点的说明：

小推车摆放区内存放有卡板及废料

纠正及预防　　　措施纠正人：＿＿×××＿＿　　　纠正日期：＿2025 年 1 月 12 日＿

改善后照片

纠正及预防措施：

清理废料，整理卡板，重新规划设计卡板区域并划地线

跟进结果：＿跟进时已划定卡板区域存放，并制作和张挂区域标识牌＿

跟进者：＿×××＿　　　　　审批：＿×××＿　　　　　日期：2025 年 1 月 15 日

三、整顿的执行

整顿就是将所需要的物品放在一个固定的位置，当员工需要它时，能不假思索地在最短时间内取出来用。整顿能使工作场所一目了然，能节约员工在作业时寻找物品的时间，能消除过多的积压物品，能创造整洁的工作环境。

（一）整顿的执行流程

整顿的执行流程如图4-14所示。

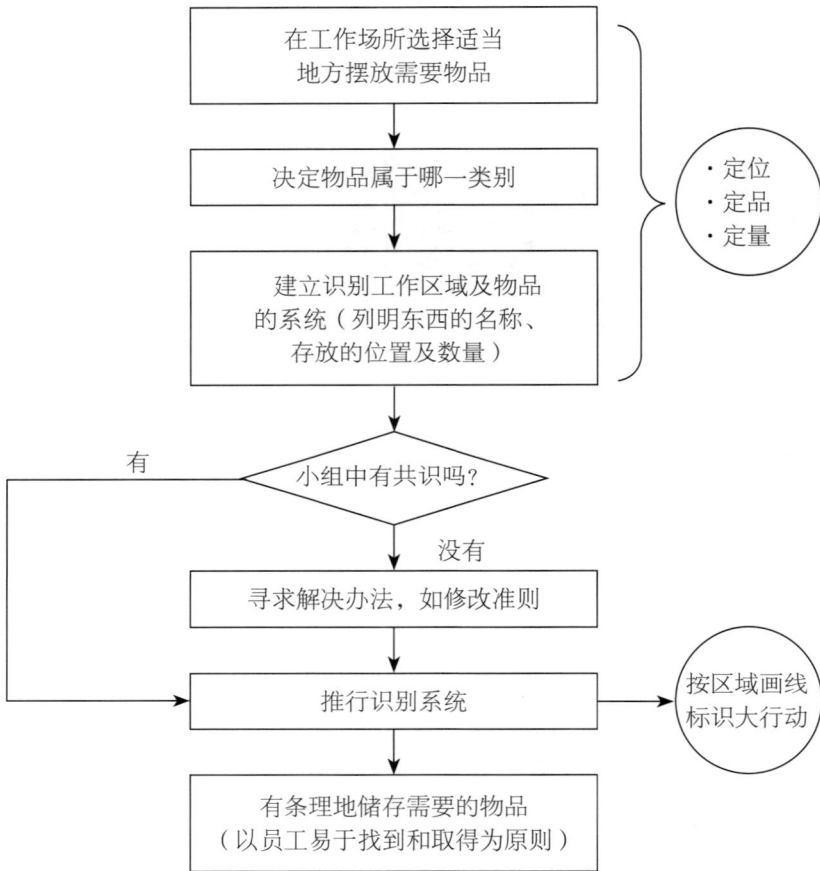

图4-14　整顿的执行流程

（二）整顿的关键在三定

整顿的关键在三定：定位（在何处，场所标识）、定品（何物，品目标识）、定量（几个，数量标识）。而三定的方法则是实施看板作战。

1. 定位

（1）定位的要点。

① 将该定位的地方区分为地域标识与编号标识；

② 地域标识可用英文字母（A、B、C）或数字（1、2、3）来表示，编号标识以数字表示较理想，最好由上而下按1、2、3排序。

定位区图示如图4-15所示。

图4-15　定位区图示

（2）定位的原则。物品定位须遵循两个原则：一是位置要固定，二是根据物品使用的频度和使用的便利性来决定物品放置的场所。

（3）物品与位置关系的类别。根据物品的特点，物品与位置之间的关系有以下几种：

① 设备和作业台的定位。设备和作业台通常被固定在指定的位置上，若非特殊情况或需要进行区域再规划，原则上物品和位置的关系是固定的，如图4-16所示。

图4-16 设备和作业台的定位

② 工具、夹具、量具、文件等的定位。生产或工作过程中经常使用的这类物品通常被存放在各式各样的柜、台、架等固定位置上，使用的时候可以从其存放处取出，使用完毕后再放回原处，如图4-17所示。

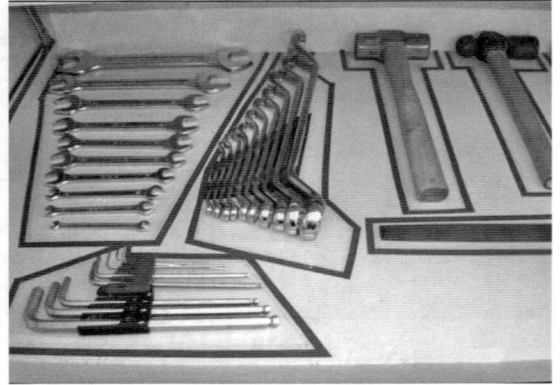

图4-17 采用形迹法给工具定位

③ 原材料、半成品、成品的定位。这些物品在生产过程中是随时移动的，无固定摆放的位置。但为了明确这些随时移动的物品在每一工序的摆放位置，必须在工序附近指定存放区域，如图4-18和图4-19所示。

图4-18　半成品的定位

图4-19　成品的定位

④ 票据、样品等的保管与存放。对一些使用频率很小却又需要保管的重要物品，如财务票据、实物样品等，可以确定一些固定的场所或仓库的指定位置存放。

2.定品

定品的目的是让所有人，甚至是新进员工一眼就看出在某个地方放置的是什么物品，其要点为：

（1）物品品目标识：放置的东西要标识清楚为何物（见图4-20）。

（2）棚架品目标识：放置的东西的品种、颜色等（见图4-21）。

（3）物品品目标识：取下的话，即有看板的功能。

（4）棚架品目标识：要能轻易地变换位置。

图4-20　物品品目标识

图4-21　棚架品目标识（材料的品种、颜色）

3.定量

定量的目的是可以一眼就看出库存品的数量，不是说"大概、大约"，而是要很清楚地说出具体有几个。实施要点为：

（1）要限制物品放置场所或棚架的大小。

（2）要很明确地显示最大库存量及最小库存量（见图4-22）。

① 最大库存量——红色。

② 最小库存量——黄色。

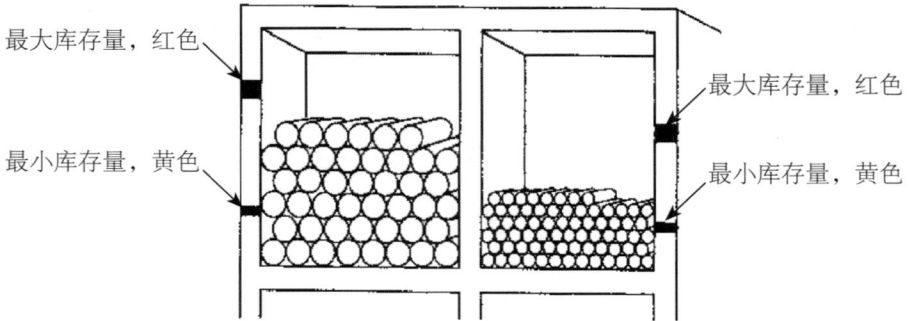

图4-22　最大库存量及最小库存量示意

（3）与其用数字不如改为标记，更清楚直观。

库存数据标识如图4-23所示。

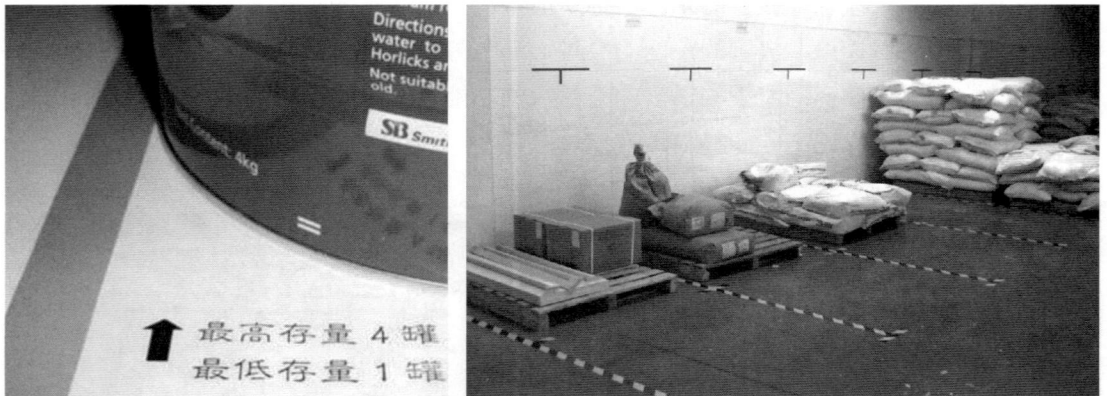

图4-23　库存数据标识

（三）做好区域识别与画线

识别工作区域有两件重要的事要做：其一是为规划的区域画线，其二是设立标识。

1.区域画线

（1）地板颜色选择。地板要配合用途，利用颜色加以区分。作业区要用作业方便的颜色，休闲区则要用舒适、让人放松的颜色（如表4-7所示）。

表4-7　区域地板颜色选择

场所	颜色
作业区	绿色
通道	橘色或荧光色
休闲区	蓝色
仓库	灰色

（2）画线要点。决定地板的颜色后，接下来是为这些区域画线。画线要注意的实施要点如图4-24所示。

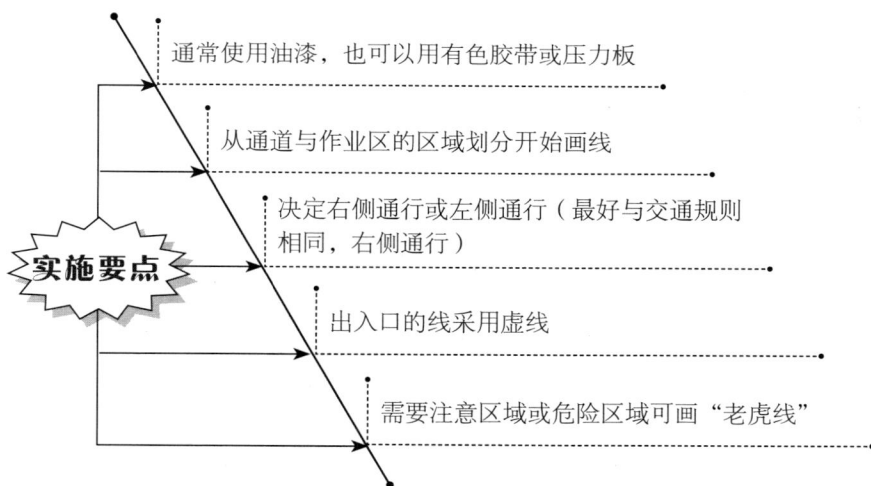

实施要点

- 通常使用油漆，也可以用有色胶带或压力板
- 从通道与作业区的区域划分开始画线
- 决定右侧通行或左侧通行（最好与交通规则相同，右侧通行）
- 出入口的线采用虚线
- 需要注意区域或危险区域可画"老虎线"

图4-24　画线要注意的实施要点

（3）区域画线。把通道与作业区的区域划分开的线称为区域画线。通常是以黄线表示，也可以用白线，如图4-25所示。实施要点为：

① 画直线。

② 要清楚醒目。

③ 减少角落弯曲。

④ 转角要避免直角。

图 4-25　区域画线

（4）出入口线。画出人能够出入的部分的线，将其称之为出入口线。用黄线标识，不可踩踏，如图 4-26 所示画线要点如下：

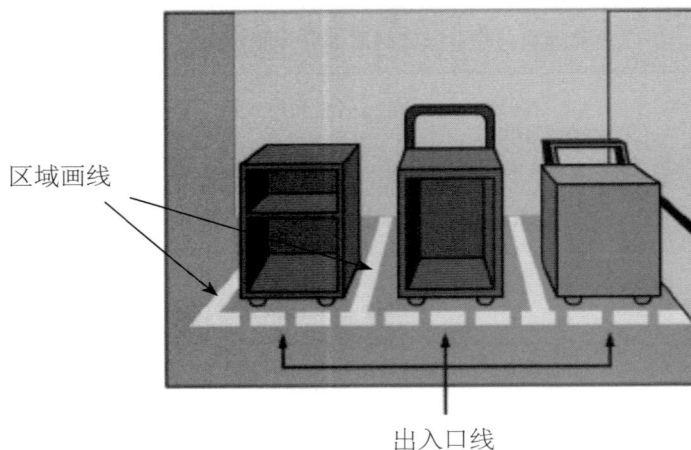

区域画线

出入口线

图 4-26　出入口线示意图

① 区域勾画线是实线、出入口线是虚线。

② 出入口线提示需确保此场所的安全。

③ 从作业者的角度考虑来设计出入口线。

（5）通道线。首先要确定是靠左还是靠右的通行线。最好与交通规则相同，靠右通行，如图 4-27 所示。画线要点如下：

图 4-27　通道线示意图

① 黄色或白色箭头；

② 保持一定间隔画线，不要忘记在楼梯处画线。

（6）"老虎线"也称老虎标记。老虎标记是黄色与黑色相间的斜纹所组成的线，与老虎颜色相似，所以称之为老虎标记。哪些地方要画老虎标记呢，具体如图 4-28 所示。

机械移动处　　　　　　往通道的瓶颈处

8　　　**1**

起重机操作处　**7**　　需要画老虎标记的地方　　**2**　横跨通道处

阶梯（楼梯）　**6**　　　　**3**　电气感应处

5　　　**4**

重点提示处　　　　　　头上有物处

图 4-28　需要画老虎标记的地方

画线要点如下。

① 老虎标记要能够很清楚地看到，可用油漆涂上或贴上黑黄相间的老虎标记胶带；

② 通往通道的瓶颈处要彻底修整使之畅通。

老虎标记如图 4-29 所示。

图4-29 老虎标记

（7）置物场所线。放置物品的地方称作置物场所。标识置物场所的标线即为置物场所线。画线要点如下：

① 清理出半成品等的放置场所。

② 清理出作业台、台车、灭火器等的放置场所。

③ 明确各区域画线的颜色、宽度和线型，如表4-8所示。

表4-8 各区域画线的颜色、宽度和线型

类别	区域线		
	颜色	宽度	线型
待检区	蓝色	50毫米	实线
待判区	白色	50毫米	实线
合格区	绿色	50毫米	实线
不合格区、返修区	黄色	50毫米	实线
废品区	红色	50毫米	实线
毛坯区、展示区、培训区	黄色	50毫米	实线
工位器具定置点	黄色	50毫米	实线
物品临时存放区	黄色	50毫米	虚线

如图4-30所示是置物场所线示例。

图4-30　置物场所线

2.标识大行动

标识大行动就是明确标识出所需要的东西放在哪里（场所）、什么东西（名称）、有多少（数量）等，让任何人都能够一目了然的一种整顿方法，如图4-31所示。

图4-31　定点定量标签标识

四、清扫的执行

清扫是将工作场所、设备彻底清扫干净，使工作场所保持一个干净、宽敞、明亮的环境。其目的是维护生产安全、减少工业灾害、保证产品品质。

清扫实施的工作程序如图4-32所示。

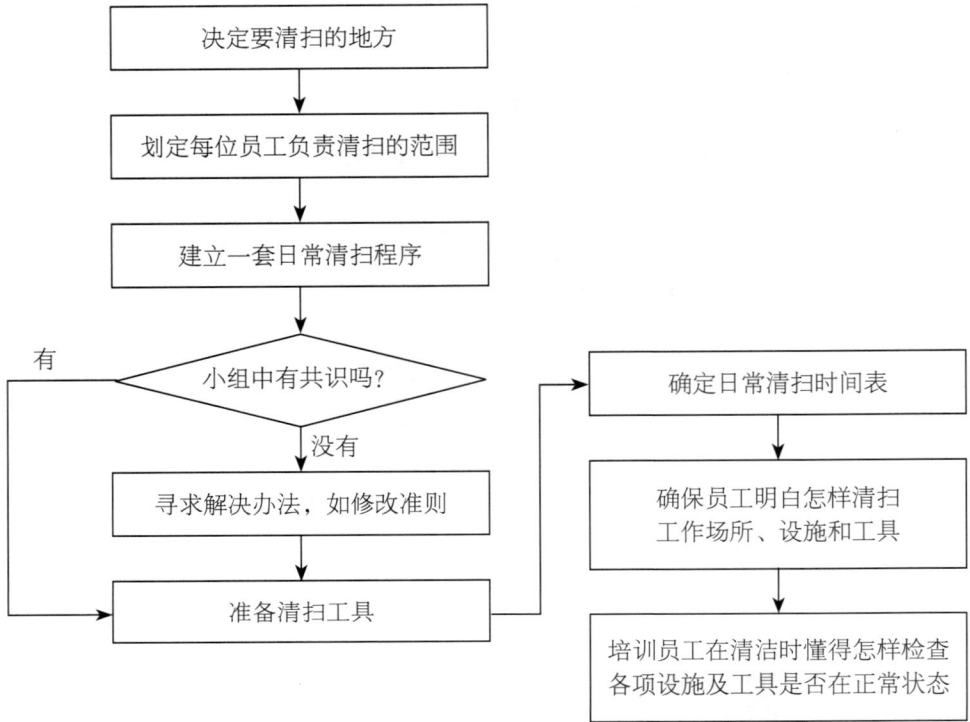

图4-32　清扫实施的工作程序

1. 确定清扫责任区域与人员

清扫前须确定清扫责任人及清扫周期（是每天清扫或是隔日清扫），具体如图4-33、图4-34、表4-9所示。

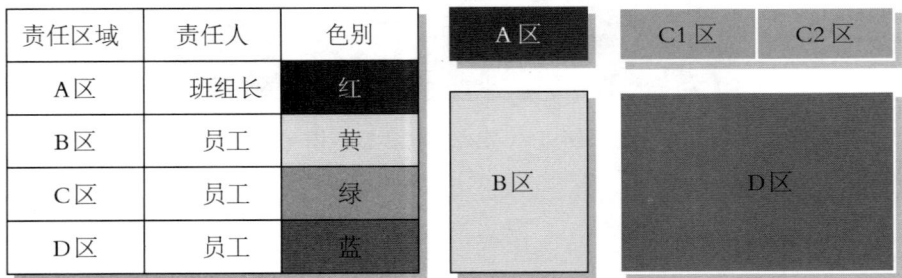

图4-33　清扫位置责任图示例

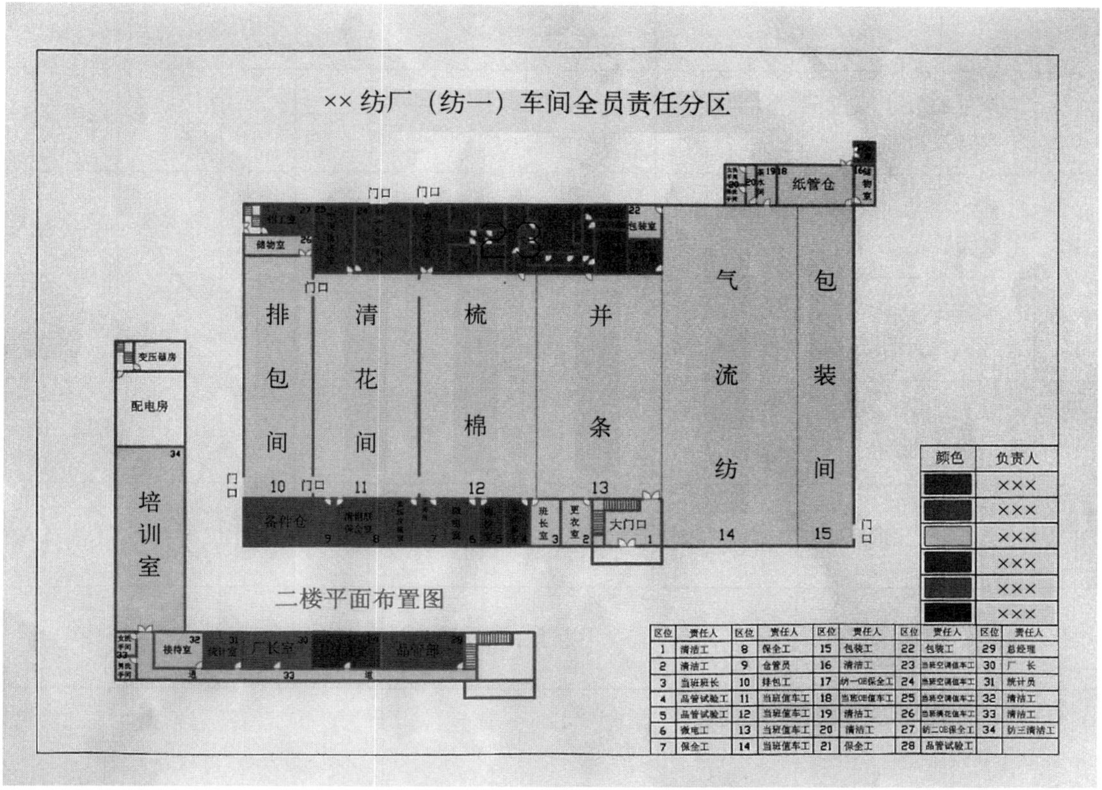

图4-34　确定责任人

表4-9　清扫责任区域描述、责任人及清扫频率安排

代号	责任区	区域描述	重点	方法	责任人	清扫频率
A区 A1	11#缸至19#缸身清洁，四周墙壁及窗户、地面、天花板及接口设备，大办公室玻璃及控制设备	以10#缸边沿为界直到墙边、大办公室玻璃及墙内外自动控制全套设备	略	略	×××	1次／天
A区 A2	10#缸至1#缸身清洁，生产天车、加料天车及窗户、走道、拉伸作业区地面	从1#缸至10#缸及从大门口至大办公室墙壁边沿	略	略	×××	1次／天
B区	设备、周边物品、墙、窗、照明灯管架及地面	以大区交界为准	略	略	×××	1次／天
C区 C1	两个镍缸，包括墙面、柱子及地面、过滤泵及窗户照明灯	1#镍缸与回收缸中为界到外墙面	略	略	×××（左边）	每班／次

续表

代号	责任区	区域描述	重点	方法	责任人	清扫频率
C 区 C2	回收缸及上下板架、地面柱子、整流器及风扇	1#镍缸与回收缸中到上下板架为界	略	略	××× （右边）	每班／次
C 区 C3	夹板区信道柱子，控制柜及金缸整流器及风扇	上、下板架到手动镍缸旁水沟下边为界	略	略	×××	每班／次
D 区 D1	9#机周边物品，小办公室及所有水沟周边墙及风扇、天花板	以9#机、10#机中线为准，其他以D区范围为准	略	略	×××	1次／天
D 区 D2	10#机周边物品，地面周边柱墙和风扇及10#机对应天花板		略	略	×××	1次／天
E 区	计算机控制室加小办公室	计算机控制室加小办公室地面环境卫生	略	略	×××	1次／天
F 区	车间外墙及其他未完善地方窗户，清理轧辊区	轧辊区隔离墙为界	略	略	×××	1次／天
备注：天花板、壁扇、1次／10天，设备2次／每周，其他1次／每天，每次清洁必须彻底，并在日常加以维护。						

2. 公共区域清扫日程化

公共区域的清扫可采用轮流值日制，可利用值日表予以日程化，如表4-10所示。

表4-10 5S清扫值日一览表

部门：　　　　　　　　　　　区域：

序号	清扫项目	清扫频率	清扫责任人	执行标准	监督人	备注

3. 确定清扫部位、要点、重点

确定了由谁来执行经常性的清扫后，接下来需考虑清扫部位、要点、重点，如表4-11所示。

表 4-11　清扫部位及要点、重点

（设备 / 附属机械 / 周围环境）

清扫部位	清扫要点	清扫重点
1. 接触原材料 / 制品的部位，影响品质的部位（如传送带、滚子面、容器、配管内、光电管、测定仪器）	有无堵塞、摩擦、磨损等	（1）清除长年放置堆积的灰尘垃圾、污垢 （2）清除因油脂、原材料的飞散、溢出、泄漏造成的脏污 （3）清除涂膜卷曲、金属面生锈 （4）清除不必要的张贴物 （5）清除内容模糊、不明确的标识
2. 控制盘、操作盘内外	（1）有无不需要的物品、配线 （2）有无劣化部件 （3）有无螺丝类的松动、脱落……	
3. 设备驱动机械、部品（如链条、链轮、轴承、电动机、风扇、变速器等）	（1）有无过热、异常声音、震动、缠绕、磨损、松动、脱落等 （2）润滑油泄漏飞散 （3）点检润滑作业的难易度	
4. 仪表类（如压力、温度、浓度、电压、拉力等的指针）	（1）指针摆动 （2）指示值失常 （3）有无管理界限 （4）点检的难易度等	
5. 配管、配线及配管附件（如电路、液体、空气等的配管、开关阀门、变压器等）	（1）有无内容 / 流动方向 / 开关状态等标识 （2）有无不需要的配管器具 （3）有无裂纹、磨损	
6. 设备框架、外盖、立脚点	点检作业难易度（明暗、阻挡看不见、狭窄）	
7. 其他附属机械（如容器、搬运机械、叉车、升降机、台车等）	（1）液体 / 粉尘泄漏、飞散 （2）原材料投入时的飞散 （3）有无搬运器具点检……	
8. 工夹具及存放的工具柜、工装架等	（1）有无标识、有无乱摆放 （2）保管方法等	（1）整顿规定位置以外放置的物品 （2）整理比正常需求多出的物品 （3）应急时可使用物品的替换 （4）整顿乱写乱画、乱摆乱放
9. 原材料、半成品、成品（含存放架、台）	（1）有无标识、有无乱摆放 （2）保管方法等	
10. 地面（如通道、作业场地及其区画线等）	（1）有无区画线，区画线是否模糊不清 （2）不需要物、指定物品以外的放置是否合理 （3）通行与作业的安全性	

清扫部位	清扫要点	清扫重点
11. 保养用机器、工具（如点检/检查器械、润滑器具/材料、保管棚、备品等）	（1）放置、取用 （2）计量仪器类的脏污、精度等	
12. 墙壁、窗户、门	（1）脏污 （2）破损	

4. 全员开展清扫活动

作业人员要自己动手清扫工作岗位，以清除常年积攒的灰尘污垢，地板、墙壁、天花板甚至灯罩的里边都要打扫得干干净净，如图4-35、图4-36所示。

图4-35　办公空间的清扫

图4-36　办公室柜子清扫

5. 清扫、检查机器设备

设备应是一尘不染的，每天都要保持最佳工作状态。在进行设备清扫时需要注意图4-37所示的几点。

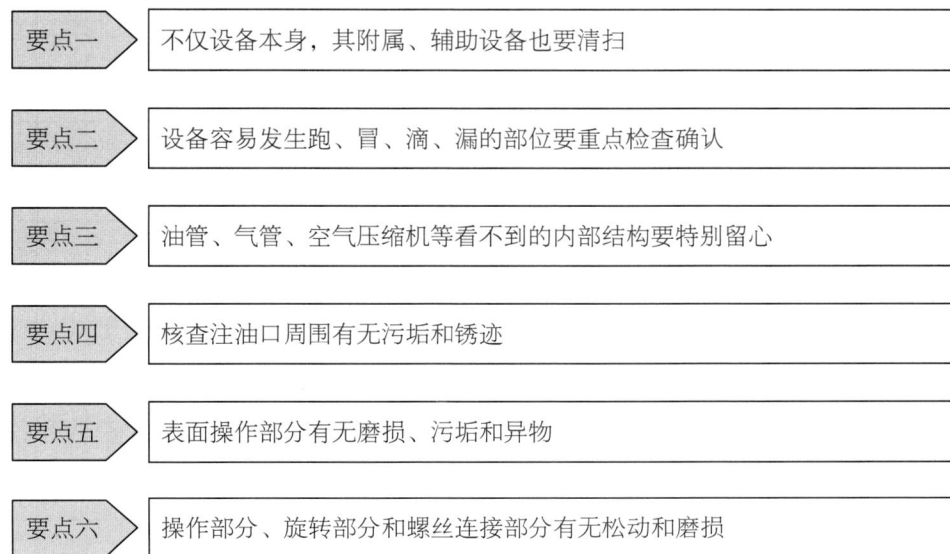

要点一	不仅设备本身，其附属、辅助设备也要清扫
要点二	设备容易发生跑、冒、滴、漏的部位要重点检查确认
要点三	油管、气管、空气压缩机等看不到的内部结构要特别留心
要点四	核查注油口周围有无污垢和锈迹
要点五	表面操作部分有无磨损、污垢和异物
要点六	操作部分、旋转部分和螺丝连接部分有无松动和磨损

图4-37　进行设备清扫时需注意的要点

操作者应把设备的清扫与检查、保养润滑结合起来。常言道，清扫就是点检。通过清扫把污秽、灰尘尤其是原材料加工时剩余的那些东西清除掉。这样磨耗、瑕疵、漏油、松动、裂纹、变形等问题就会彻底地暴露出来，也就可以采取相应的补救措施，使设备处于最佳工作状态。

6. 及时整修

要及时解决在清扫中发现的问题。例如，如果发现地板凹凸不平，就要及时对其进行整修，以免因车辆颠簸造成运输物品的损坏。

7. 检查清扫结果

操作者在清扫结束之后要进行清扫结果的检查，检查项目有以下几个方面：

（1）是否清除了污染源。

（2）是否对地面、窗户等进行了彻底的清扫和破损修补。

（3）是否对机器设备进行了全面的清洗和打扫。

对于清扫部位和要求都明确地以表格形式固定下来（如表4-12所示），值日员工每日按照要求进行检查，把检查结果记录下来，作为员工或部门5S考核的依据。

表 4-12　生产部 5S 区域清扫检查表

（区域位置：　　　　　值日人员：　　　　　　）

项目	清扫部位	清扫周期	要求	年　月			
				1	2	…	31
机器设备	内外部污垢、周边环境	停机时	眼观干净，手摸无积压灰尘				
			正在生产的设备不能有材料废屑				
地面	表面	每天	保持清洁，无污垢、碎屑、积水等				
	通道		无堆放物，保持通畅				
	摆放物品		定位、无杂物，摆放整齐无压线				
	清洁用具		归位摆放整齐，保持用品本身干净				
墙/天花板	墙面	每天	干净，无蜘蛛网，所挂物品无灰尘				
	消防		灭火器指针指在绿色区域，有定期点检				
	开关、照明		部门人员清楚每一个开关所控制的照明和设备				
			标识清楚，干净无积尘，下班时关闭电源				
	门窗		玻璃干净，门及玻璃无破损，框架无积尘				
	公告栏	1次/周	无灰尘，内容及时更新				
	天花板	有脏污时	保持清洁，无蛛网、无剥落				
工作台/办公桌	桌面	每天	摆放整齐、干净，无多余垫压物				
	抽屉		物品分类存放，整齐清洁，公私物品分开放置				
	座椅/文件		及时归位，文件架分类标识清楚				
箱/柜	表面		眼观干净，手摸无尘，无不要物				
	内部		分类摆放整齐、清洁				
茶桌	茶杯/茶瓶	每天	摆放整齐，茶瓶表面干净无污渍				
	表面		保持清洁，无污垢、积水等				
工具设备	表面		不使用时，归位放置，摆放整齐、稳固，无积尘，无杂物，放在设备上的物品要整齐				
组长或区域负责人签字							

注：（1）每天上午 9:00 由值日员工确认，合格在相应栏内打"○"，不合格应立即整改；不能立即整改的，先画"△"，待整改后画"√"。

（2）每天上午 9:00 以后，区域负责人检查确认（生产车间由组长检查确认），并在确认栏签字，检查情况记入 5S 个人考核记录表。

（3）每天 5S 主任和副主任对各区进行不定时的检查，对不符合项目按评分表进行扣分。

8. 调查脏污的来源，从根本上解决问题

即使每天都进行清扫，油渍、灰尘和碎屑还是无法完全杜绝，相关人员须查明污物的发生源，从根本上解决问题。

五、清洁的执行

清洁就是将整理、整顿、清扫进行到底，并且制度化、标准化。

（一）清洁的流程

清洁实施的工作程序如图4-38所示。

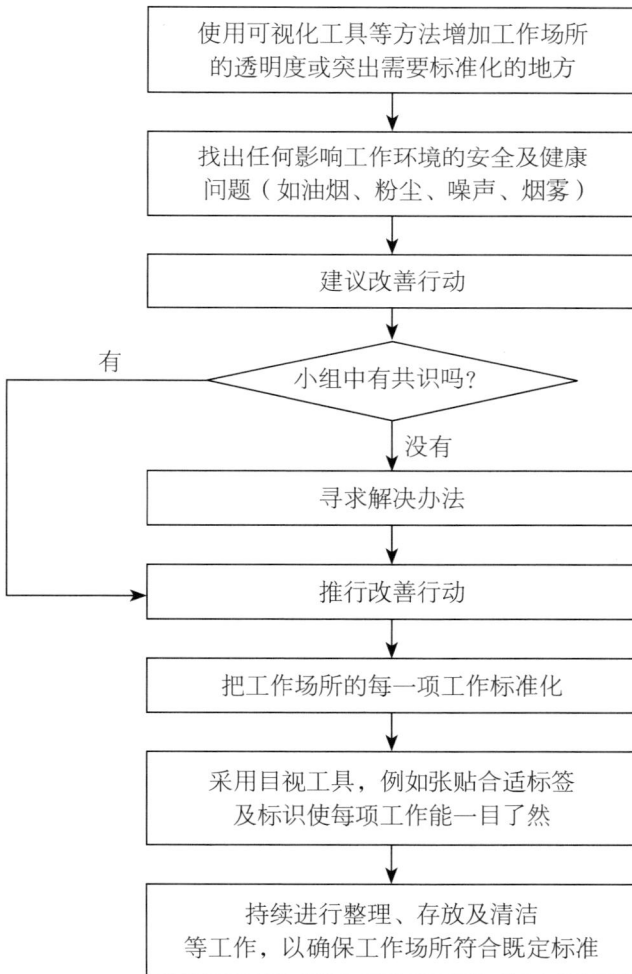

图4-38 清洁的流程

（二）清洁的实施要点

1.3S检查

在开始清洁时，5S小组要对"清洁度"进行检查，并制定填写详细的明细检查表，以明确"清洁的状态"。3S检查（整理、整顿、清扫）的重点如下。

（1）工作环境内是否有不必要的东西？

（2）工具可以立即使用吗？

（3）有没有每天早上做扫除？

（4）工作结束后有没有进行收拾整理？

检查时如果发现不符点，检查者一定要在所发现问题处贴红牌，将不符点拍摄下来，提出改善建议，并填写"3S问题改善单"（见图4-39）进行跟踪，直至改善。

3S问题改善单

责任单位：　　　　　　　　　　编号：

项目区分	□物料　□产品　□电器　□作业台 □机器　□地面　□墙壁　□门窗 □文件　□档案　□看板　□办公设备 □运输设备　□更衣室　□厕所	
红牌原因	问题现象描述	
	理由	
发起人		
改善期限		
改善责任人		
处理方案		
处理结果		
效果确认	□可（关闭）　　　□不可（重对策） 确认人：	

标签纸一定要是红色的，以起到警示作用

图4-39　3S问题改善单

2. 设定"责任人"，加强管理

必须以较厚卡片和较粗字体标识"责任人"，且张贴或悬挂在责任区最显眼的地方，如图4-40所示。

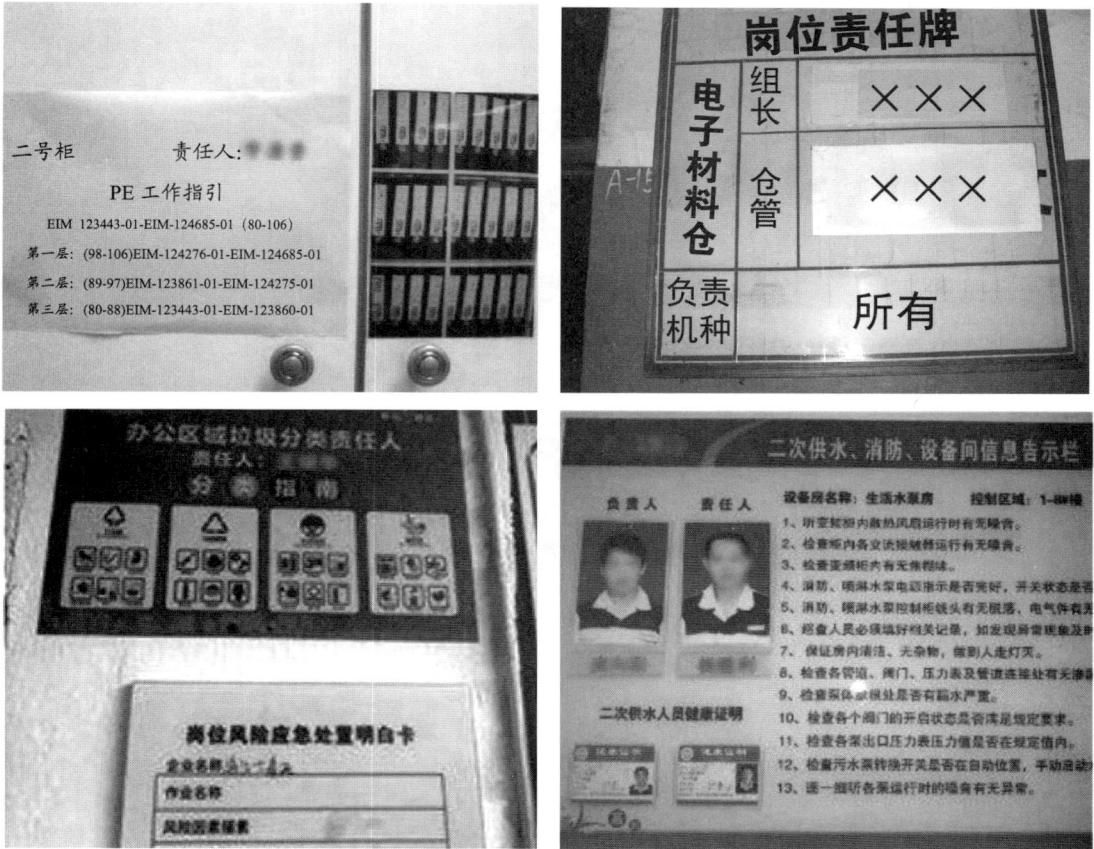

图4-40　责任人标识

3. 坚持实施5分钟3S活动

无论是生产现场还是行政办公室，在每天工作结束后，员工都应花5分钟对自己的工作范围进行整理、整顿、清扫活动。

4. 5S目视化

在5S活动中，通常整理、整顿、清扫做得最差的地方，往往是看不到的场所，如藏在铁架或设备护盖背后的东西。遇到此类问题时，企业可以利用目视管理，如取下护盖让其透明化，或在外部护盖上加装视窗，以看到里面的控制盘，如图4-41至图4-43所示。

图4-41　拆掉门并加装透明玻璃

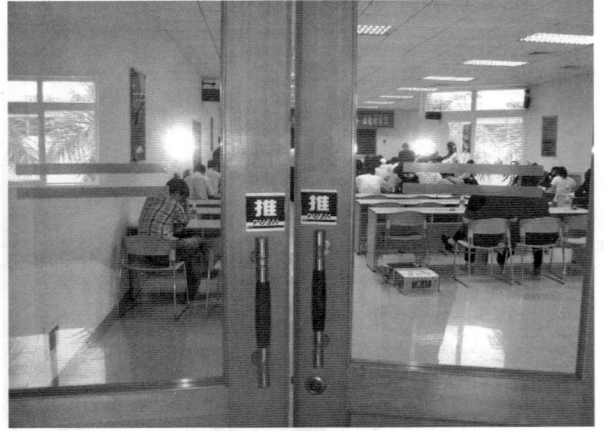

图4-42　透明化办公

图4-43　装上防护玻璃

5.适时深入培训

在3S活动开展初期，作业人员接受的是大众化的培训内容，他们在将活动与自己的具体工作结合时，往往不知道从何做起。这就要求培训人员（管理人员）深入到每一工序，与作业人员交换意见，制定具体的3S活动项目，如图4-44所示。

图 4-44　具体指导

6.3S 活动标准化

整理、整顿、清扫活动推进到一定程度，就进入了实施标准化的阶段，否则，员工就会按自己的理解去做，活动实施的深度就会很有限。在生产管理现场，"标准"可以理解为"做事情的最佳方法"，如图 4-45 所示。

图 4-45　标准化

六、素养的执行

素养不但是5S的"最终结果"，更是企业经营者和各级主管所追求的"最终目标"。如果企业里每一位员工都有良好的习惯（如图4-46），并且都能遵守规章制度，那么工作命令的贯彻、现场纪律的执行、各项管理工作的推进，都将很容易地落实下去，并取得成效。

图4-46　良好的习惯宣传

（一）素养活动的推行过程

素养活动的推行过程如图4-47所示。

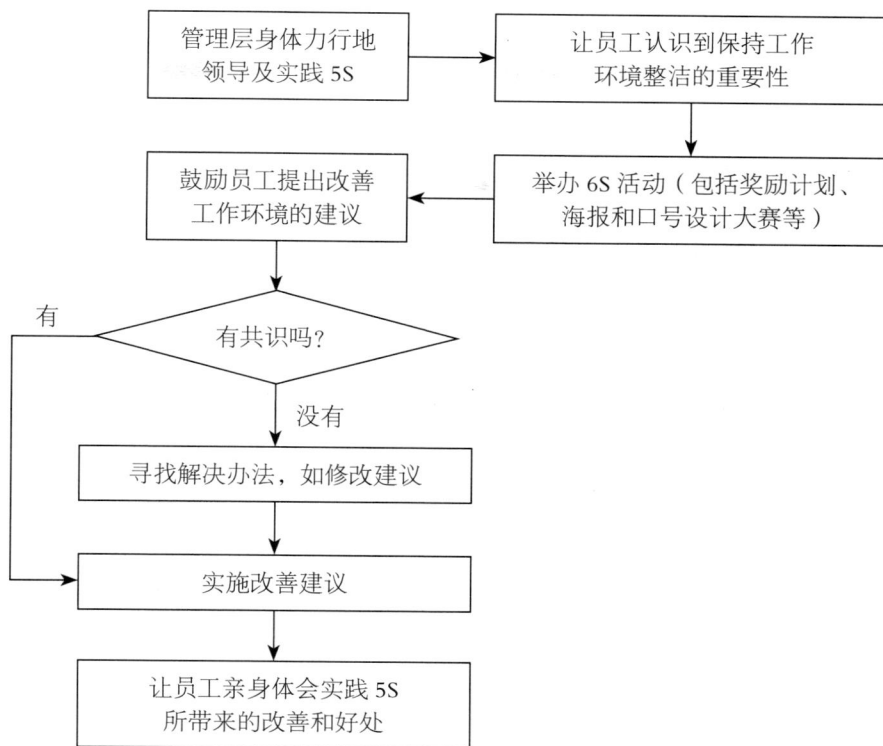

图4-47　素养活动推行过程

（二）素养活动的实施要点

1. 继续推动前4S活动

前4S是基本活动，也是手段，它能使员工在无形中养成一种保持整洁的习惯。

2. 建立共同遵守的规章制度

共同遵守的规章制度包括以下几点。

（1）厂规厂纪。

（2）各项现场作业标准。

（3）生产过程工序控制要点和重点。

（4）安全卫生守则。

（5）服装仪容规定。

3. 将各种规章制度目视化

目视化可以让规章制度一目了然。规章制度目视化的做法如图4-48至图4-50所示。

（1）制定管理手册。

（2）制成图表。

（3）做成标语、看板。

（4）制成卡片。

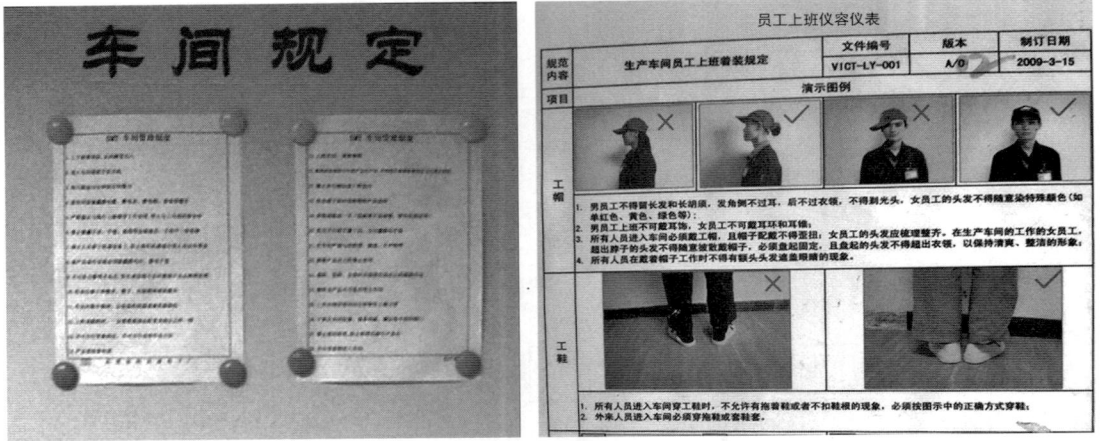

图 4-48　规章制度贴上墙

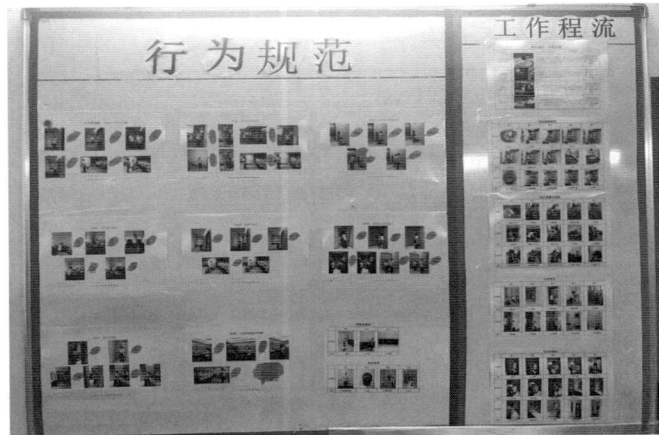

图 4-49　行为规范、工作流程上墙

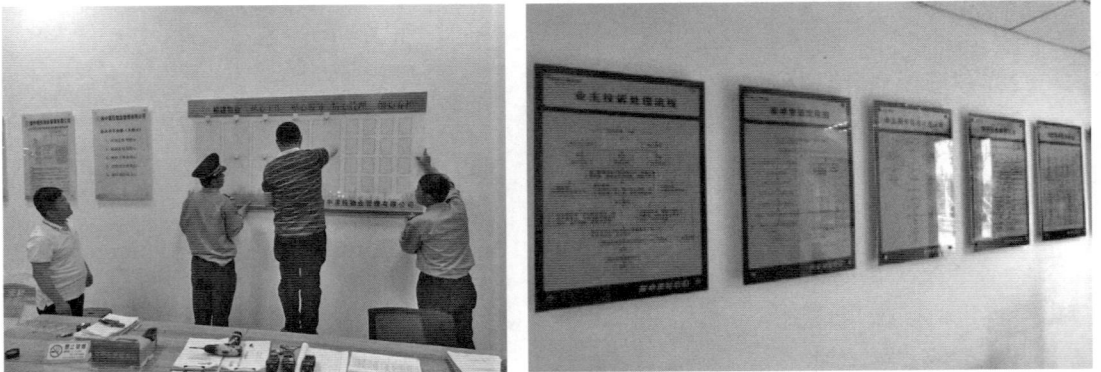

图 4-50　制度上墙

4. 实施各种教育培训

企业通过以下各种教育培训做思想动员，使员工建立共同的认识。

（1）对新进员工讲解各种规章制度。

（2）对老员工进行新规章的讲解。

（3）各部门利用早会、晚会时间进行5S教育（如图4-51所示）。

5. 要及时纠正下属的违规行为

一旦发现下属有违规行为，主管要当场予以指正。否则，下属有可能会一错再错，或把错误当作"可以做"而继续做下去。

6. 违规者必须立即改正

违规者需立即改正或者限时改正错误行为。违规者改正错误行为之后，主管必须另行检查，直到其完全合格为止。

7. 推动各种精神向上的活动

（1）早会、晚会。

（2）推动方针政策和目标管理。

（3）教育礼貌活动。

（4）实施适合企业员工自主改善的活动。

图4-51　某企业早会现场

第二节 目视管理

一、目视管理的含义

目视管理是利用形象直观、色彩适宜的各种视觉感知信息来组织现场生产活动，从而提高劳动生产率的一种管理方式。

目视管理是看得见的管理，它能够让员工观察工作的进展状况是否正常，并迅速地做出判断和决策。在图4-52中，上限与下限之间的区域是正常状态，员工很容易就能识别出不正常的状况。在现场巡视时，现场管理人员可以通过目视化工具了解同类型设备的运行速度或不同时段同一台设备的运行速度是否有异常情况，掌握人机稼动、物品流动等是否合理。

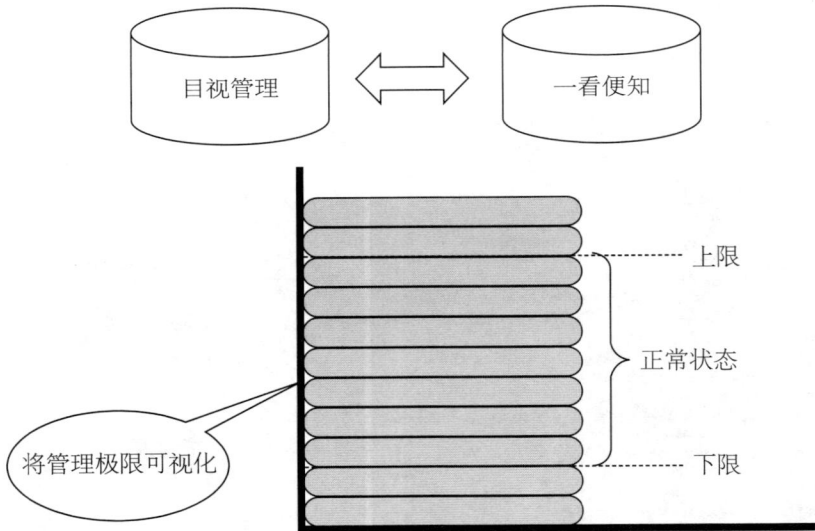

图4-52　目视管理示意图

二、目视管理的作用

目视管理的作用主要体现在图4-53所示几个方面。

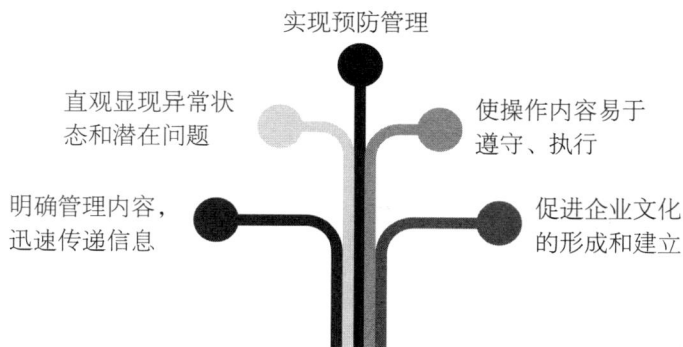

图 4-53　目视管理的作用

（一）明确管理内容，迅速传递信息

在生产现场，所要管理、传达的事项无非是产量（P）、品质（Q）、成本（C）、交货期（D）、安全（S）、士气（M）六大活动项目，利用图表显示其目标值、实绩、差异，以及单位产出（每单位人工小时产出）、单位耗用量（每批产品或每个产品所消耗的材料费、劳务费）等。

目视管理依据人们的生理特性，充分利用信号灯、标识牌、符号、颜色等方式发出视觉信号，鲜明准确地刺激人的神经末梢，快速传递信息。

（二）直观显现异常状态和潜在问题

不管谁看到目视管理的工具，都能清楚地看到不对的地方，促使员工尽早采取改善对策，设法使损失降至最低。

目视管理能将潜在问题和浪费现象直观地显现出来。不管是新进员工还是其他部门的员工，一看就懂，即刻明白问题所在（见图 4-54）。

现场管理人员在现场巡视时，可以通过目视化工具了解同类型机器的速度或不同时段同一台机的速度有否异常状况，确实掌握人机稼动、物品的流动情况。依排程计划生产时，可利用标识、看板、表单、区域线等

图 4-54　工具放哪一目了然

目视化工具，监控有关物料、配件、半成品、成品等现场的动态，是否处于搬运、移动、停滞、保管状况，掌握物品的加工数量、位置，达到"必要的物品只在必要时间、必要场所供应"的要求。

（三）实现预防管理

预防管理代表着未来管理的方向。为了确保预防管理在生产现场得以全面实现，我们必须深入实施目视管理，使得任何异常都能一眼被察觉，并快速制定应对措施。即便是平时较少接触生产现场的总经理、经理等高层，一旦亲临现场，也能通过清晰醒目的标志，迅速了解生产概况。

作业员只需简单一瞥管理工具，便能即时掌握物流状态。因此，每位作业员都能明确自身的工作量及下一步任务，实现自我调控，并适时调整工作量，从而有效推进预防管理。目视管理的实施，使得作业员一旦未按区域线规定放置物品，班长或组长便能立即发现并给予指正。

（四）使操作内容易于遵守、执行

为确保物流顺畅及人员、物品安全，我们在地面设置了三种区域线：物品放置区的"白线"、安全通道的"黄线"，以及消防器材或配电盘前的禁放区"红线"。这些标准适用于所有人，无论是管理者还是监督者，都能根据物品的实际位置，判断其是否符合规范。一旦发现异常，便能迅速发现并纠正。若作业员严格遵守区域线规定，一旦发生事故，便能迅速获取消防器材或切断电源，确保抢救时机不被延误。这样既能保证物品有序摆放，又能确保人员与物品的安全。

此外，目视管理还使5W2H（原因、内容、负责人、地点、时间、数量、方法）等关键信息一目了然，促进了团队间的协调配合与公平竞争，同时也有助于统一认识，提升团队士气。

（五）促进企业文化的形成和建立

目视管理通过展示员工的合理化建议、表彰优秀事迹与先进人物（见图4-55、图4-56），以及设立公开讨论栏、明确企业宗旨与远景规划等健康向上的内容，增强了全员的凝聚力与向心力，为构建优秀的企业文化奠定了坚实基础。

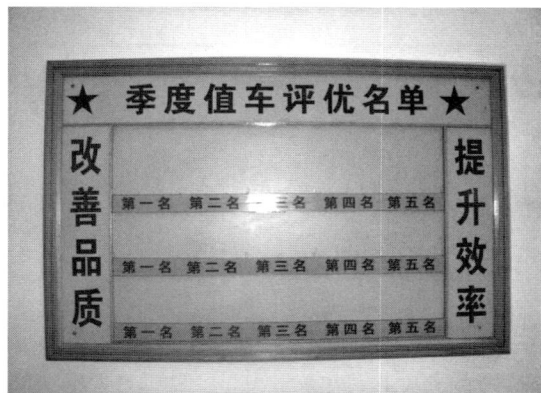

图 4-55　评优名单展示

图 4-56　操作比武获奖人员公告

三、目视管理的对象

（一）生产现场的目视管理

生产现场实施目视管理，旨在通过视觉化手段监控进度、物料及半成品库存、品质问题、设备故障与停机缘由等。这一管理策略确保任何人都能直观辨识状态优劣，即便新入职员工也能迅速缩小作业品质差距，实现高效预防管理，如表4-13、图4-57所示。

表 4-13　生产现场目视管理的对象

序号	对象	目视管理方法
1	作业管理	（1）目视作业标准：利用照片、图片做成的作业标准书、作业指导书 （2）色别管理：工具、零件放置场所的颜色管理 （3）异常警示灯（电光标识灯） （4）标识、看板：依管制图展开的工程管理计划 （5）区域线：不良品、半成品放置场所的标识 （6）人员配置图 （7）安全标识：危险区域的标识 （8）限度样本
2	排程、交货期管理	（1）生产进度管理板 （2）产量管理板 （3）生产计划表 （4）派工板或排班板

续表

序号	对象	目视管理方法
3	质量管理	（1）检测仪器的层别管理 （2）不良品层别管理 （3）仪器校正色别管理：检测器具精度在规定值内、外的颜色区别 （4）图示的检查作业指导书
4	模具、治具管理	（1）加油色别管理：加油口的颜色标识 （2）操作动作的顺序指引 （3）保养部位色别管理：定期保养部位的标识 （4）危险动作部位用颜色加以区分（紧急停止开关为红色） （5）换模部位与固定部位的颜色区分 （6）仪表安全范围色别管理：在管制内、外的颜色区分 （7）螺丝、螺栓的配合记号 （8）管路色别管理：相似的油及溶剂的颜色区分

图 4-57　设备上的目视管理

（二）间接部门的目视管理

在生产流程中，与制造部门紧密协作的间接部门（即非制造部门），包括采购、仓储、生产管理、技术、设计、行政及人力资源等部门，同样需要引入目视管理。

对于信息处理现场的目视管理而言，其核心在于信息的共享、业务流程的标准化、简化以及原则化。通过这些措施，确保为生产现场提供迅速且精准的信息支持，从而高效地解决各类问题。目视管理如表 4-14、图 4-58 至图 4-61 所示。

表4-14　间接部门的目视管理的对象

序号	对象	目视管理方法
1	文件管理	（1）文件的分类、颜色标识（见图4-58） （2）文件的保管场所标识 （3）文件的定位标识
2	行动管理	（1）人员的动态管理、人员去向看板（见图4-59） （2）个人的月行动计划 （3）出勤状况管理：出勤状况表
3	业务管理	（1）业务标准的手册化 （2）教育训练的推进状况看板
4	OA 设备管理	（1）OA机器及信息的保管场所标识 （2）OA机器、空调、开关等的管理状况看板（见图4-60、图4-61）

图4-58　文件的目视管理

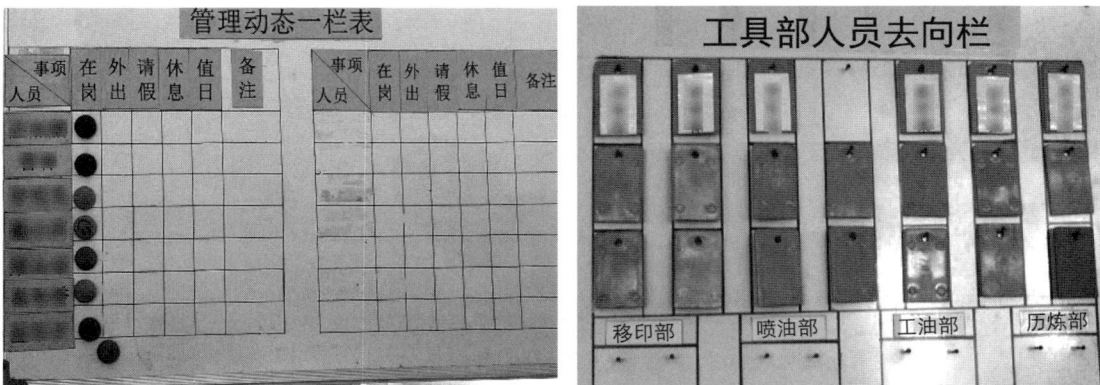

图4-59　人员的管理

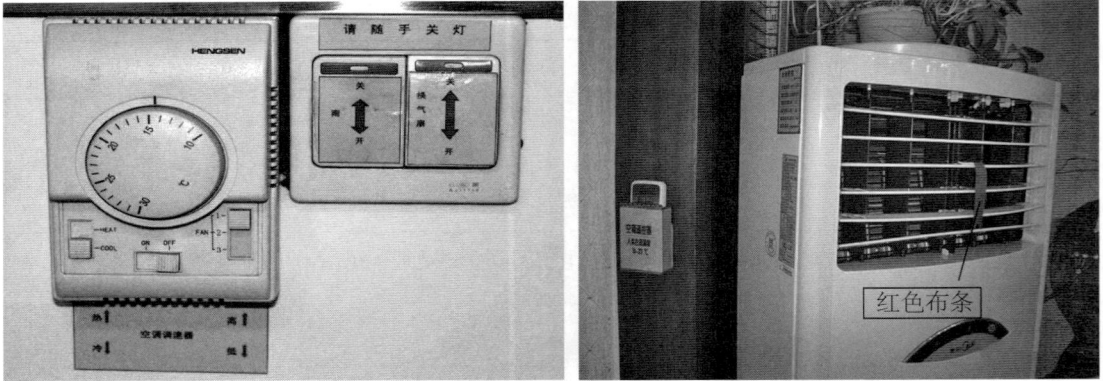

图 4-60　空调的目视管理

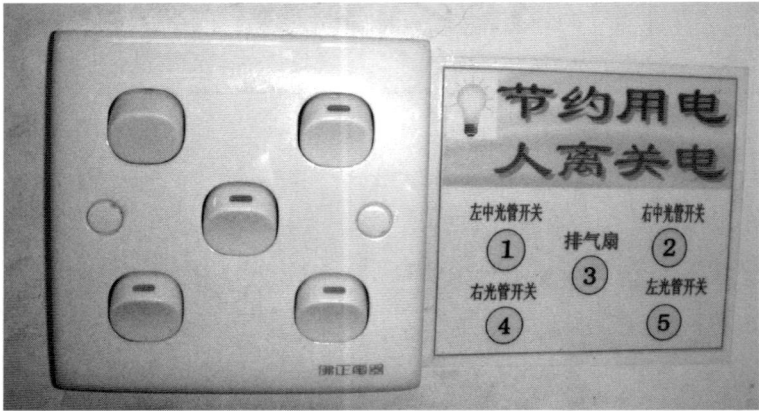

图 4-61　开关的目视管理

四、目视管理的手段

对于设备故障、停机原因等情况，企业可以使用目视管理的手段和工具对其进行预防管理，帮助员工了解设备运行的状态，即便是新进员工也能很快缩小作业的品质差异。具体来说，目视管理主要有以下几种手段。

（一）定置管理

定置管理以生产现场的设备为主要对象，研究和分析人、物、场所的情况以及它们之间的关系，并通过整理、整顿、改善生产现场条件，促进人、机器、原材料、制度和环境有机结合的一种方法。定置管理主要如图 4-62 至图 4-64 所示。

	A 类区	放置 A 类物品。例如，在用的工、卡、量具、辅具，正在加工、交检的产品，正在装配的零部件等

区域定置

	B 类区	放置 B 类物品。例如，计划内投料毛坯、待周转的半成品、待入库件、待料、临时停滞料（因工艺变更）等

	C 类区	放置 C 类物品。例如，废品、垃圾、料头和废料等

设备、工装定置

- 根据设备管理要求，划分设备类型（精密、大型、稀有、关键、重点等设备）并进行分类管理
- 按照工艺流程，合理定置设备
- 合理定置设备附件、备件、易损件、工装，并加强管理

作业人员定置

- 人员实行机台（工序）定位
- 某台设备、某道工序缺少作业人员时，调整操作人员的原则是保证生产不间断
- 培养多面手，鼓励员工一专多能

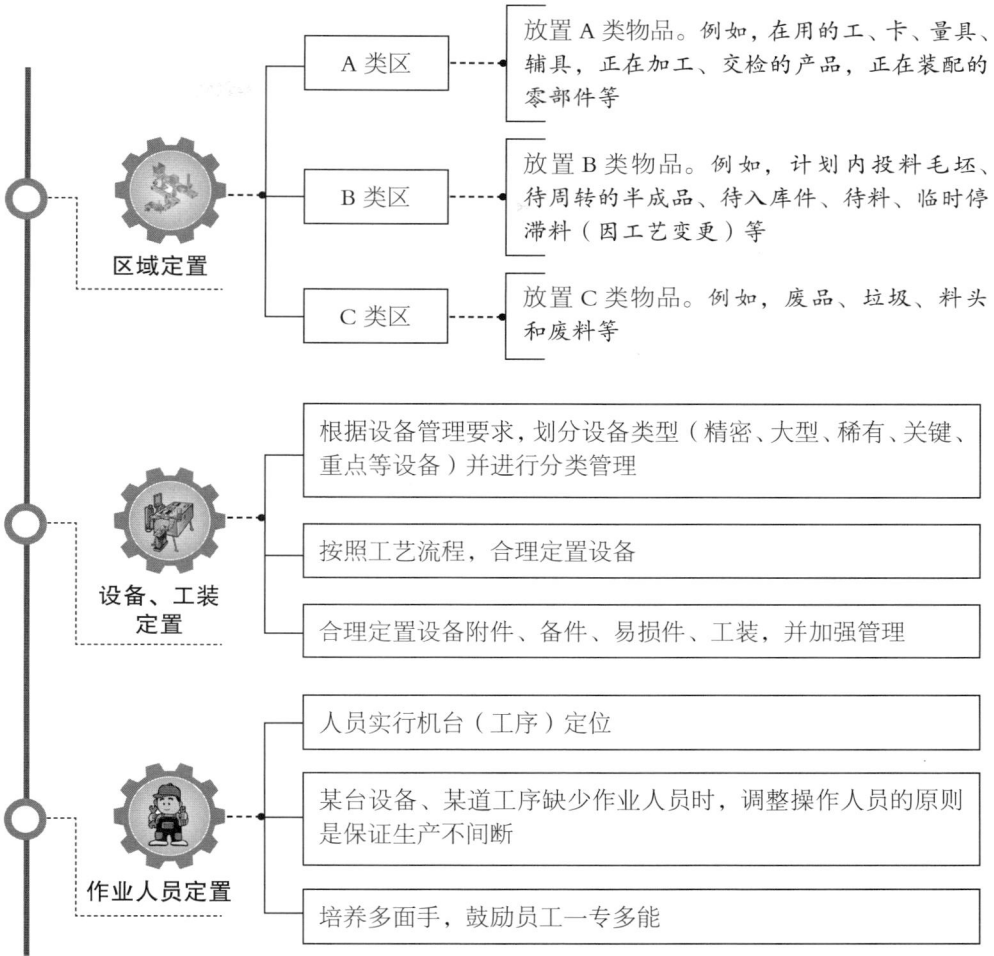

图 4-62　定置管理的内容

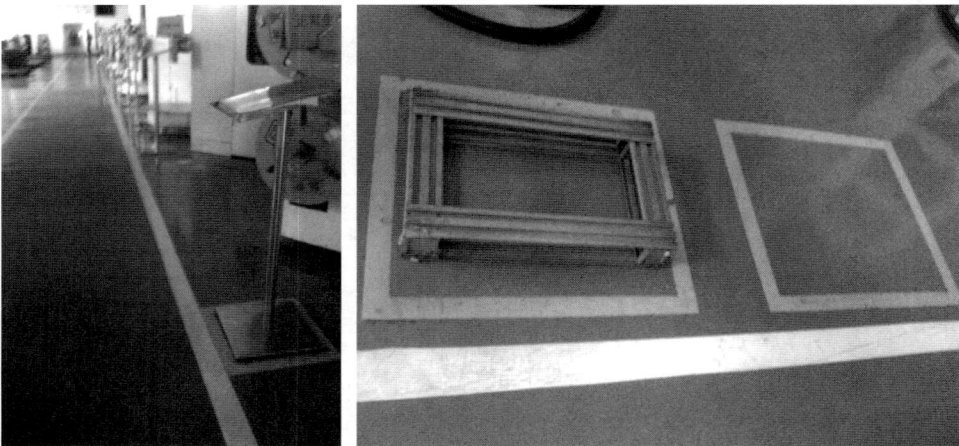

图 4-63　给每个物品规定位置并画上线

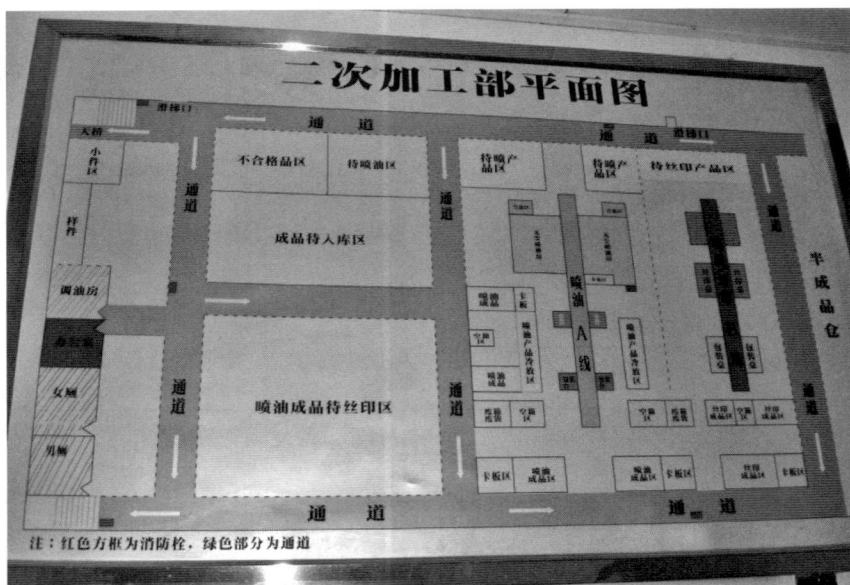

图4-64 划分出不同区域的定置图

企业在现场设置一定数量的标识，不但可以指引员工找到各种所需物品，还可以在生产中指导员工正确使用物品。因此，在企业现场定置管理中，完善而准确的标识是很重要的，它影响到人、物、场所的有效结合程度。定置管理标识大致有图4-65所示的几种类型。

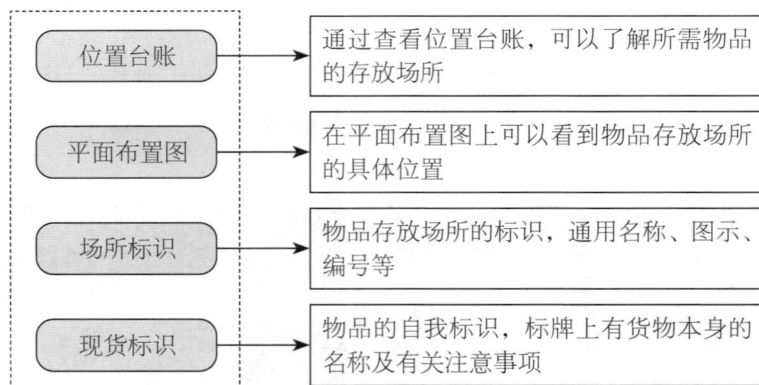

位置台账	通过查看位置台账，可以了解所需物品的存放场所
平面布置图	在平面布置图上可以看到物品存放场所的具体位置
场所标识	物品存放场所的标识，通用名称、图示、编号等
现货标识	物品的自我标识，标牌上有货物本身的名称及有关注意事项

图4-65 定置管理标识的种类

（二）看板管理

看板是现场目视管理的工具，其特点是醒目、使用方便。因为生产现场的员工和管理者无法用大量时间来浏览看板的内容，所以看板上的内容应尽量以图表、标识为主，即使从远处看也能一目了然，如图4-66至图4-68所示。

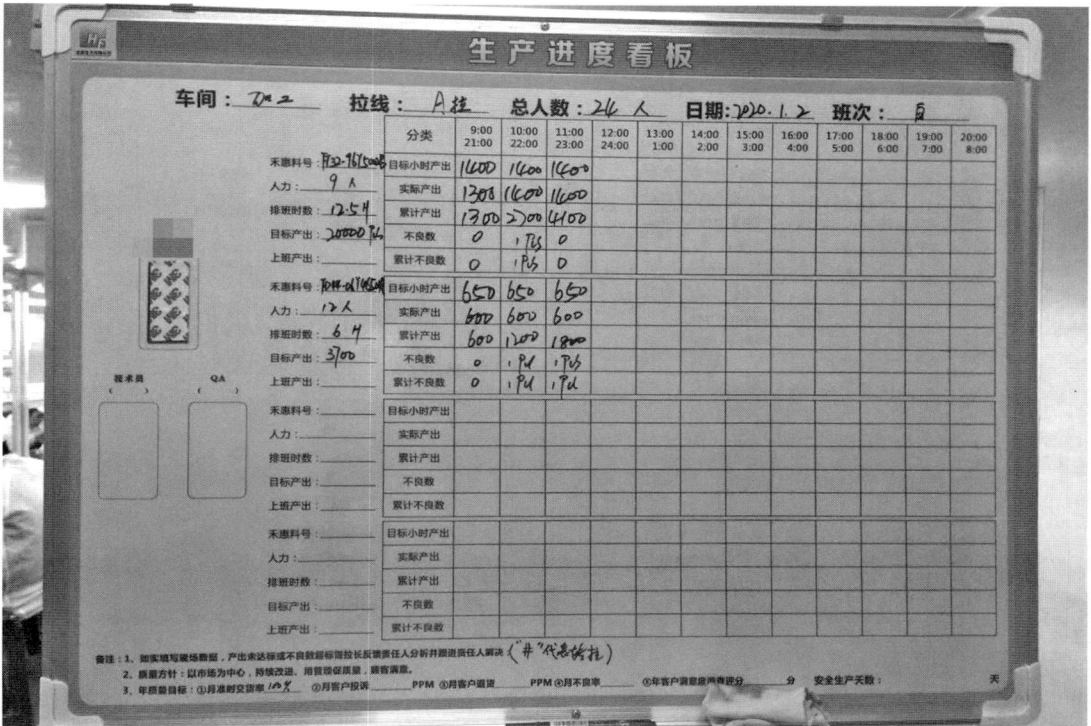

图 4-66　生产进度看板

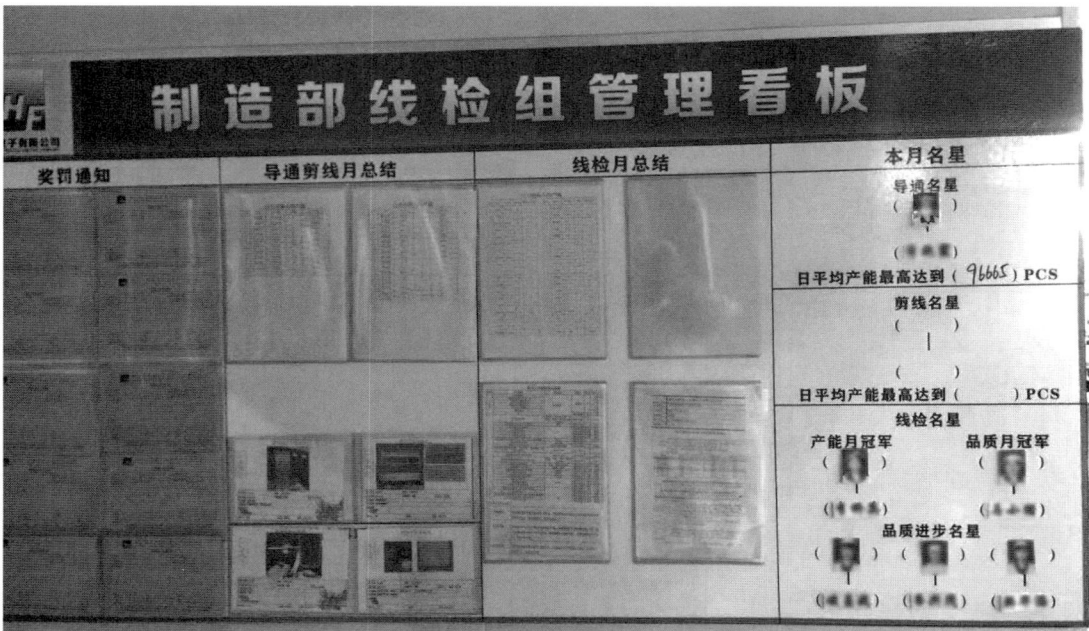

图 4-67　制造部线检组管理看板

图 4-68　生产现场看板

　　看板设置得好坏，直接影响到看板管理的实施效果。一般来说，制作看板要注意以下要点，如图 4-69 所示。

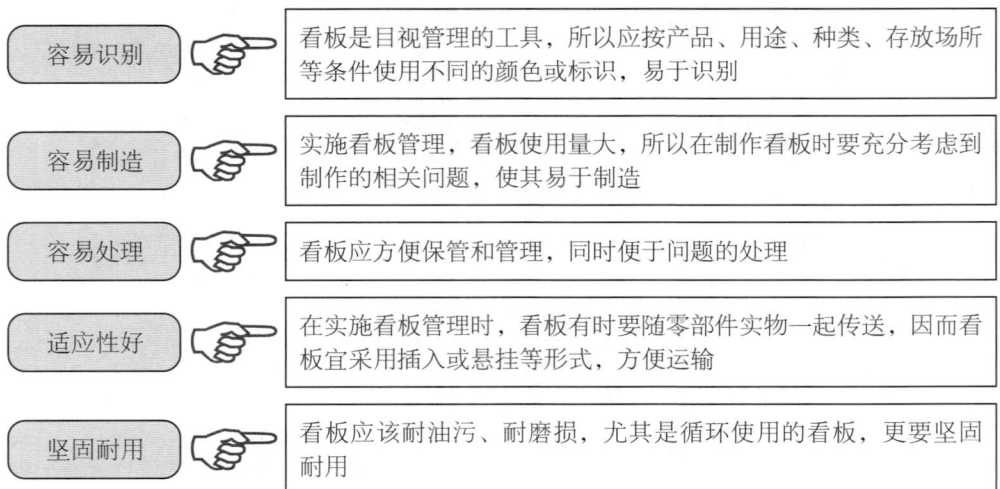

容易识别	看板是目视管理的工具，所以应按产品、用途、种类、存放场所等条件使用不同的颜色或标识，易于识别
容易制造	实施看板管理，看板使用量大，所以在制作看板时要充分考虑到制作的相关问题，使其易于制造
容易处理	看板应方便保管和管理，同时便于问题的处理
适应性好	在实施看板管理时，看板有时要随零部件实物一起传送，因而看板宜采用插入或悬挂等形式，方便运输
坚固耐用	看板应该耐油污、耐磨损，尤其是循环使用的看板，更要坚固耐用

图 4-69　制作看板的要点

某工厂看板设计示例如下，读者可参考使用。

【范本】▸▸▸

某工厂看板设计示例

1.车间管理看板示例

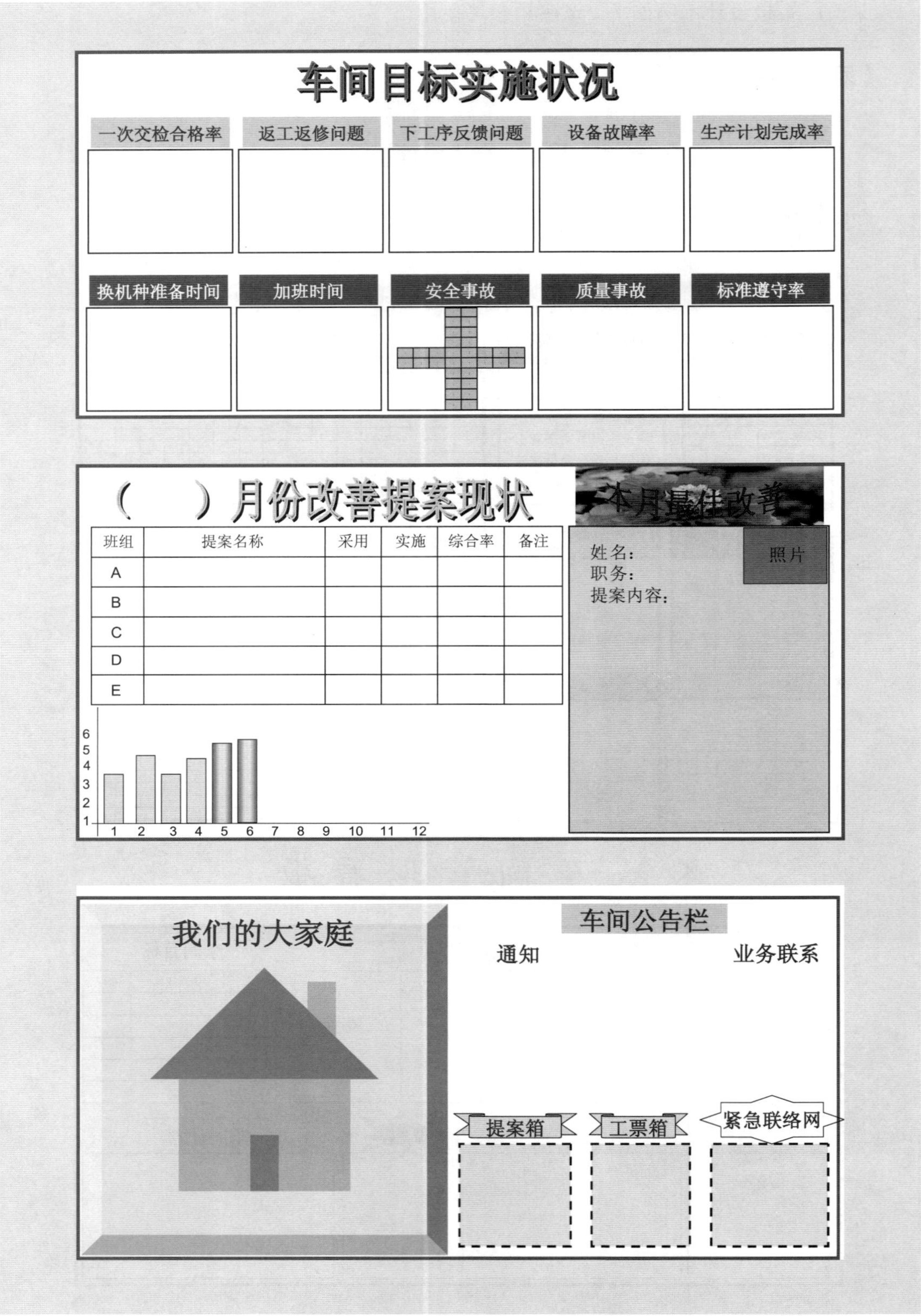

车间目标实施状况

一次交检合格率	返工返修问题	下工序反馈问题	设备故障率	生产计划完成率

换机种准备时间	加班时间	安全事故	质量事故	标准遵守率

（　　）月份改善提案现状

班组	提案名称	采用	实施	综合率	备注
A					
B					
C					
D					
E					

6 5 4 3 2 1 　1 2 3 4 5 6 7 8 9 10 11 12

本月最佳改善

姓名：
职务：
提案内容：

照片

我们的大家庭

车间公告栏

通知　　　　业务联系

提案箱　　工票箱　　紧急联络网

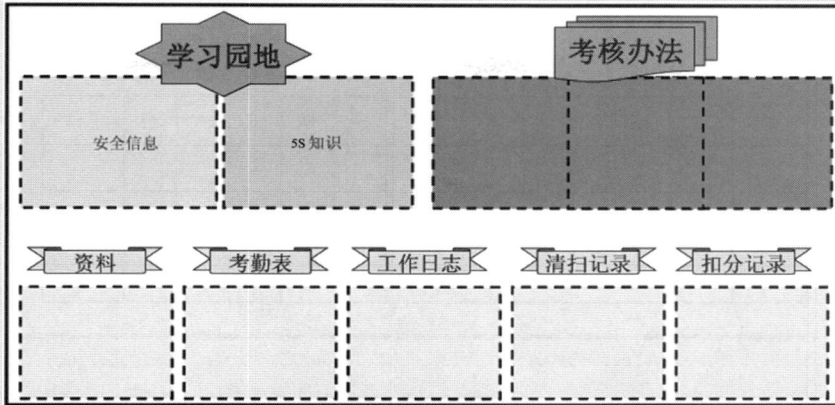

2.部门管理看板示例

部 门 管 理 看 板

部门方针	部门目标	工作计划		公告栏
		年度	月度	

组织结构　**岗位职责**　　　　**进度管理**

组织结构: 3级管理图
岗位职责

序号	项目名称	负责人	完成期限	进度	备注

联系方式　**人员去向**

姓名	地点	时间

会议室管理看板

日期：_____

序号	会议名称	一	二	三	四	五	六	日	备注

培训室管理看板

日期：＿＿＿＿＿＿

序号	培训名称	一	二	三	四	五	六	日	备注

（三）红牌作战

红牌是指用红色的纸制作成的问题揭示单。在生产中，红色有警告、危险、不合格或不良之意。问题揭示单记录的内容包括责任部门、对存在问题的描述和相应的对策、要求完成整改的时间、完成的时间以及审核人等。红牌作战的实施流程如图4-70所示。

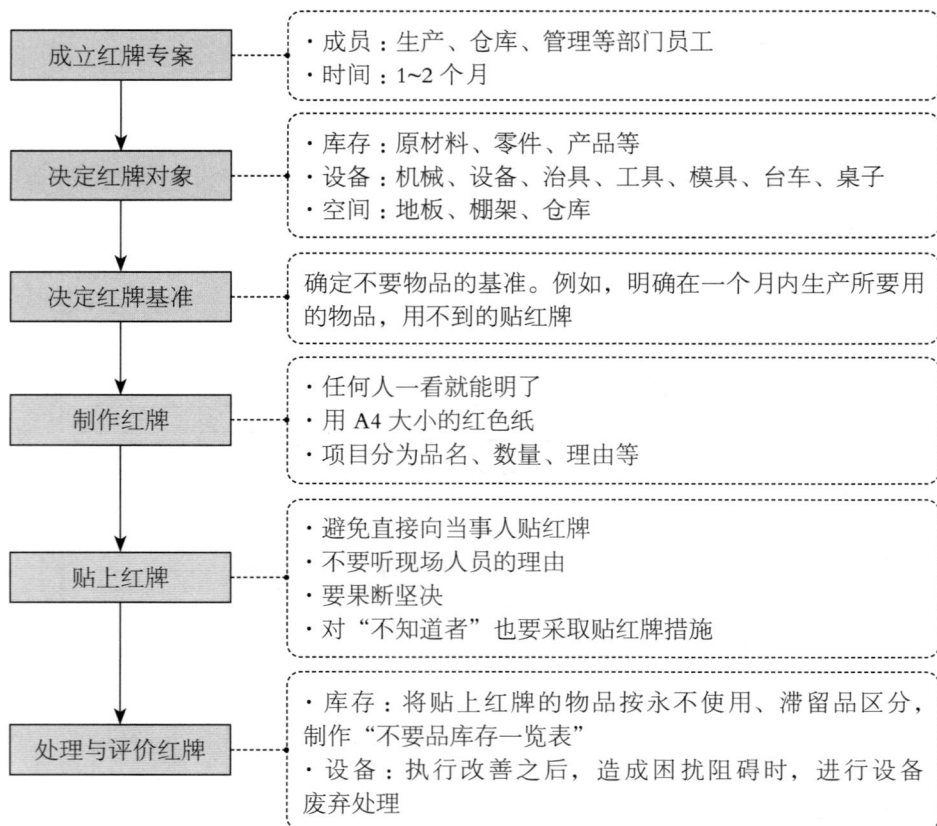

成立红牌专案	·成员：生产、仓库、管理等部门员工 ·时间：1~2 个月
决定红牌对象	·库存：原材料、零件、产品等 ·设备：机械、设备、治具、工具、模具、台车、桌子 ·空间：地板、棚架、仓库
决定红牌基准	确定不要物品的基准。例如，明确在一个月内生产所要用的物品，用不到的贴红牌
制作红牌	·任何人一看就能明了 ·用 A4 大小的红色纸 ·项目分为品名、数量、理由等
贴上红牌	·避免直接向当事人贴红牌 ·不要听现场人员的理由 ·要果断坚决 ·对"不知道者"也要采取贴红牌措施
处理与评价红牌	·库存：将贴上红牌的物品按永不使用、滞留品区分，制作"不要品库存一览表" ·设备：执行改善之后，造成困扰阻碍时，进行设备废弃处理

图4-70　红牌作战实施流程

（四）颜色管理

颜色管理法是运用人们对颜色的心理反应以及人们的分辨能力和联想能力，将企业内的管理活动和实物披上一层"有色的外衣"，使管理方法可以利用红、黄、蓝、绿几种颜色区分。例如，当设备出现问题时，让员工自然、直觉性地联想到标识灯，达到让每一个人对问题都有相同的认识和了解的目的，如图4-71至图4-73所示。

图4-71　透明玻璃门上的有颜色的线条

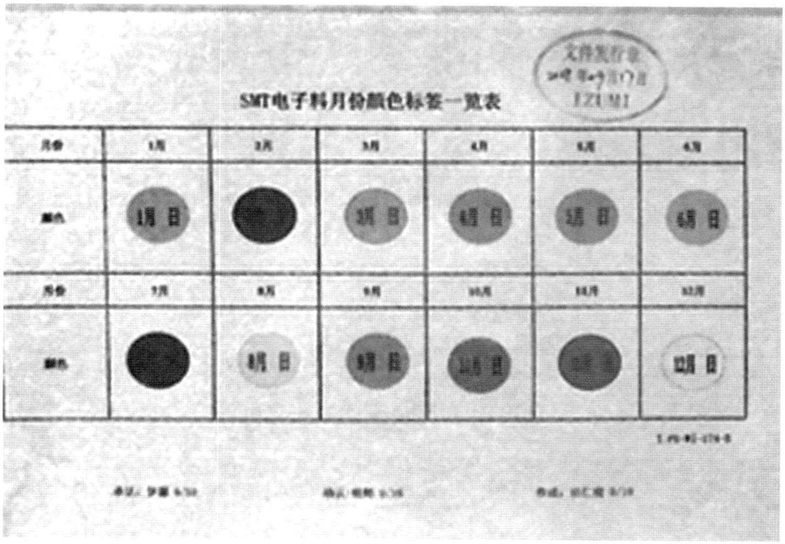

图4-72　在不同月份的材料上张贴不同颜色的标签

图 4-73　不同用途的管路漆上不同的颜色

一般而言，只要掌握色彩的惯用性、颜色鲜明性及对应的明确意义，在不重复使用的情况下即能发挥颜色管理的效果。颜色管理法的应用有如图 4-74 所示的几种。

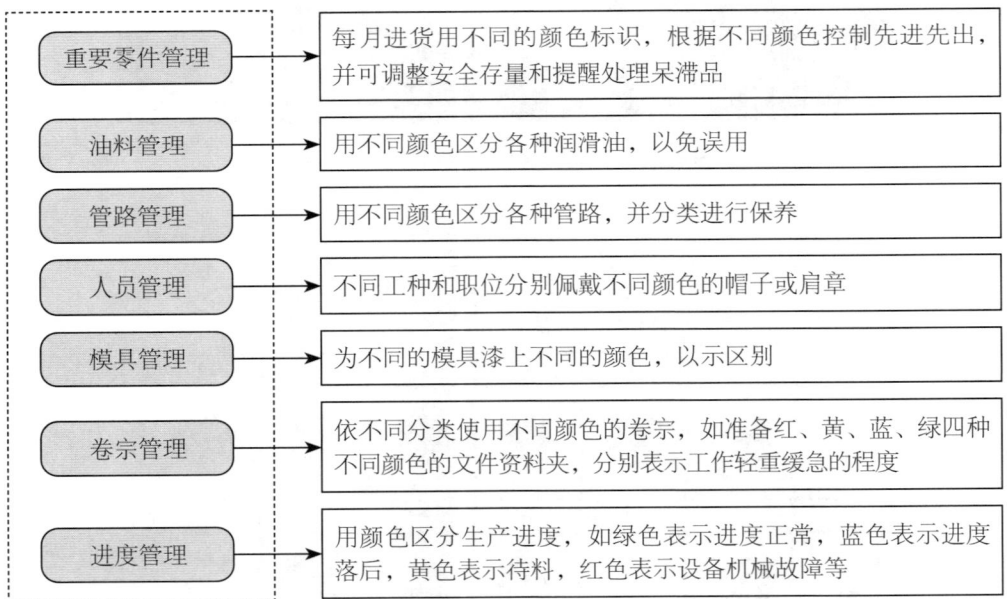

重要零件管理	每月进货用不同的颜色标识，根据不同颜色控制先进先出，并可调整安全存量和提醒处理呆滞品
油料管理	用不同颜色区分各种润滑油，以免误用
管路管理	用不同颜色区分各种管路，并分类进行保养
人员管理	不同工种和职位分别佩戴不同颜色的帽子或肩章
模具管理	为不同的模具漆上不同的颜色，以示区别
卷宗管理	依不同分类使用不同颜色的卷宗，如准备红、黄、蓝、绿四种不同颜色的文件资料夹，分别表示工作轻重缓急的程度
进度管理	用颜色区分生产进度，如绿色表示进度正常，蓝色表示进度落后，黄色表示待料，红色表示设备机械故障等

图 4-74　颜色管理法的应用

（五）识别管理

识别管理的范围主要有：人员、物料、设备、作业方法、不合格品等。

1. 人员识别

规模越大的公司，越需要进行人员识别，便于工作展开。现场中有工种、职务资格及熟练员工识别等几种类型，一般通过衣帽颜色、肩章及醒目的标识牌来区分。人员识别项目有内部员工与外来人员的识别、熟练工与非熟练工的识别、职务与资格的识别、不同职位（工种）的识别等，具体内容如图4-75所示。

例如，穿白色衣服的为办公室人员；穿蓝色衣服的为生产人员；穿红色衣服的为维修人员

工种识别

职务·识别

例如，无肩章为普通员工；一杠为组长；二杠为班长；三杠为主管；四杠为部门经理

图4-75　人员识别具体应用

2. 物料识别

物料识别是现场管理中易出错的一环，常导致良品与不良品混淆、材料误用及数量不符等问题，根源在于识别不足。因此，企业必须强化识别管理。物料识别的主要方法包括：

（1）采用文字或颜色标贴纸，贴于外包装或实物上（见图4-76）。例如，不良品贴上"禁用"标签，并用带箭头标签指明缺陷位置。

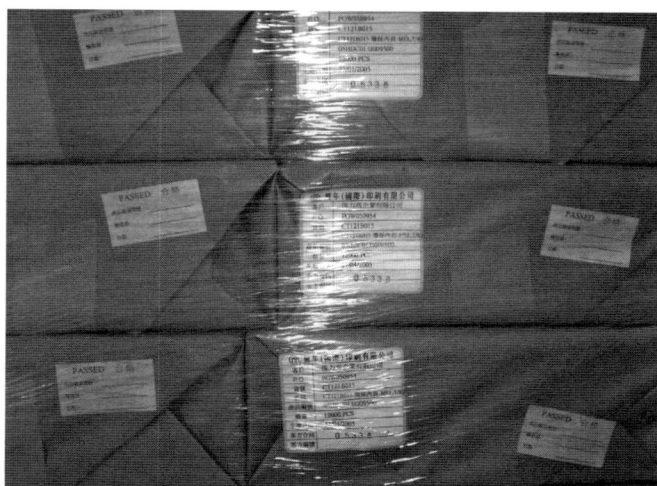

图4-76　包装箱上贴上绿色的"合格"标签

（2）利用托载工具进行识别，如规定红色箱子、托盒等专用于不良品，绿色、黑色则用于装载良品。

（3）在材料"合格证"上标记或备注信息，包括变更及追加内容，确保信息更新及时。

（4）为实物附加"移动管理卡"以强化识别，特别是在易混淆的物料如试做品上，需在外包装箱上明确贴上管理卡。

（5）实施分区摆放策略，这是物料管理中最直观的识别手段（见图4-77）。即使不同材料共处同一货架，也应通过明确标识加以区分，通常依据物品体积、重量及取用便捷度安排位置，如大件重物置于下层，小件轻物置于上层，每层均配备清晰标牌指示。

图4-77　区域标识清楚

3. 设备识别

设备的识别方法一般可采取以下几种方式，如图4-78所示。

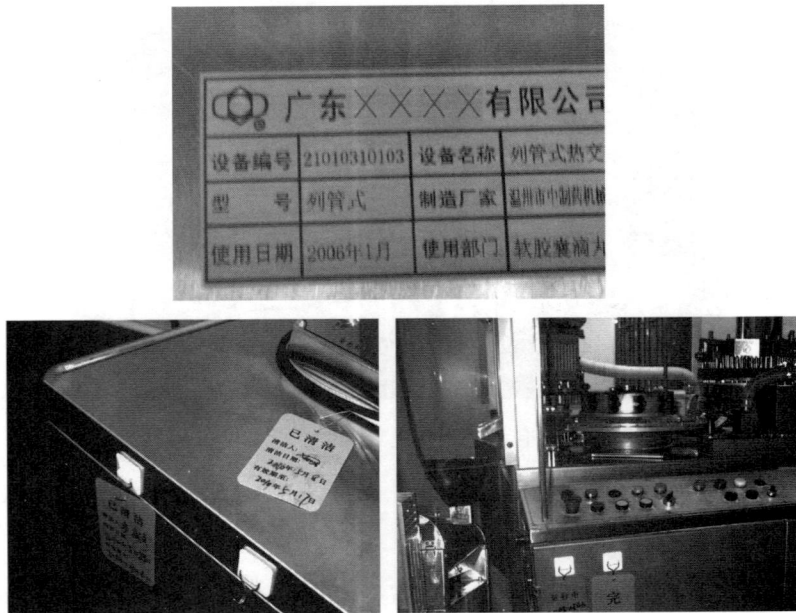

图4-78　设备的识别

（1）标出大型设备的具体位置。

（2）在显眼处悬挂或粘贴标牌、标贴。

（3）规划专用场地，并设警告提示。

（4）设置颜色鲜艳的隔离装置。

（5）在正常作业情况下亮绿灯，异常情况下亮红灯。

4. 作业方法识别

作业识别的方法主要有以下几种。

（1）利用文字、图片、实物样品等直观工具进行识别，确保作业内容的明确无误。

（2）采用颜色识别法，管理人员在指导作业时，应展示样品并亲自示范。为防止重复错误，可将作业关键步骤提炼出来，用彩色笔醒目标注，并悬挂于作业人员视线范围内。

5. 不合格品识别

为确保不合格品在生产过程中不被误用，企业所有的外购货品、在制品、半成品、成品以及待处理的不合格品均应有品质识别标识。

第5章

精益管理的持续改善

　　精益管理的核心理念是消除一切浪费并不断改善。任何不必要的人力、物力等资源的投入都是浪费，都是需要努力消除的对象。传统的改善着眼于如何把工作做好，而精益管理的改善着眼于消除工作中的浪费，只有这样才能提高企业效益。

第一节　建造持续改善的基石

　　改善是为了"更快、更好、更加简化"地达成工作目标，是企业所做的"手段选择"和"方法变更"。企业的工作是基于日常管理和改善之上的，这两者同等重要。企业可能无法一次达到目标，但有可能经过持续改善最终实现目标（见图5-1）。

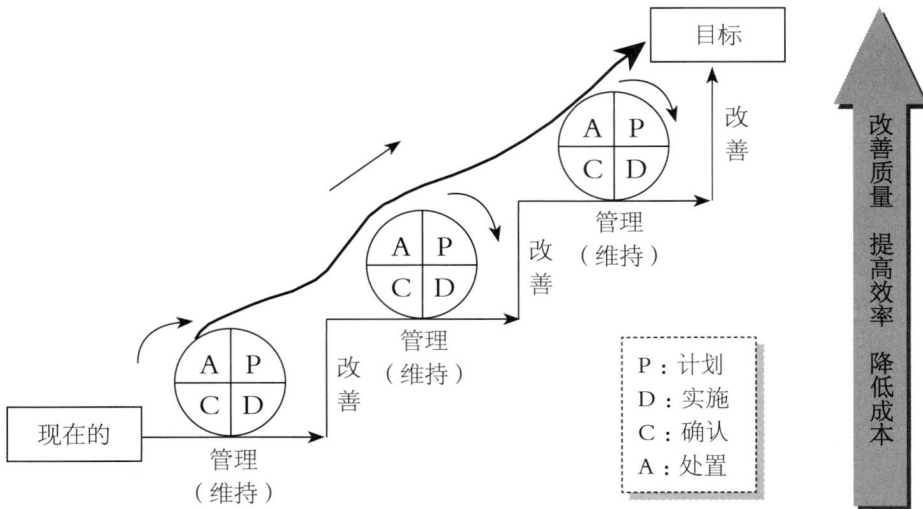

图5-1　持续改善

改善会为企业带来很多益处，如图5-2所示。

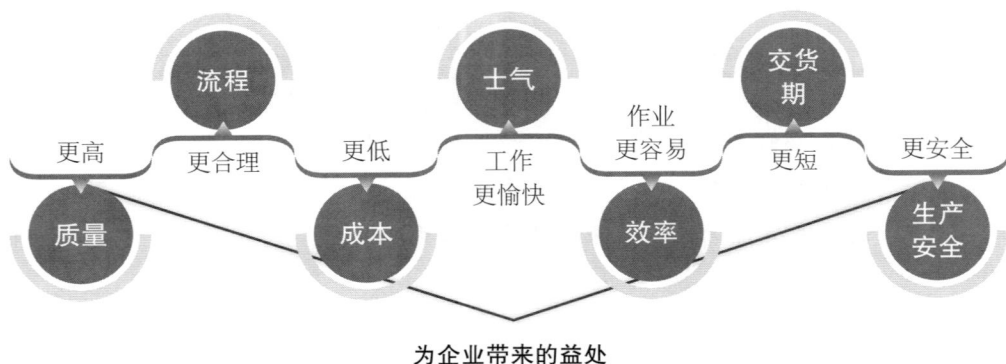

图5-2 改善为企业带来的益处

一、建立持续改善的组织结构

在精益生产中，持续改善需要非常精细的企业管理。企业管理没有理论大师，只有实践大师，而实践来源于细节。持续改善还需要从组织上加以保障，因此，企业内部需要成立专门的持续改善管理委员会，其组织结构如图5-3所示。

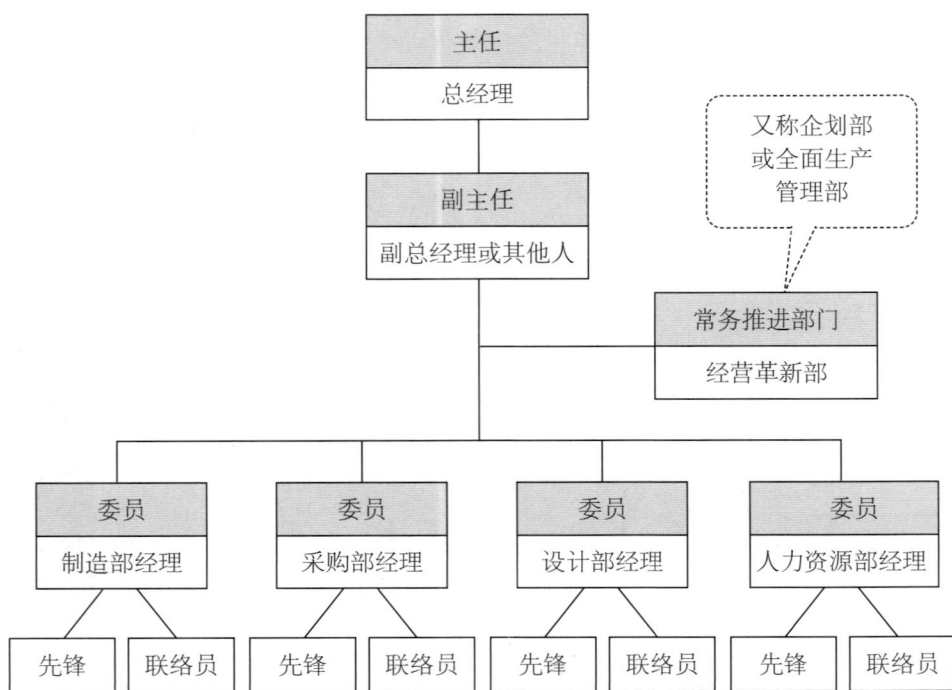

图5-3 持续改善管理委员会组织结构

在持续改善管理委员会中，由总经理担任主任，副总经理或其他愿意变革的管理者担任副主任。常务推进部门负责全面推进或跨部门推进课题，在国内企业中此部门又称为企划部或全面生产管理部等。每个部门都必须有先锋和联络员，由先锋做起，树立模范榜样，然后推广，实施跨部门的改善。

二、全员参与，自主改善

在精益生产的实践中，中高层管理者应将重心置于推动重大改善项目上，以此激发全体员工的参与热情，营造一个主动寻求改进的环境。这些改善项目不仅要求全员贡献智慧，鼓励个人提出创新建议，而且应当紧密贴合员工日常工作的具体环节，同时聚焦于企业当前面临的关键挑战。若中高层未能提出明确的改善议题，员工的个人创意和建议可能会缺乏必要的引导和支持。

在改善活动的初期阶段，不必过分强调经济效益，而应侧重于流程优化和效率提升。随着改善工作的深入，再逐步将经济指标纳入考量，明确每项改善措施对企业财务状况的积极影响。一旦改善成果得到部门领导的认可，就应将这些成功案例进行公布和分享，同时表彰当月提出最具价值改善建议的员工（见图5-4）。值得注意的是，这里的"最有价值员工"并非指那些工作最为辛劳或频繁参与设备抢修的人员，而是那些能够提出最多有效改善提案的个人。从精益管理的角度出发，频繁的设备抢修反映了设备管理上的不足，而设备管理的理想状态应是确保设备稳定运行，以至于人们几乎忘记设备管理人员的存在。

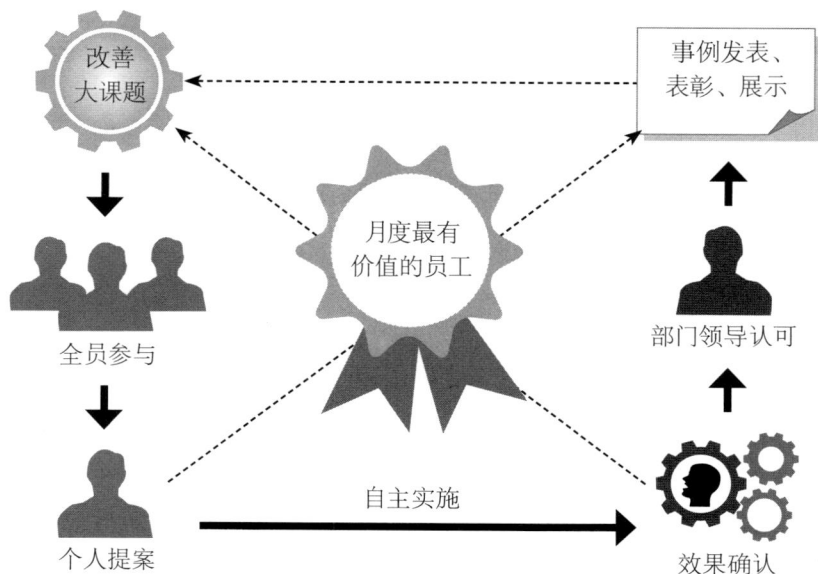

图5-4　全员参与改善

三、建立改善提案制度

改善提案制度也称"提案制度"或"奖励建议制度"。企业员工发现工作方法、设备等有需改善的地方，提出建设性的改善意见，称为"提案"或"建议"。

企业选择优良有效的提案付诸实施，并给予提案者适当的奖励，这种系统地处理员工提案的制度即为"提案制度"。

1. 期望的提案

期望的提案包括以下几种。

（1）制造方法的改善。

（2）进一步节省人工、材料或费用。

（3）减少或预防浪费的方法。

（4）增进生产效率的方法。

（5）产品质量的改善方法。

（6）工作环境的改善方法。

（7）消除或减少危险的安全措施。

（8）工具、机械或设备等的改善。

（9）不必要的记录、资料或设备的废除。

2. 奖励种类

对提案人的奖励大致可以分为五类，具体如图5-5所示。

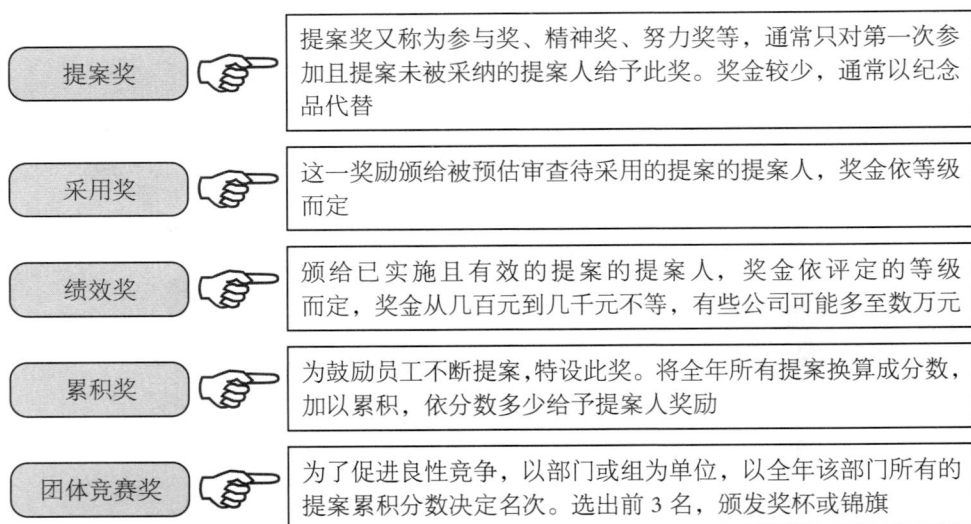

提案奖	☞	提案奖又称为参与奖、精神奖、努力奖等，通常只对第一次参加且提案未被采纳的提案人给予此奖。奖金较少，通常以纪念品代替
采用奖	☞	这一奖励颁给被预估审查待采用的提案的提案人，奖金依等级而定
绩效奖	☞	颁给已实施且有效的提案的提案人，奖金依评定的等级而定，奖金从几百元到几千元不等，有些公司可能多至数万元
累积奖	☞	为鼓励员工不断提案，特设此奖。将全年所有提案换算成分数，加以累积，依分数多少给予提案人奖励
团体竞赛奖	☞	为了促进良性竞争，以部门或组为单位，以全年该部门所有的提案累积分数决定名次。选出前3名，颁发奖杯或锦旗

图5-5　对提案人的奖励种类

有些企业只分提案奖与绩效奖两种，提案人得奖机会不多，这样可能会影响员工提案的积极性。

四、营造持续改善的氛围

企业如要长期有效地推行精益管理，必须营造持续改善的氛围。企业的中高层管理人员应该树立这样的意识：员工所犯的错误是可以容忍的，只要能够积极纠正错误即可，而拒绝变革是绝对不允许的。

在推动持续变革的企业文化中，企业应着重关注以下三大要点：

（一）避免过度精细化考核

国内部分企业倾向于实施极度详尽的考核体系，这种做法往往抑制了员工的创新思维。更为合理的做法是，将生产流程中遇到的挑战作为改进目标，并将这些目标分配给车间主任及主管层级，而非直接将责任细化至普通员工。普通员工的主要职责是遵循既定标准执行任务，而问题产生的根源多在于管理层。若对员工的考核过于严苛，员工可能会因惧怕处罚而选择隐瞒问题或相互推诿责任。

（二）积极倡导创新文化

创新是推动持续改进的根本动力，且这一动力源自企业的一线。为了激发员工的潜能，企业应调整投资重点，从侧重机器设备转向重视人才培养。在精益生产模式下，企业应大力鼓励员工创新，并将中高层领导的绩效考核聚焦于创新能力和人才培养。毕竟，仅凭董事长和总经理的创新能力难以支撑企业的长远发展，员工的创新能力才是推动企业进步的强大引擎。

（三）勇于直面问题

精益生产的基础在于注重细节的5S管理，其核心在于勇于揭示问题。完美无瑕的企业是不存在的，而问题的发现正是企业改进和成长的机会所在。因此，当企业面临问题时，不应指责或惩罚员工，而应树立"发现问题即有功"的观念，积极激发员工的主观能动性，鼓励他们主动发现并报告更多问题。

案例

某工厂生产产品的最后一道工序是在产品上贴标签，这项工作由一位工人来完成，由于每月要给几万台产品贴标签，总有些产品会漏贴标签，为了解决这个老问题，车间主任将此作为改善课题，与工人一起分析原因，如下图所示，在这道工序中，每一车中有12个产品，工人将标签剪开后再贴到产品上，在操作过程中，如果正好有人和贴标签的工人说话，那工人就可能将标签漏贴。

改善前

在精益生产管理改善氛围下，车间主任和工人一起找到了解决办法。如下图所示，工人在裁剪标签的时候，每12个分为1组，即将第12张标签反过来放置。这样，当工人发现每组的标签还有剩余时，就能马上意识到标签有漏贴，从而圆满地解决了这一问题。

改善后

五、走出办公室，到生产现场去

（一）精益生产的"三现主义"

三现主义是一种深入现场、直接观察和解决问题的管理方法，强调管理者必须亲身体验工作现场，从而更精准地理解和解决问题，提升管理和流程改进的效果。

问题都是出在生产过程中，管理人员只在办公室中遥控生产现场是不行的。"三现主义"是管理的基本原则，即现场、现物和现实。

1. 现场

现场，是指管理者需亲自到问题涌现的实地——即生产或作业的最前沿（见图5-6）。在这一环节，管理者能够目睹工作流程的全貌，敏锐地察觉到潜藏的问题点和资源浪费的情况。

相较于仅仅依赖间接的汇报与数据，亲临现场能让管理者获悉更为真切、全面的现场概况，亲身感受实际的工作氛围和所面临的挑战。这种身临其境的体验，能够促使管理者在制定决策时更加精准且富有成效。

图5-6　身处现场更真实、更全面地掌握现场情况

2. 现物

现物强调的是对现场实际物品的直接检视，涵盖机器设备、工具、原材料、半成品直至成品等各个环节（见图5-7）。管理者通过亲自观察这些实物，能够直观评价生产或服务的品质状况，并洞察其中可能存在的问题与短板。这一做法不仅为管理者提供了精确且即时的信息来源，还有力保障了数据与报告的真实可靠性，进而使得后续的改进措施更加有的放矢、成效显著。

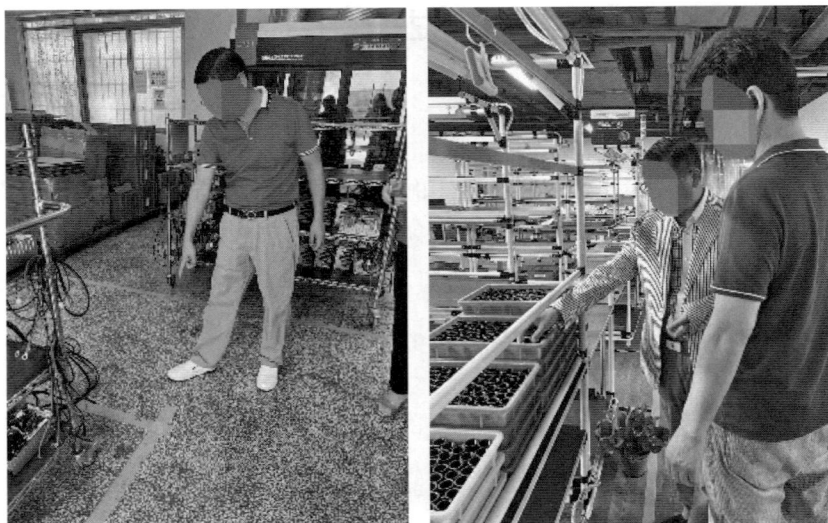

图 5-7　材料、设备是现场查看的重点

3．现实

现实的精髓在于深入领会并采纳现场员工的建议。管理者通过与一线员工的面对面交流（见图 5-8），不仅能收获关于优化流程和提高工作效率的宝贵意见，还能有效提升员工的参与度和归属感。

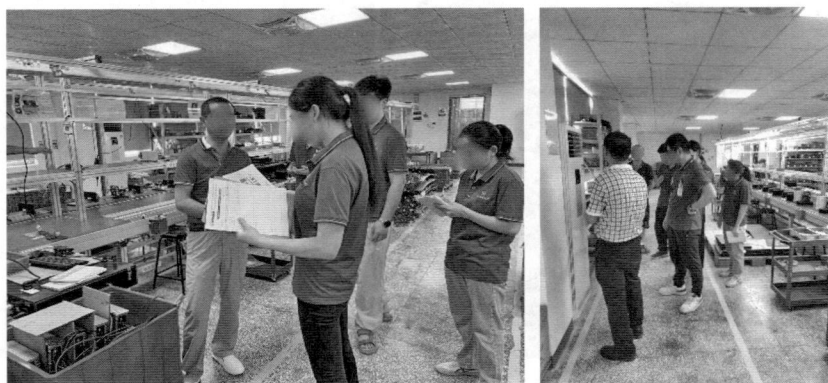

图 5-8　与一线员工直接对话

（二）关注事实

精益生产理念强调管理人员需紧密围绕事实与数据展开工作。事实可被划分为三大类别：其一为报告事实，即他人所认知并报告的情况；其二为想象事实，这类事实可能融入了主观臆断或掩盖了部分真实情况；其三则是观察事实，指的是通过科学方法得以客观呈现的事实。精益生产的管理者所关注的事实，必须是可经任何人验证的。

（三）激励胜于惩罚

管理者应当秉持人本理念，尊重每一位员工，致力于员工的成长与教育，倾听他们的心声，并积极解决他们所面临的困难。管理者不应仅仅依赖遥控指挥，而应亲自走出办公室，深入现场，主动发现并解决问题，亲自制订并实施改善计划。

为了营造一种持续优化的环境，关键在于构建一个鼓励创新、超越惩罚的激励机制，让员工在自我启发与成长的过程中，不断为各自的工作流程提出改进建议，创造更多的改善实例。

这里所倡导的"激励胜于惩罚"的氛围，并非要求企业立即摒弃罚款等处罚手段，而是要在对不断涌现的改善实例给予适当奖励（如图5-9所示）的同时，逐步减少对罚款的依赖，增加激励措施，从而形成一个不断进步、良性循环的发展态势。

图 5-9　改善嘉奖公告

六、对改善活动进行评价与展示

（一）改善活动评价

精益生产的核心理念在于培育一种持续优化的文化，鼓励全体员工的积极参与。在此过程中，各部门的改善参与比例及每位员工平均完成的改善项目数量，成为衡量改善工作推进力度的重要标尺。

为了营造这种持续优化的氛围，企业应构建一套完善的改善活动评估体系，每月选拔出在创新方面表现突出的员工，授予其"改善之星"的荣誉。这一举措旨在点燃员工的改善热情，同时也在员工之间挑起一场积极的良性竞争（如图5-10所示）。随着越来越多的员工乐于拥抱变革、投身于改善活动，这种持续优化的文化氛围也将愈发浓厚。

图 5-10　挂"优胜奖"旗

（二）改善活动展示

榜样的力量是巨大的，能够产生深远的影响。当企业取得改善成果后，应当在公众场合广泛宣扬这些成就，既是对改善成功者的精神嘉奖，也是激励其他员工积极投身改善项目的有效方式。通常，改善活动的展示可以采用多种形式，如举办改善事例分享会、设立优秀改善成果展示区（类似景点般吸引眼球）、开设改善宣传专栏（如图5-11、图5-12所示）等，企业甚至可以安排员工实地参观那些优秀的改善案例点。

图5-11　改善事例交流会上的PPT展示

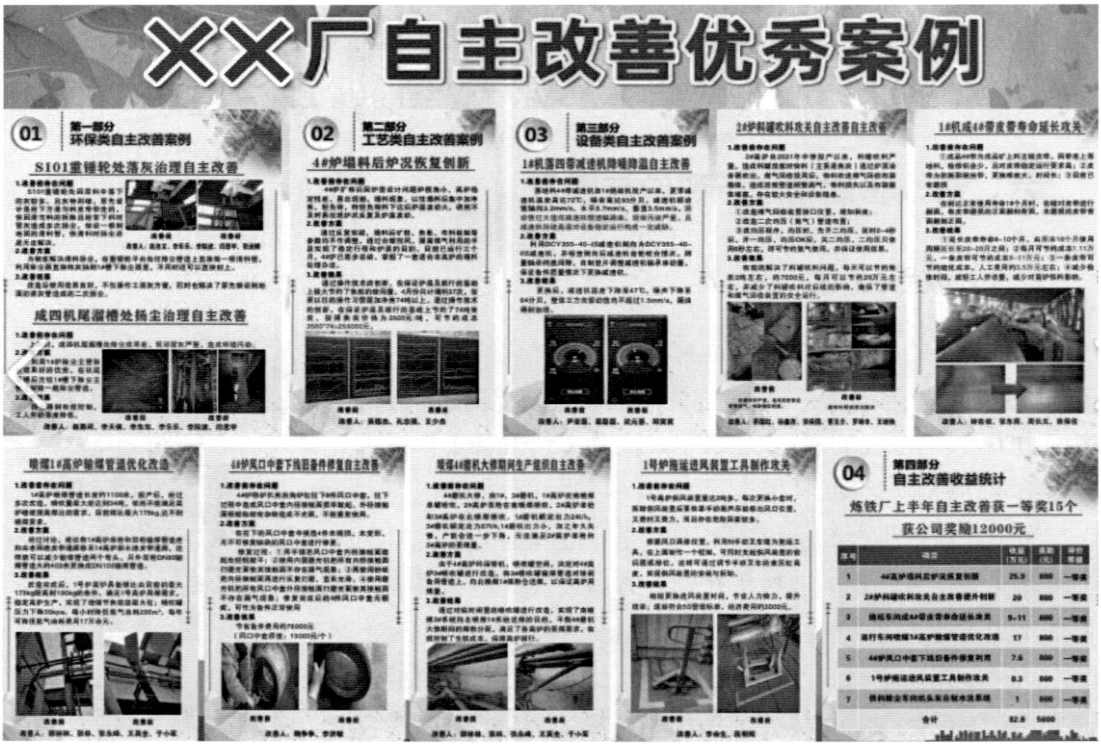

图5-12　××厂优秀改善事例展示

第二节　持续改善的步骤

不管是在生产领域，还是行政管理领域，持续改善是一个解决问题的过程，如图 5-13所示。

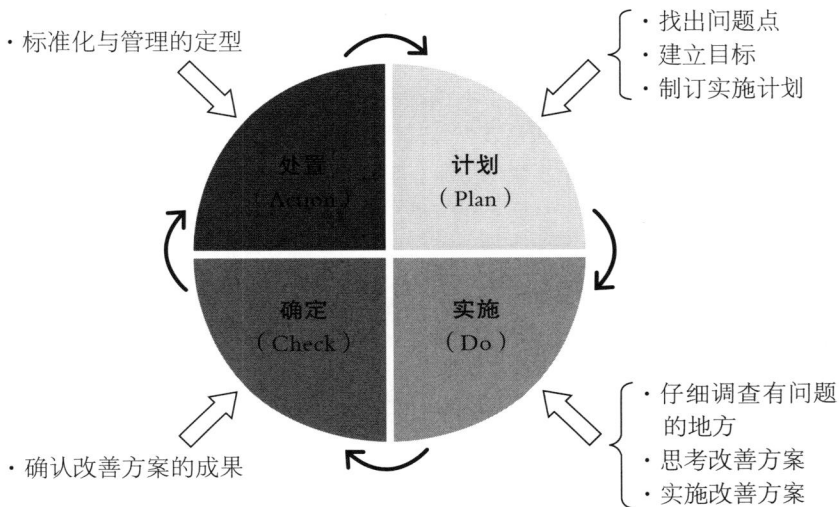

图5-13　管理领域与解决问题的程序

第三节　持续改善的工具

一、QC七大手法

QC七大手法，包括旧七大手法和新七大手法，在精益生产中发挥着重要作用。它们不仅帮助企业识别和分析问题，还为企业提供了制定和实施改进措施的有效工具。通过运用这些方法，企业可以不断优化生产过程，提高产品质量和生产效率，实现精益生产的目标。

（一）QC七大手法

1. 旧七大手法

旧七大手法是早期的QC七大手法，具体如图5-14所示。

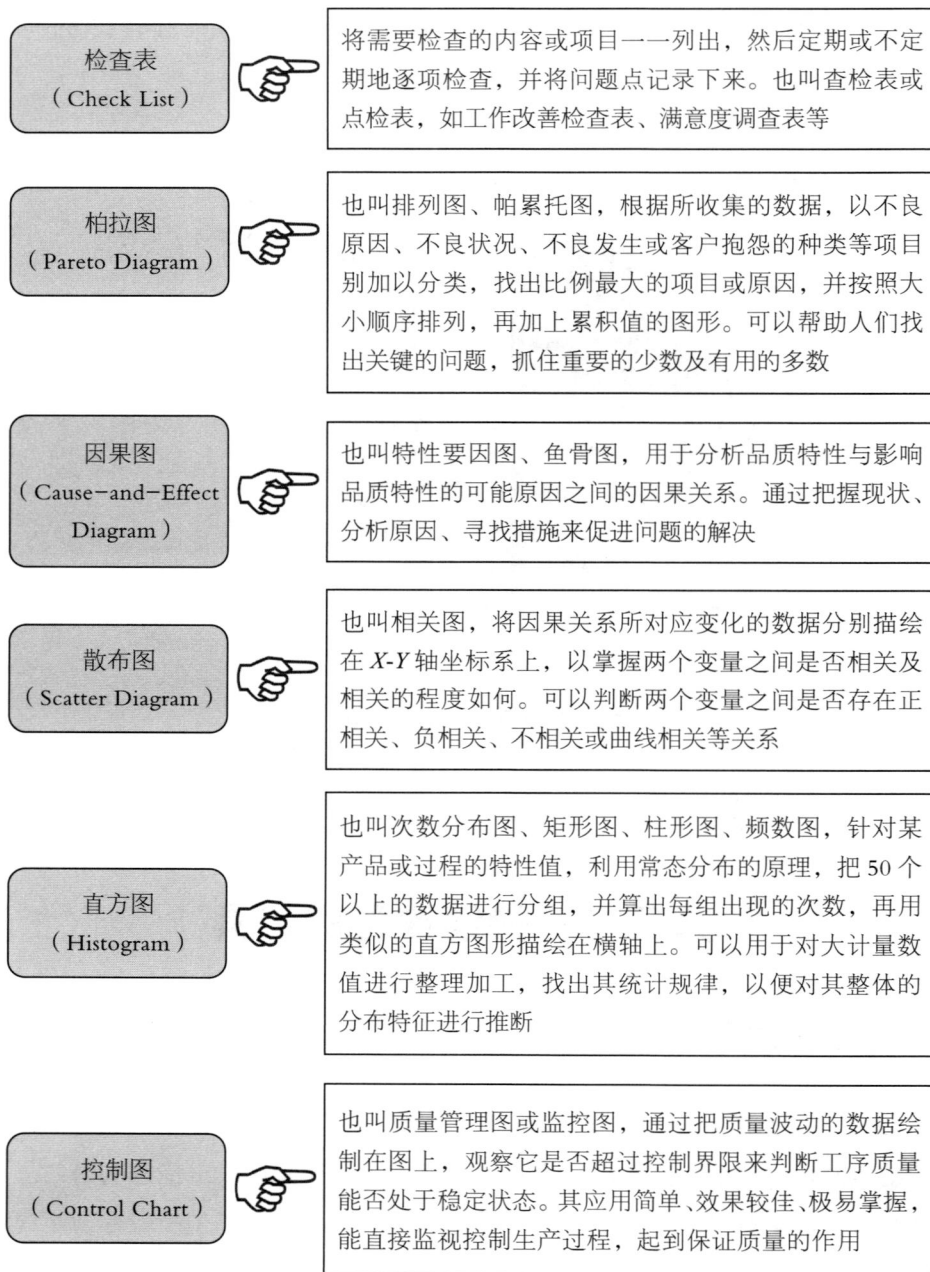

检查表 （Check List）	将需要检查的内容或项目一一列出，然后定期或不定期地逐项检查，并将问题点记录下来。也叫查检表或点检表，如工作改善检查表、满意度调查表等
柏拉图 （Pareto Diagram）	也叫排列图、帕累托图，根据所收集的数据，以不良原因、不良状况、不良发生或客户抱怨的种类等项目别加以分类，找出比例最大的项目或原因，并按照大小顺序排列，再加上累积值的图形。可以帮助人们找出关键的问题，抓住重要的少数及有用的多数
因果图 （Cause-and-Effect Diagram）	也叫特性要因图、鱼骨图，用于分析品质特性与影响品质特性的可能原因之间的因果关系。通过把握现状、分析原因、寻找措施来促进问题的解决
散布图 （Scatter Diagram）	也叫相关图，将因果关系所对应变化的数据分别描绘在 X-Y 轴坐标系上，以掌握两个变量之间是否相关及相关的程度如何。可以判断两个变量之间是否存在正相关、负相关、不相关或曲线相关等关系
直方图 （Histogram）	也叫次数分布图、矩形图、柱形图、频数图，针对某产品或过程的特性值，利用常态分布的原理，把50个以上的数据进行分组，并算出每组出现的次数，再用类似的直方图形描绘在横轴上。可以用于对大计量数值进行整理加工，找出其统计规律，以便对其整体的分布特征进行推断
控制图 （Control Chart）	也叫质量管理图或监控图，通过把质量波动的数据绘制在图上，观察它是否超过控制界限来判断工序质量能否处于稳定状态。其应用简单、效果较佳、极易掌握，能直接监视控制生产过程，起到保证质量的作用

层别法
（Stratification）

也叫分类法、分组法，针对部门别、人别、工作方法别、设备别、地点别等所收集的数据，按照它们共同特征加以分类、统计的一种分析方法

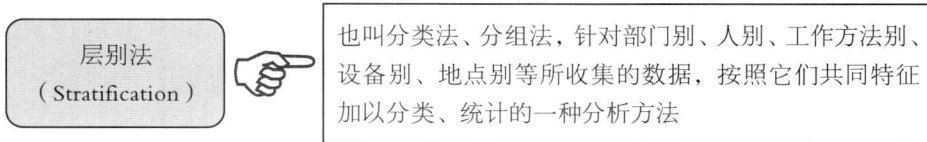

图5-14　旧七大手法

2. 新七大手法

新七大手法是在旧七大手法基础上衍生出来的，具体如图5-15所示。

关联图法（Relation Diagram）

把几个问题及涉及这些问题的关系极为复杂的因素之间的因果关系用箭头连接起来的图形

亲和图法（KJ 法，Kawakita–Jiko Method）

也叫 KJ 法，是利用卡片对语言资料进行归纳整理的方法

系统图法（System Diagram）

表示某个质量问题与组成要素之间的关系，从而明确问题的重点，寻求达到目的所应采取的最适当的手段和措施的树状图形（倒立逻辑关系因果图）

矩阵图法（Matrix Diagram）

从作为问题的事项中，找出成对的因素群，分别排列成行和列，在行与列的交点处表示某个因素群中的各因素与其他因素群中的各因素之间的关系，从而确定关键点的方法

PDPC 法（Process Decision Program Chart）

也叫过程决策程序图法，是在制订计划或进行系统设计时，预测可能出现的障碍和结果，并相应地提出多种应变计划的一种方法

箭线图法（Arrow Diagram Method）

也叫网络图法，用网络图表示各项工作（或活动）的先后顺序和相互关系，以时间坐标为尺度绘制而成的进度计划图

矩阵数据解析法（Matrix Data Analysis Chart）

这说明顾客对该商品非常有兴趣，只是还有一点不放心，此时说明其已有购买意愿

图5-15　新七大手法

新旧QC七大手法各有特点，企业可以根据实际情况选择适合的方法进行质量管理。

（二）QC手法的适用范围

QC手法的用途非常广泛，可以用于企业管理的方方面面（包括计划管控、员工思想意识行为管理、质量管控、成本管控、交期管控、士气管理、环境管理、安全管理、效率管理、绩效考核、日常管理等），但主要用于品质管理及改善。

二、IE 工业工程

精益生产的核心在于流程改善，而IE（Industrial Engineering，工业工程）正是实现这一核心的重要工具。借助IE的方法和技术，我们可以对生产流程实施全面分析与优化，旨在消除浪费、提升效率并降低成本。工业工程不仅是精益生产方式实施的工程基础，也是其重要组成部分及方案效果的评价依据。

（一）IE 工业工程的定义

IE专注于减少工厂（生产现场）中的浪费、不均衡等现象，致力于使企业能够以更快、更轻松、更高效且成本更低的方式完成生产与服务。

（二）IE 工业工程的目标

IE工业工程的研究目标在于确保生产系统投入要素的高效利用，旨在降低成本、保障质量与安全，同时提高生产率，以实现最佳效益。具体而言，IE通过深入研究、分析及评估，对制造系统的各个组成部分进行精心设计（包括再设计或改善），并将这些部分巧妙融合，构建出整体系统。这一过程旨在实现生产要素的合理配置与优化运行，确保生产任务能够以低成本、低消耗、安全、优质、准时且高效的方式完成。IE工业工程所追求的，是系统整体的优化与提升。

（三）IE 活动涉及的对象

IE活动涉及的对象如图5-16所示。

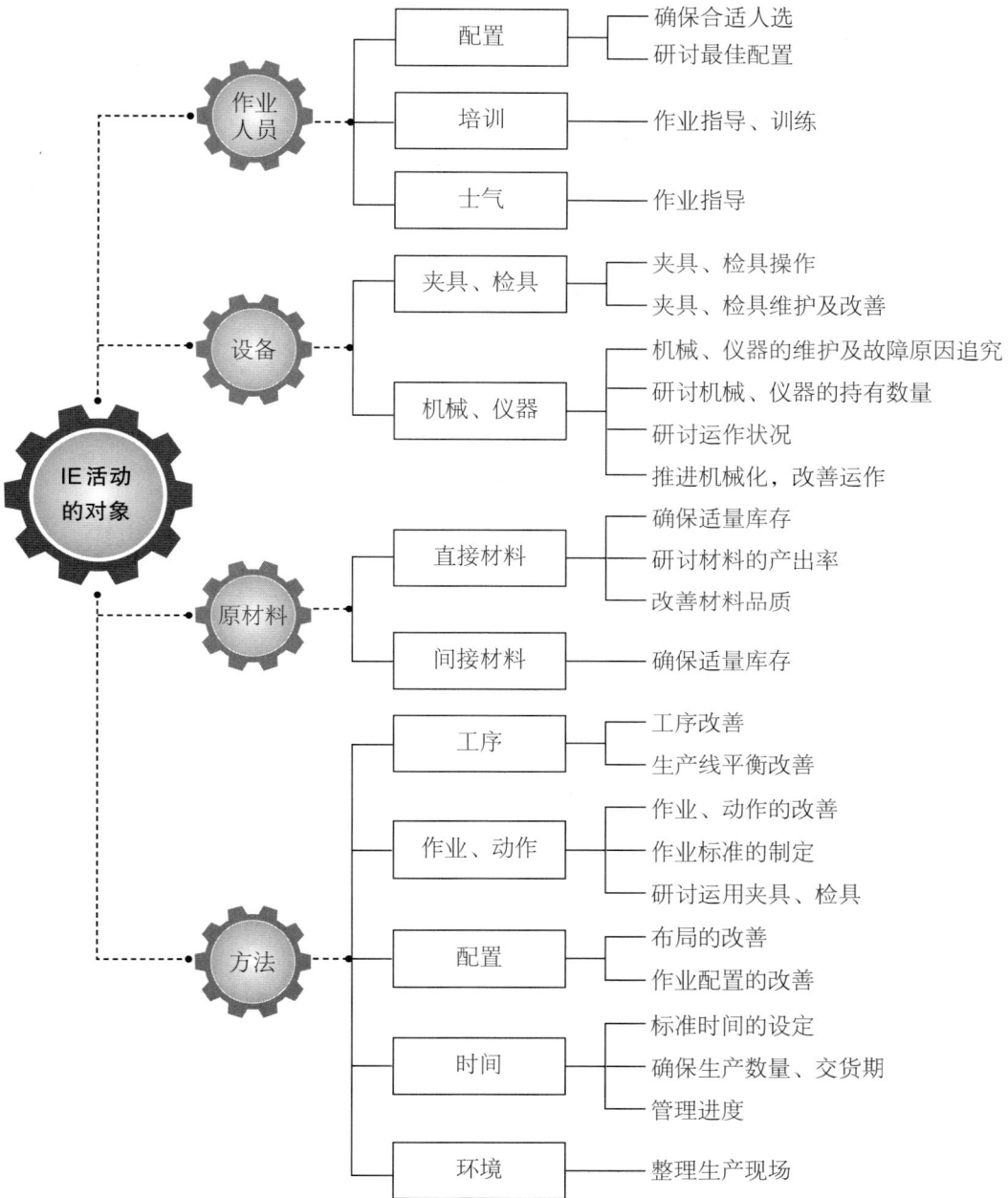

图 5-16　IE 活动的对象

（四）IE 活动的效果

　　IE 活动的效果有的看得见，有的则看不见，即有的是有形的，有的则是无形的，如图 5-17 和图 5-18 所示。

品质
·工序不良率减少
·出货不良率减少
·粗心大意作业失误减少
·市场投诉减少
·品质特性均一化

士气
·提高出勤率

成本
·节约材料费
·节约人员雇用费
·节约管理经费
·减少检查、试验费
·减少在库费
·提高材料产出率

IE活动的
有形效果

安全
·灾害、事故减少

交货期、时间
·增加生产数量　　·减少加班工时
·确保、缩短交货期　·减少截存
·库存适量化　　　·缩短线点流动时间
·增加销售量　　　·提高运作效率
·减少工时

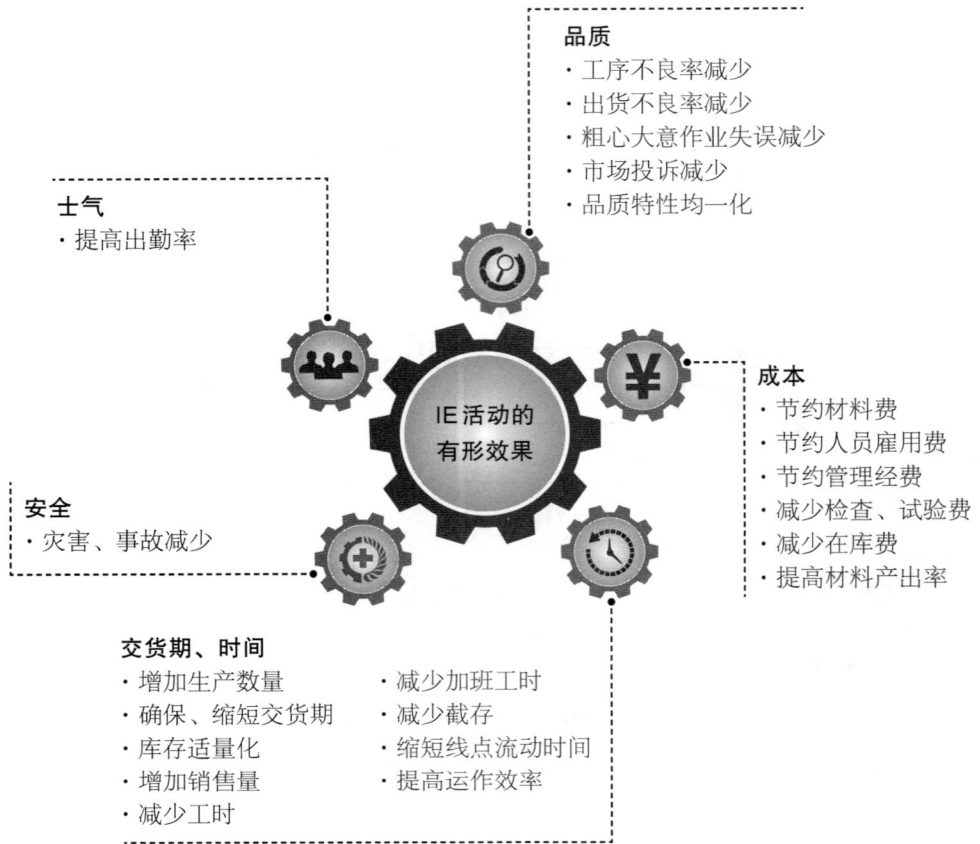

图5-17　IE活动的有形效果

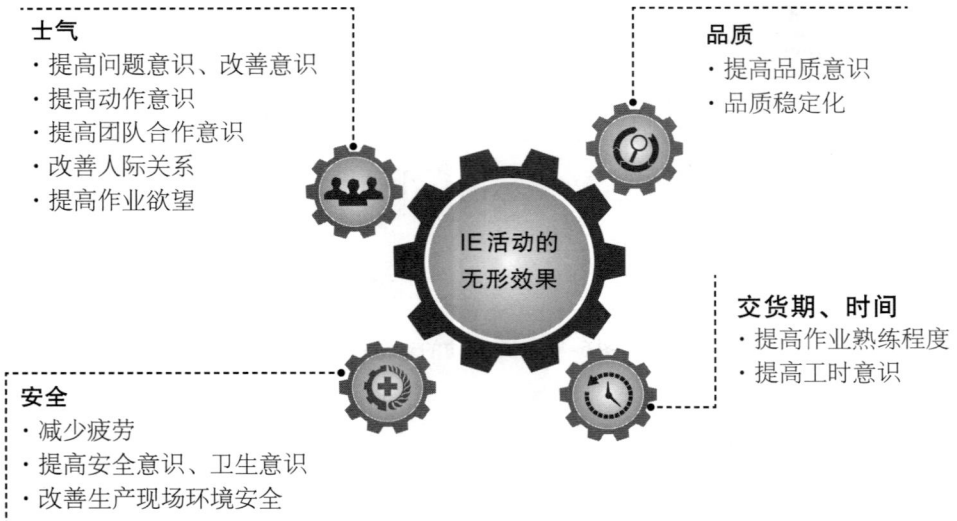

士气
·提高问题意识、改善意识
·提高动作意识
·提高团队合作意识
·改善人际关系
·提高作业欲望

品质
·提高品质意识
·品质稳定化

IE活动的
无形效果

交货期、时间
·提高作业熟练程度
·提高工时意识

安全
·减少疲劳
·提高安全意识、卫生意识
·改善生产现场环境安全

图5-18　IE活动的无形效果

（五）IE 的方法体系

IE 的方法非常多，如图 5-19 所示。

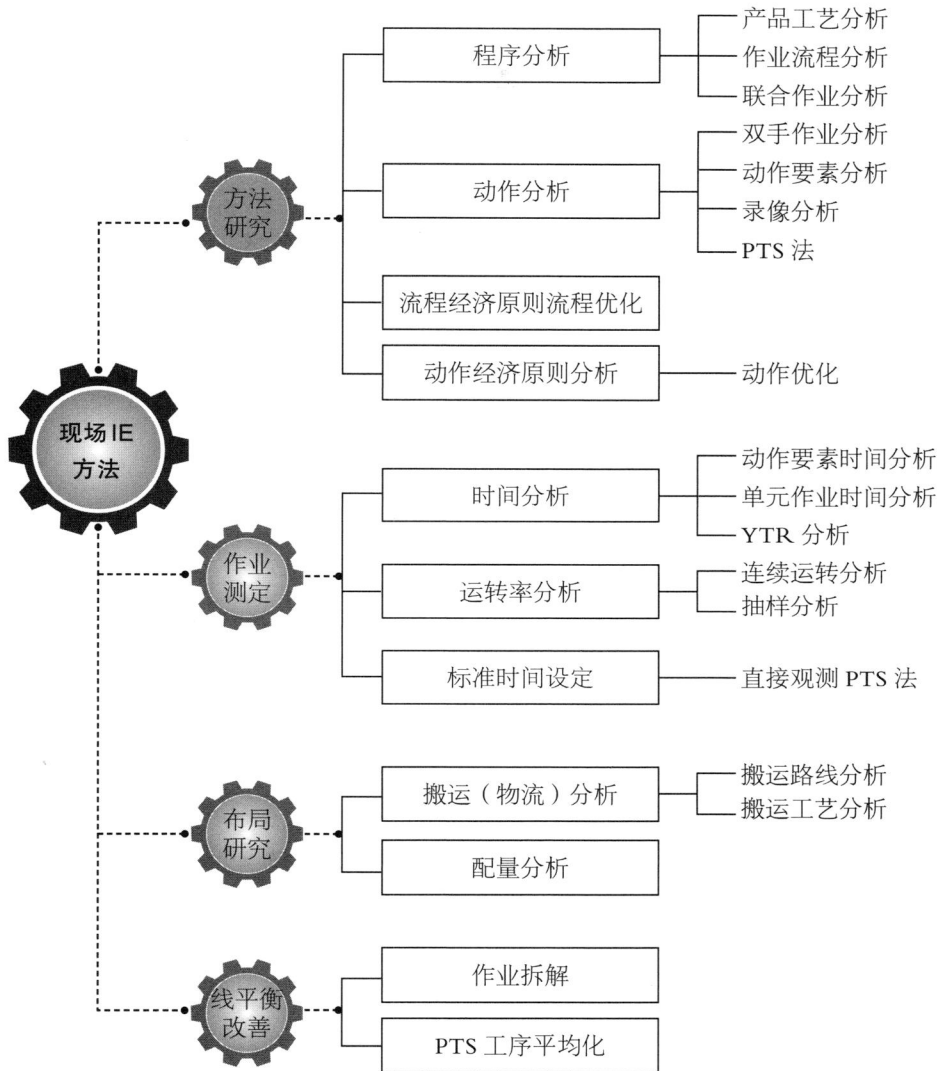

图 5-19　IE 的方法体系